Bayerns Welterbe

FASZINIERENDE WANDERUNGEN ZU ALLEN UNESCO-SCHÄTZEN

LISA UND WILFRIED BAHNMÜLLER

Süddeutsche Zeitung Edition

Inhalt

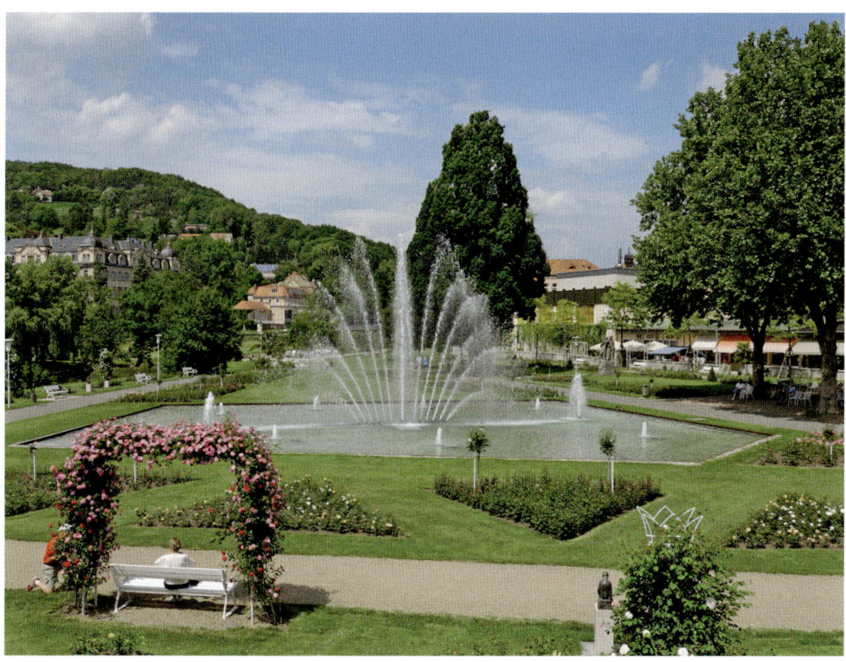

Bad Kissingen, was für ein Kurbad in Europa! (Kapitel 9)

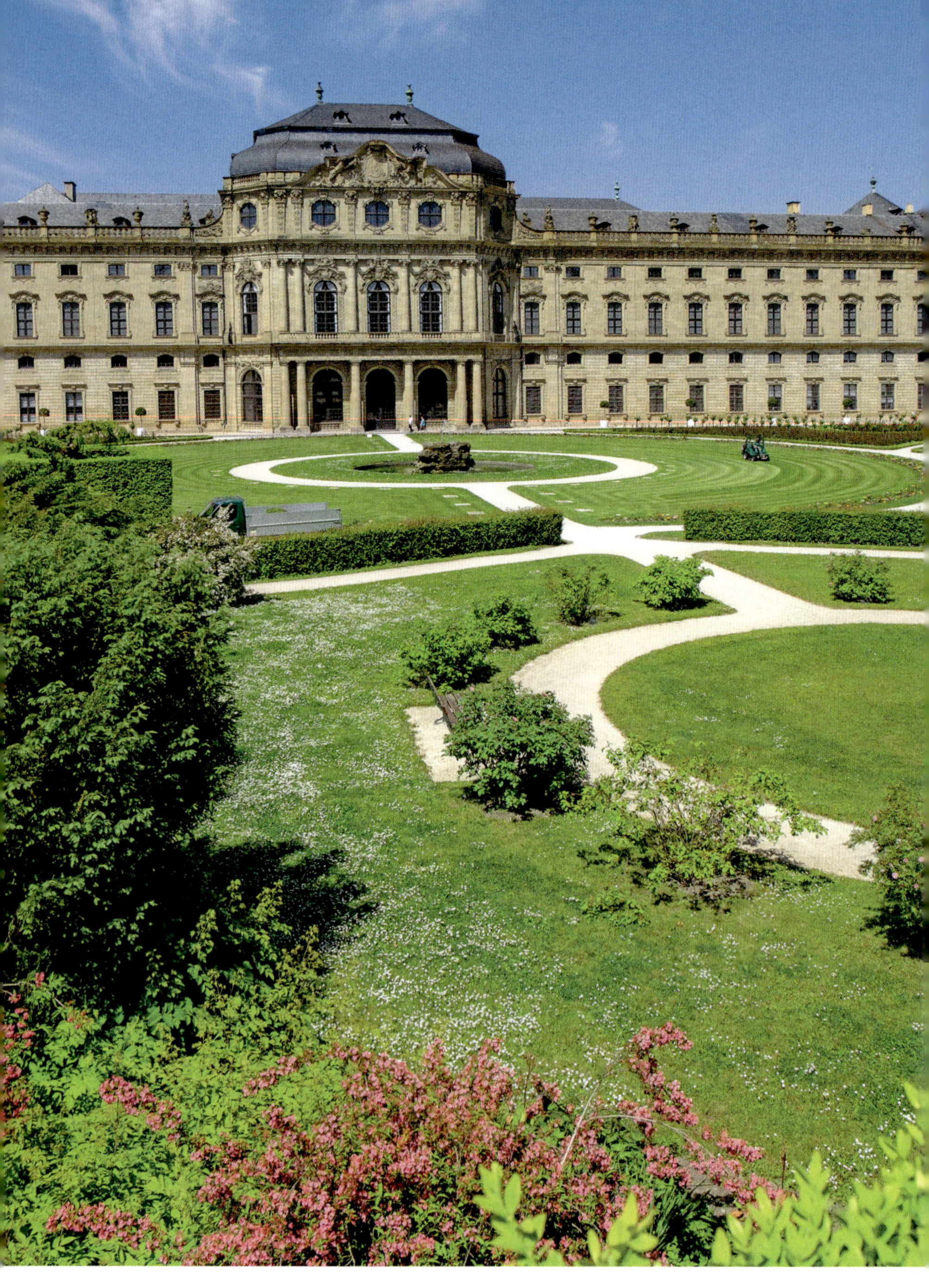

Die fürstbischöfliche Residenz mit ihrem Hofgarten in Würzburg ist eine Reise wert (Kapitel 1).

Vorwort

Im innerdeutschen Vergleich darf sich der Freistaat Bayern über die meisten UNESCO-Auszeichnungen freuen. Neben den zehn Kulturdenkmälern gehören zwei Biosphärenreservate und ein Geopark sowie zahlreiches immaterielles Kulturerbe dazu. Abgesehen davon, dass bereits wieder neue bedeutende bayerische Orte und Kulturgüter auf der Tentativliste der UNESCO stehen, die als Zeugnis für herausragende Kulturleistungen oder einmalige Naturwunder für die Menschheit zu erhalten sind. Demnächst wird über die Königsschlösser Neuschwanstein, Linderhof und Herrenchiemsee sowie über die alpinen und voralpinen Wiesen- und Moorlandschaften im Landkreis Garmisch-Partenkirchen entschieden.

Für dieses Buch haben wir 15 Wanderungen und Spaziergänge zusammengestellt, in der Reihenfolge, wie sie die UNESCO-Auszeichnung erhalten haben. Sie alle führen zu geschichtlich und kulturell bedeutenden Orten im Freistaat - dabei streifen wir durch eindrucksvolle Landschaften, tauchen in die Geschichte vor Ort ein und erleben einzigartige Plätze, Städte, Kunst und Kultur. Darüber hinaus können wir mit jeweils zwei Wanderungen die großen und weitläufigen Regionen der Biosphärenreservate Rhön und Berchtesgadener Land entdecken. Gerade wenn man zu Fuß unterwegs ist, erlebt man die Schönheit dieser Landstriche noch viel bewusster.

Alle hier vorgestellten Touren sind für jeden leicht zu meistern. Und wer gar nicht mehr gut zu Fuß unterwegs ist, kann natürlich die UNESCO-Welterbestätten, aber auch die Landschaften der Biosphärenreservate und Geoparks direkt mit dem Auto ansteuern und dennoch die Einzigartigkeit dieser schützenswerten Stätten hautnah und intensiv erleben.

Viel Freude dabei wünschen Ihnen

Lisa und Wilfried Bahnmüller

UNESCO-Welterbe in Bayern

UNESCO-Welterbe, UNESCO-Kulturerbe, UNESCO-Naturerbe, UNESCO-Unterwasserkultur, UNESCO-immaterielles Kulturerbe, UNESCO-Weltdokumentenerbe und auch noch Biosphärenreservate sowie Geoparks – ein bisschen verwirrt kann man angesichts der vielen Namen schon sein. Aber wer und was steckt eigentlich dahinter?

UNESCO steht für *United Nations Educational, Scientific and Cultural Organization* (Organisation der Vereinten Nationen für Bildung, Wissenschaft und Kultur). Sie ist eine Sonderorganisation der Vereinten Nationen und besteht heute aus einem weltweiten Netzwerk von 193 Staaten. Ihre Basis bilden die Säulen Bildung und Wissen sowie Kunst und Natur. Letzteres ist die wohl bekannteste, denn darunter fällt der Schutz von Kulturgut jeglicher Art. Unter dem Motto »Erbe erhalten, Vielfalt und Nachhaltigkeit fördern« zeichnet das UNESCO-Welterbe seit fast 40 Jahren viele Kulturgüter und Naturplätze in der ganzen Welt aus, die für alle folgenden Generationen bewahrt werden sollen. Genaugenommen urteilt die von der UNESCO beauftragte Expertenkommission ICOMOS (International Council of Monuments and Sites) über die Kulturstätten. Und damit wird schon der Unterschied zwischen UNESCO-Kulturerbe und UNESCO-Naturerbe erklärt: Unter das Kulturerbe, das auch Weltkulturerbe genannt wird, fallen alle Bauwerke, Stätten, Plätze, Orte, Kulturgebiete, Siedlungsformen und technologischen Prozesse sowie Kunstwerke von außergewöhnlichem universellem Wert.

Dieses Kriterium gilt aber auch für das UNESCO-Weltnaturerbe. Die hier geschützten Güter weisen überragende Naturerscheinungen oder Gebiete von außergewöhnlicher Naturschönheit auf. Manche können auch bedeutende Entwicklungsstufen der Erdgeschichte beinhalten sowie besondere geomorphologische oder physiogeografische Merkmale haben. Und natürlich spielen auch Naturräume mit einer besonderen Biodiversität (egal, ob unter oder über Wasser) eine wichtige Rolle. Die UNESCO-Unterwasserkultur und das UNESCO-Weltdokumentenerbe erklären sich jetzt damit eigentlich von selbst.

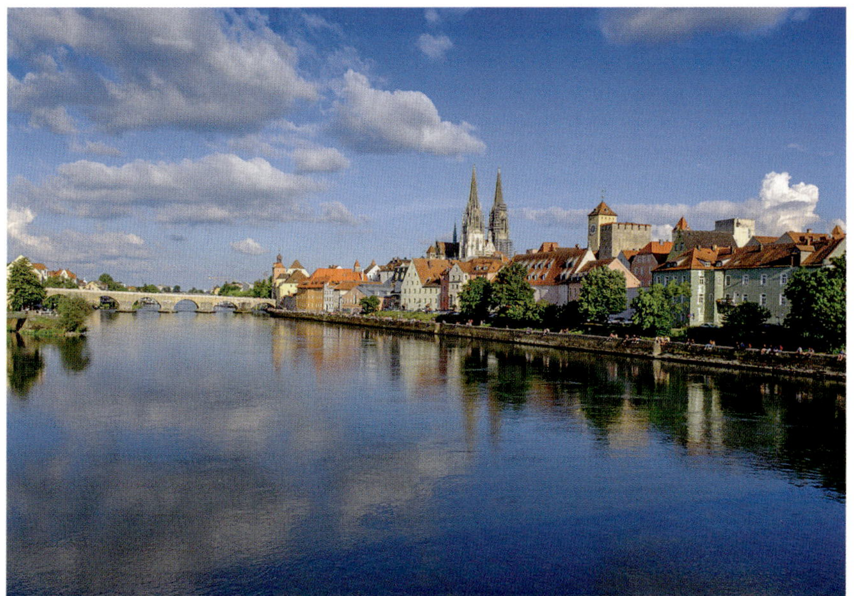

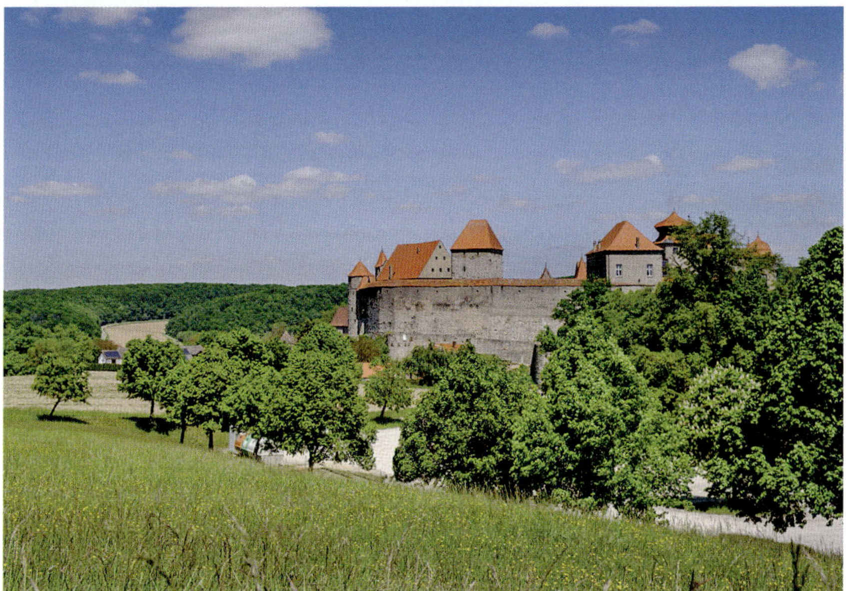

▲ Regensburg an der Donau (Kapitel 5)
▼ Harburg liegt am Südostrand des Geoparks Ries (Kapitel 15).

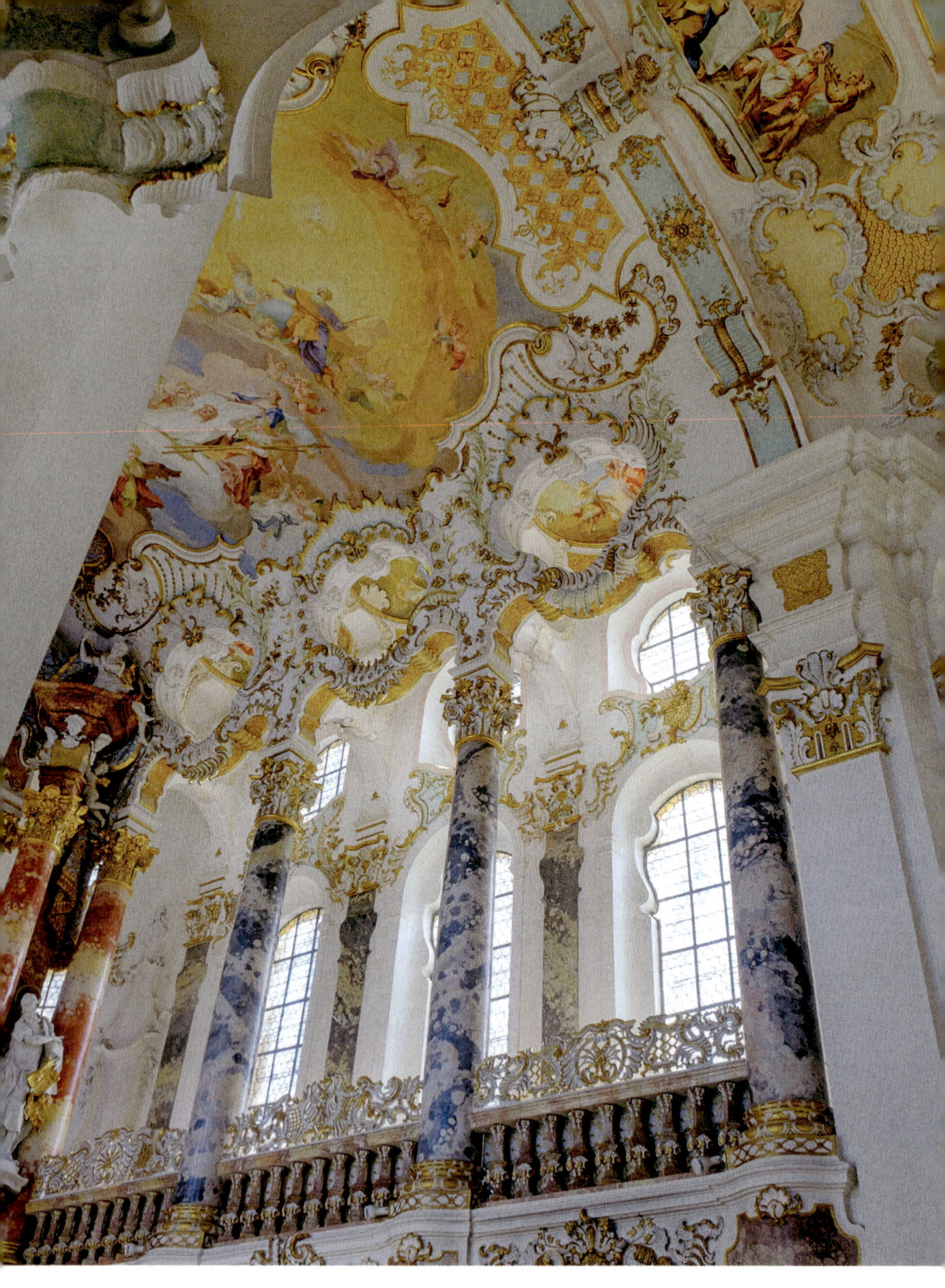

Von der Architektur bis hin zu den Fresken: Hand in Hand arbeiteten die Künstler für das Meisterwerk Wieskirche (Kapitel 2).

Jüngst kam noch das Immaterielle Kulturerbe der UNESCO hinzu: Es umfasst vor allem Bräuche und Feste, Darstellungen, Ausdrucksformen, Wissen und Fertigkeiten, (Kunst-)Handwerk sowie Musik, Tanz und Theater von Gruppen und auch von Einzelpersonen.

Des Weiteren gibt es die UNESCO-Geoparks, Regionen mit bedeutenden Fossilfundstellen, Höhlen, Bergwerken oder Felsformationen. Es sind wichtige Plätze, die die Erdgeschichte aufzeigen, um auf den Spuren der Vergangenheit den Planeten Erde besser verstehen zu können. In einem ganzheitlichen Ansatz ist dabei das Kulturerbe mit dem Naturerbe sowie der Geschichte der Region verbunden. Die Auszeichnung zu einem UNESCO-Geopark gibt es seit 2015, aber Geoparks an sich gibt es natürlich schon viel länger. Ein bereits bestehender und etablierter, gut funktionierender Geopark ist Voraussetzung für die Bewerbung um den UNESCO-Titel. Dabei ist es der UNESCO nicht nur wichtig, den Geopark erlebbar aufzubauen, sondern auch zukunftsfähig und nachhaltig zu gestalten.

Jetzt fehlt nur noch das Biosphärenreservat (BSR), in dem der Name UNESCO erst einmal gar nicht auftaucht, auch wenn er maßgeblich dahintersteckt. Seit 1976 werden weltweit Gebiete als UNESCO-Biosphärenreservate anerkannt, mit dem Ziel, eine ausgewogene Beziehung zwischen Menschen und Lebensräumen zu fördern und zu bewahren. Der Name setzt sich aus den Wörtern Biosphäre (Lebensraum) und Reservat (von lat. *reservare* = bewahren) zusammen. Es handelt sich um besonders wertvolle und schützenswerte Landschaften, in der die Natur jedoch nicht sich selbst überlassen wird – diese einzigartigen Natur- und Kulturlandschaften werden von Menschen gepflegt und behütet. Nachhaltigkeit, Ökologie, Ökonomie und soziales Miteinander sollen dabei Hand in Hand gehen.

Egal, welche Begriffe man heute für die von der UNESCO unter Schutz gestellten Objekte und Landstriche auch verwendet, eines ist klar: Sie erhielten eine grandiose Auszeichnung. Meist verbunden mit der Nebenwirkung eines enormen touristischen und garantierten Aufschwungs, was Fluch und Segen zugleich sein kann. Allerdings es ist auch gar nicht so einfach, es auf die exklusive UNESCO-Welterbeliste zu schaffen – ein enormer Aufwand mit umfangreichen Begründungen und Expertisen sowie nachgewiesenen langfristigen Schutzmaßnahmen ist damit verbunden. Und falls das nach der Auszeichnung nicht eingehalten wird, droht auch die Aberkennung des begehrten Titels.

In Deutschland gibt es zurzeit 51 anerkannte Objekte des Welterbes (damit steht unser Land auf Platz drei der weltweiten UNESCO-Ranking-Liste mit den meisten Denkmälern): Sie teilen sich auf in drei Natur- sowie 48 Kulturstätten; zehn der Stätten sind grenzüberschreitend und umfassen damit Teilgebiete in weiteren Staaten. Die erste Auszeichnung erhielt 1978 der Aachener Dom. Des Weiteren gibt es in Deutschland einen Geopark, 16 Biosphärenreservate und 677 Einträge für Immaterielles Kulturerbe.

Rund um die bayerischen Welterbestätten

Für die in diesem Buch vorgestellten Spaziergänge und Wanderungen möchten wir Ihnen ein paar allgemeine Informationen mitgeben.

Tourencharakter, Gehzeiten und Höhenangaben

Wir haben uns sehr um genaue Zeit- und Höhenangaben bemüht. Alle aufgeführten Zeiten verstehen sich als reine Gehzeiten und dienen nur als Richtlinie, Pausen und besonders viel Zeit für Besichtigungen der UNESCO-Stätten muss man dazurechnen. Höhenangaben haben wir, soweit sie mehr als 100 Höhenmeter überschreiten, angegeben. Natürlich gibt es auch in Städten einmal Treppenstufen, die man überwinden muss (diese wurden aber nicht extra als Höhenangaben vermerkt).

Sicherheit

Für sicheres Wandern in der Natur findet man viele gute Tipps sowie den aktuellen Wetterbericht auf den Seiten des Deutschen Alpenvereins (alpenverein.de) oder des Deutschen Wanderverbands (wanderverband.de). Für den Notfall ist die Mitnahme eines Handys sinnvoll, für das man mittlerweile fast überall flächendeckenden Empfang hat. Grundsätzlich sind die meisten Wanderwege naturbelassen, d. h., sie können nach Regen aufgeweicht und matschig, im Sommer vom Gras überwachsen oder im Herbst durch das feuchte Laub rutschig sein. Gerölliger, steiniger Untergrund ist ebenso möglich wie wurzeldurchsetzter Waldboden. Es gibt aber auch geteerte Abschnitte, bei denen mit Straßenverkehr zu rechnen ist.

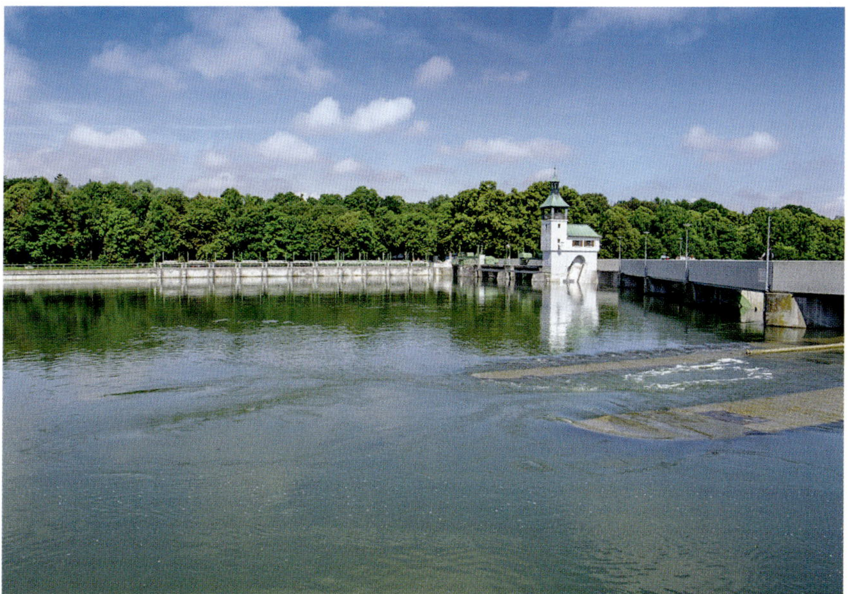

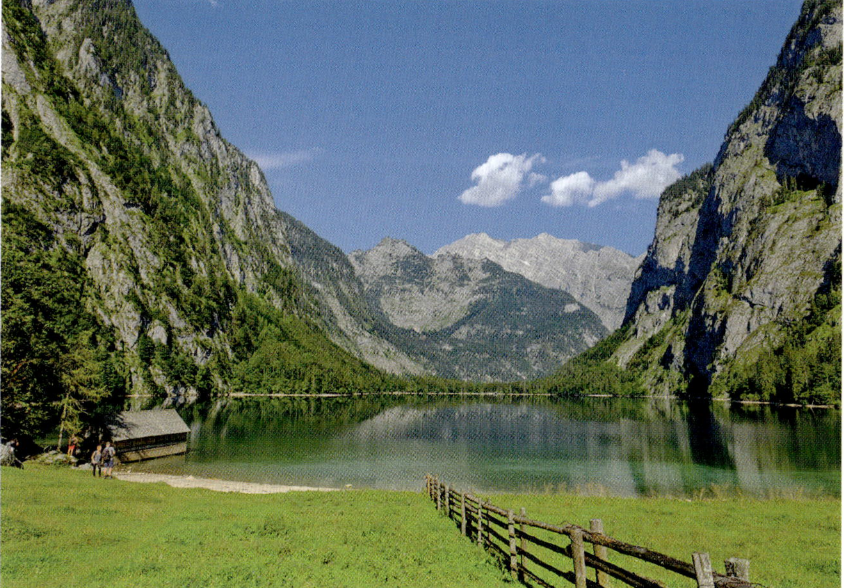

▲ Der Lech am Augsburger Hochablass (Kapitel 8)
▼ Am Obersee im Berchtesgadener Land (Kapitel 14)

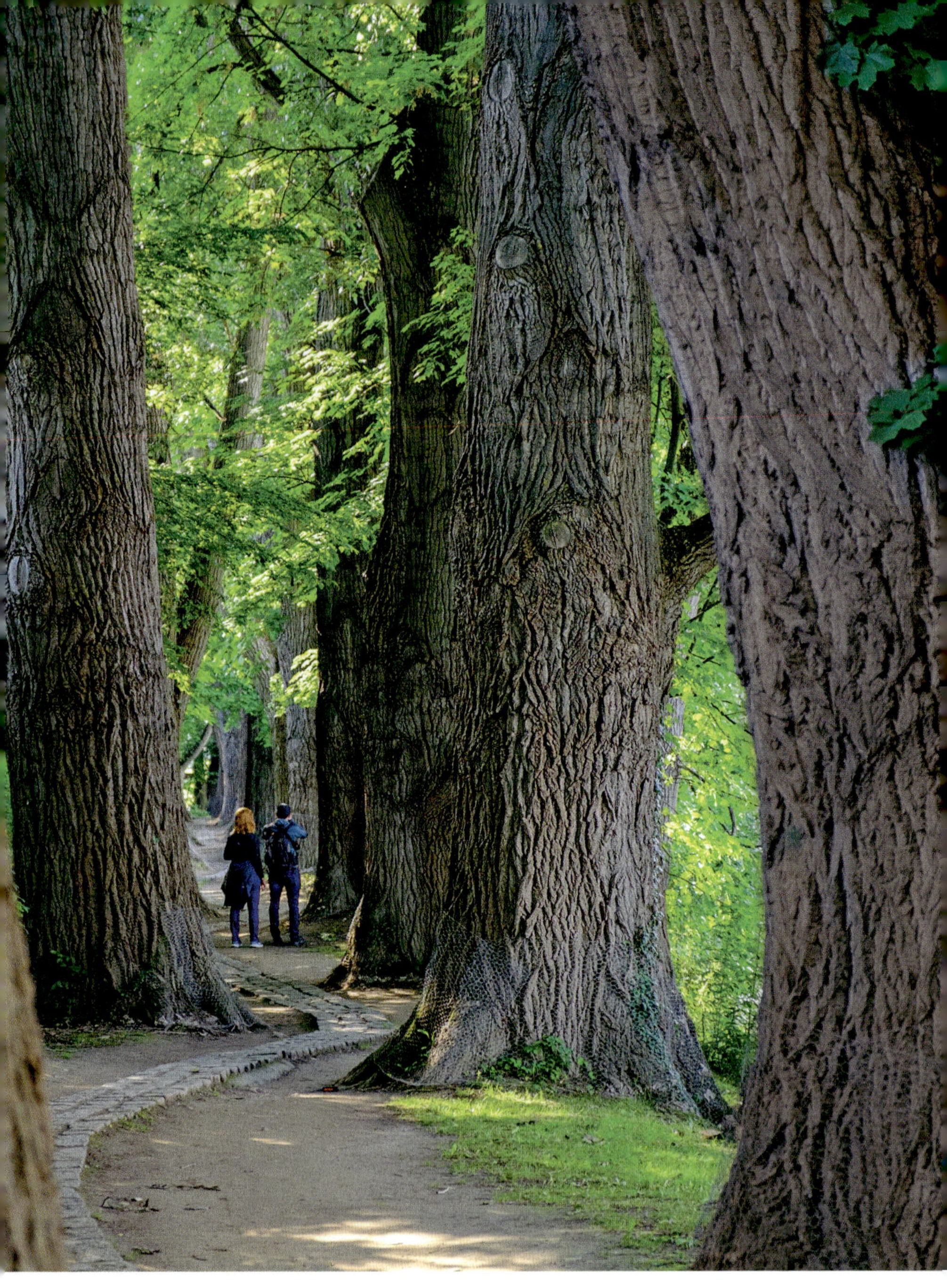

Auch mitten in den Städten finden wir grüne Natur: uralte Allee auf der Insel Oberer Wöhrd in Regensburg (Kapitel 5).

Ausrüstung

Feste Wander- oder Trekkingschuhe sind Grundvoraussetzung für sicheres Wandern – sogar auf Kopfsteinpflaster in Altstädten haben sie sich bewährt. Funktionswäsche ist praktisch: Wenn man schwitzt, trocknet sie schneller. Die Mitnahme eines geeigneten Sonnenschutzes mit starkem Lichtschutzfaktor schadet auch nicht. Wer in der Natur wandert, sollte auch immer etwas Proviant und genügend Getränke dabeihaben.

Naturschutz

Wir sind nur Gast in der Natur und sollten – außer Fußspuren – nichts hinterlassen. Jeglicher Abfall wird wieder mit nach Hause genommen, auch der, der normalerweise verrottet! Die Wege, die wir benutzen, sind offizielle Wanderwege, die extra angelegt wurden – Wege dürfen daher nicht abgekürzt werden, auch querfeldein über eine Wiese zu laufen, schadet dem Untergrund und damit den Bauern. Und bitte packen Sie auch keine »Souvenirs«, wie z. B. Steine aus den Geoparks, ein!

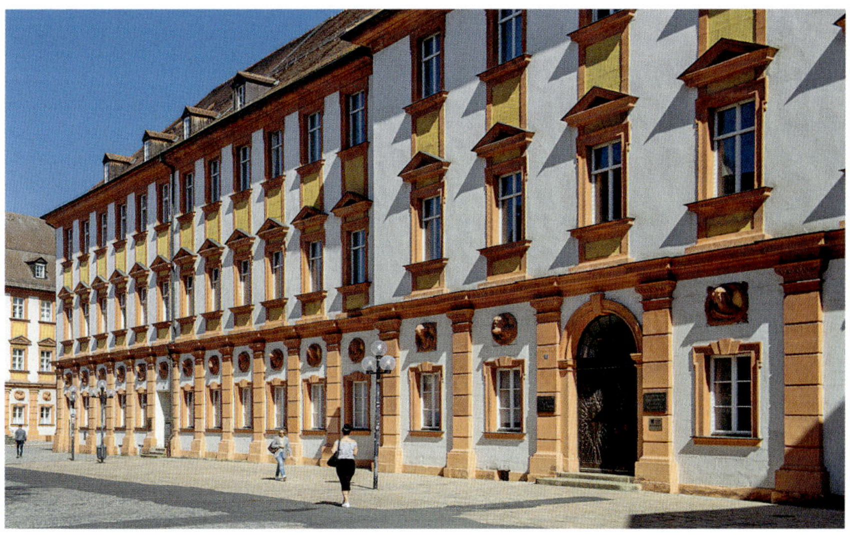

Das Alte Schloss in Bayreuth (Kapitel 7)

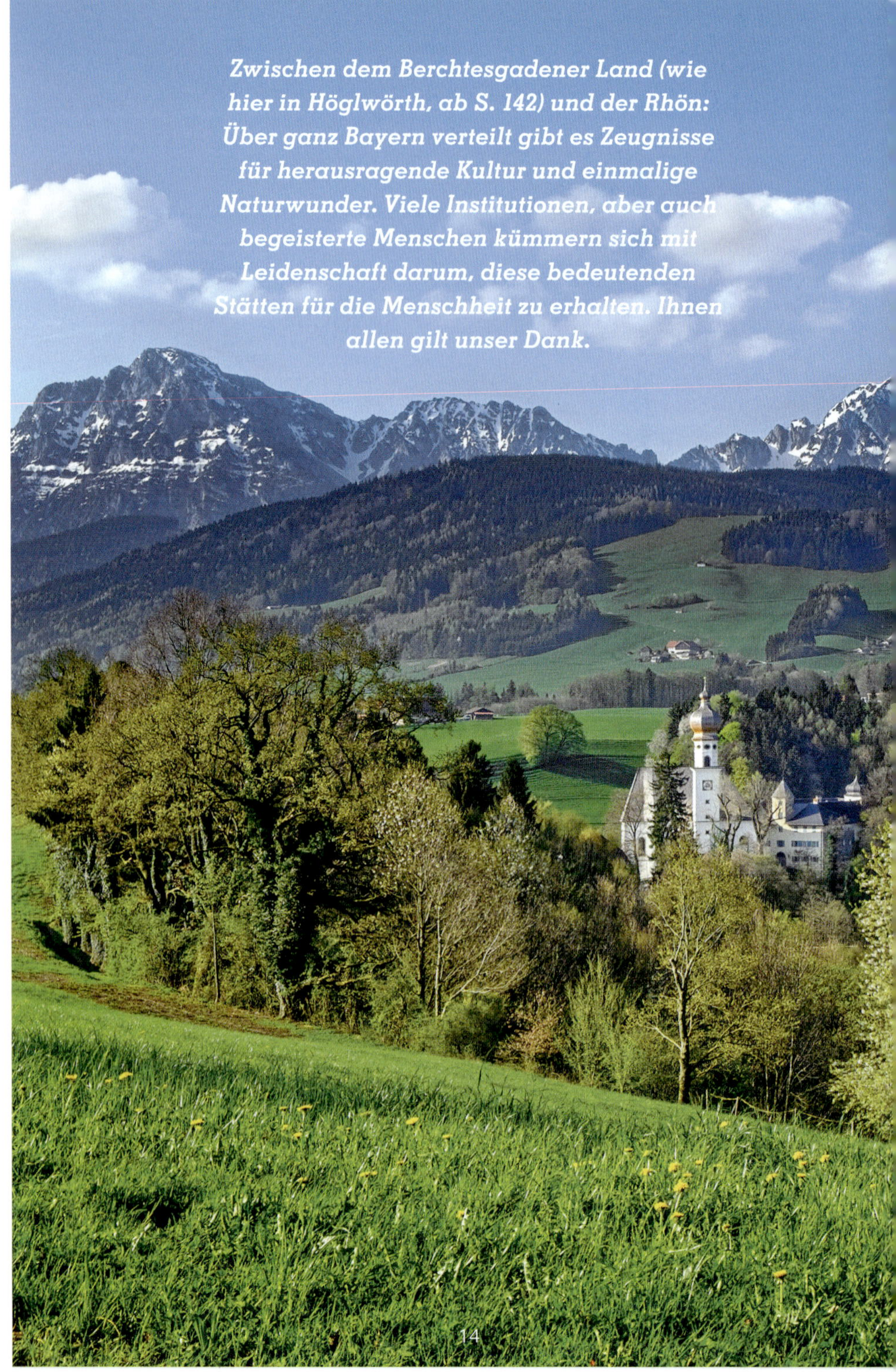

Zwischen dem Berchtesgadener Land (wie hier in Höglwörth, ab S. 142) und der Rhön: Über ganz Bayern verteilt gibt es Zeugnisse für herausragende Kultur und einmalige Naturwunder. Viele Institutionen, aber auch begeisterte Menschen kümmern sich mit Leidenschaft darum, diese bedeutenden Stätten für die Menschheit zu erhalten. Ihnen allen gilt unser Dank.

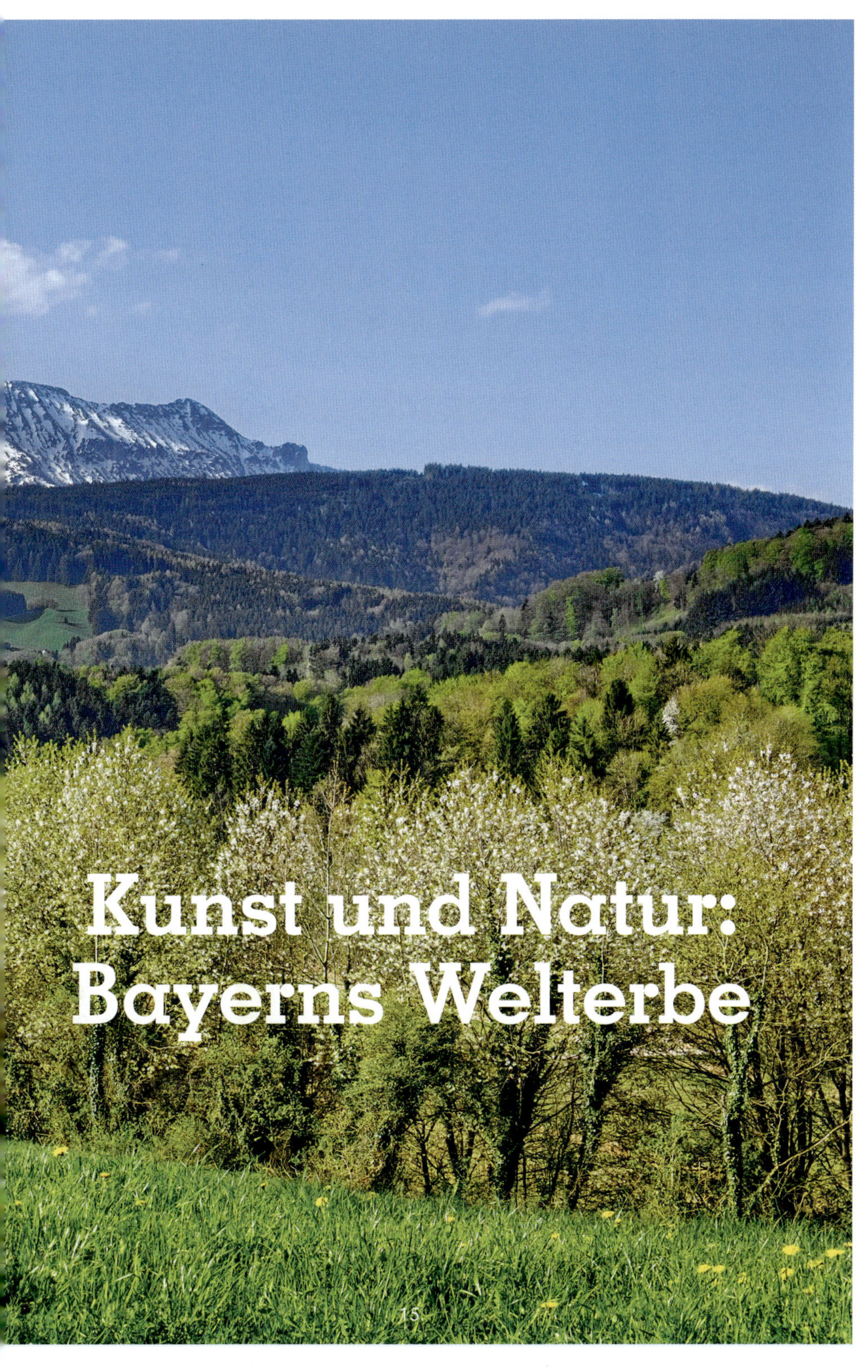

Kunst und Natur: Bayerns Welterbe

1

Barockes Kunstwerk: die Würzburger Residenz

PRACHT- UND PRUNKVOLLES UND DOCH SAKRALES HAUS

Gerade einmal 40 Jahre zuvor war das Versailler Schloss bei Paris fertiggestellt worden, da beschlossen die Fürstbischöfe aus dem Haus Schönborn, dass in ihre eigene Bistumsstadt Würzburg eine in Prunk, Pracht und Protz gleichwertige Residenz samt Hofgarten gut hineinpassen würde.

Um diesen Schritt zu verstehen, muss man sich in diese Zeit hineinzuversetzen suchen: Adel und Kirche hatten in fast allen Bereichen das Sagen und kämpften mit Ränkespielen und Intrigen um Macht und Einfluss. Auch untereinander wollte man stets zeigen und beweisen, dass man besser und vor allem reicher war als andere Bistümer oder Adelsgeschlechter.

Es war die Zeit des Absolutismus, im Nachbarland Frankreich lag die Revolution noch in ferner Zukunft, und auf der Festung Marienberg hoch über der Stadt Würzburg residierten Anfang des 18. Jahrhunderts die hiesigen Fürstbischöfe. Ihre gewaltige Burganlage auf dem Frauenberg war in die Jahre gekommen, denn sie diente den Fürstbischöfen schon seit einigen Jahrhunderten als Zufluchtsort. Dementsprechend dick waren die Wände, es war dunkel, feucht und nicht besonders angenehm oder gar repräsentativ, was vor allem dann störte, wenn man wieder einmal königliche Häupter oder wichtige Kirchengäste beherbergen musste.

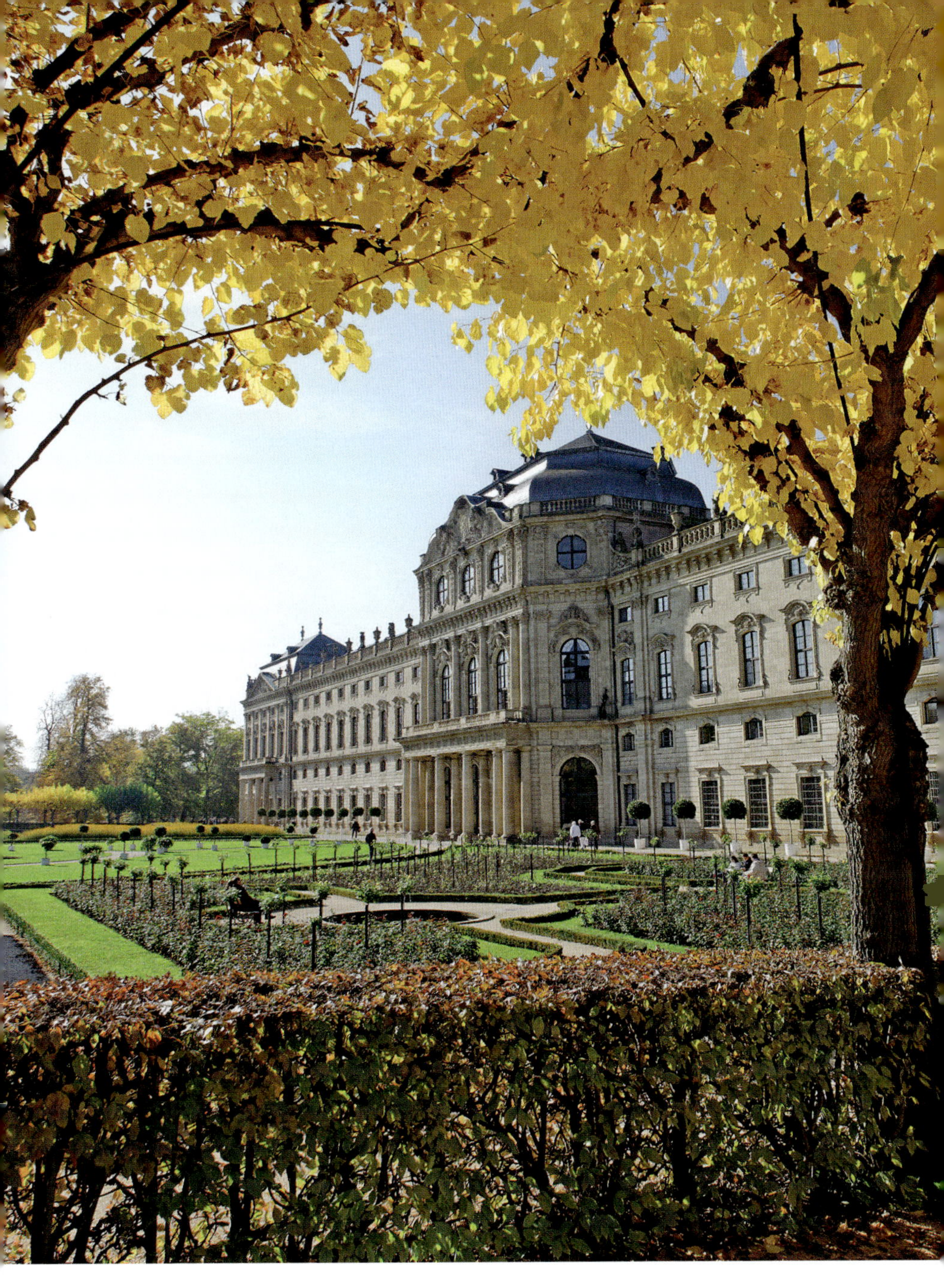

Der Hofgärtner Johann Prokop Mayer (1735–1804) legte die Prachtgärten in der Würzburger Residenz an.

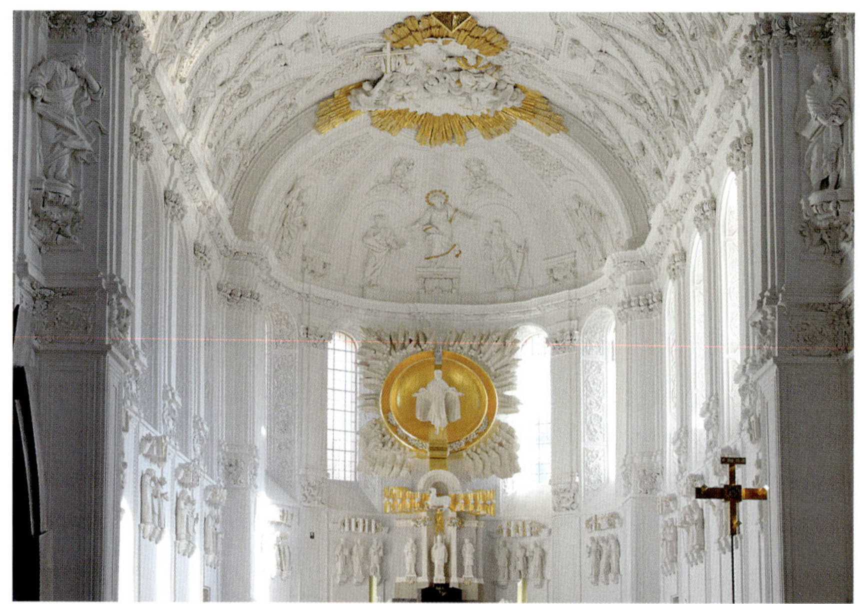

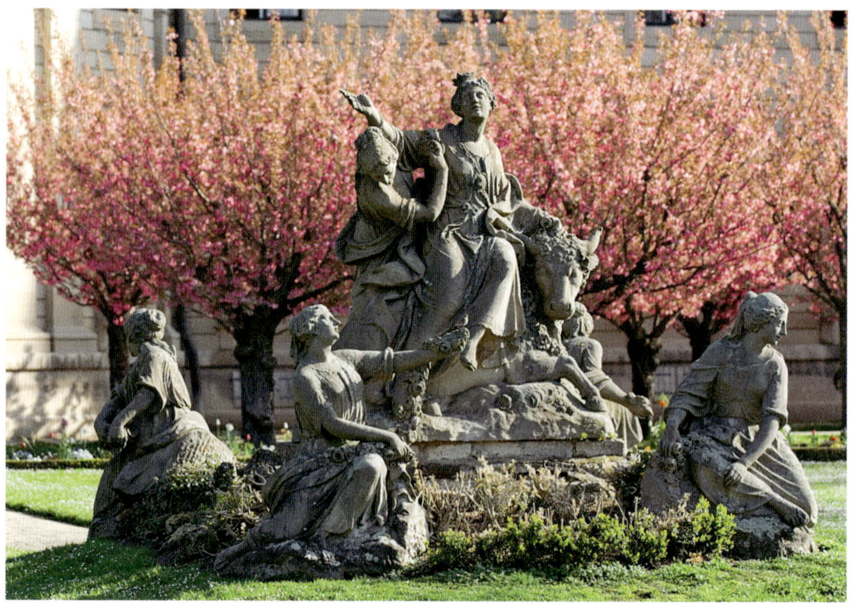

▲ Im Dom St. Kilian finden wir viele Grabdenkmäler der Würzburger Bischöfe.
▼ Die Brunnenfiguren im Hofgarten zeigen den »Raub der Europa«.

So entschloss sich Johann Philipp Franz von Schönborn, der am 18. September 1719 einstimmig zum Fürstbischof von Würzburg gewählt worden war, dass jetzt die Zeit für Veränderungen gekommen sei. Er war wohl ein sehr tatkräftiger, aber auch selbstherrlicher und eigenwilliger Regent. Dem Grafengeschlecht Schönborn entstammend, hatte er eine umfangreiche Erziehung samt Studium genossen und interessierte sich sehr für Wissenschaft und Kunst. Schon in jungen Jahren sammelte er auf zahlreichen Reisen durch Europa diplomatische Erfahrungen und besuchte dabei auch England und Frankreich, wo ihn Versailles beeindruckte – das Schloss des Sonnenkönigs muss einen so bleibenden Eindruck bei ihm hinterlassen haben, dass er beschloss, sich kurzerhand sein eigenes Versailles in Würzburg erbauen zu lassen.

1720 beauftragte er den noch fast völlig unbekannten Baumeister Johann Balthasar Neumann (1687–1753) als Architekten und berief ihn zum fürstbischöflichen Baudirektor von Würzburg. Dabei folgte er der Empfehlung seines Onkels, des Mainzer Kurfürsten Lothar Franz von Schönborn, dem schon früher das Talent dieses Baumeisters aufgefallen war – der gerade einmal 32-jährige Künstler hatte bereits in Ungarn, Wien und in Mailand sein architektonisches Gespür schulen können, doch eigentlich entstammte Johann Balthasar Neumann der einfachen Familie eines Tuchmachers aus Eger. Ursprünglich als Glocken- und Metallgießer ausgebildet, war Neumann dann durch den Eintritt in den Militärdienst eine Weiterbildung als Ingenieur der Geometrie, Architektur und Feldmesserei möglich geworden.

1720 fand die Grundsteinlegung für den Neubau der Residenz statt. Sie sollte am östlichen Mainufer liegen, am Rand der Stadt, wo sich bereits ein Schlösschen befand. Als absolutistischer Herrscher scheute Johann Philipp Franz von Schönborn keine Kosten für sein gewünschtes Traumschlösschen – und wo Geld fehlte, wurden einfach drastische Steuererhöhungen und Verordnungen durchgesetzt. Ein Umstand, der bei der Bevölkerung für großen Unmut sorgte und den Beliebtheitsgrad des Bischofs nicht unbedingt beförderte.

Balthasar Neumann hingegen, dem die Gesamtredaktion dieses gewaltigen Bauvorhabens oblag, standen einige der führenden Architekten jener Zeit zur Seite, wie Lucas von Hildebrandt aus Wien und Maximilian von Welsch aus Mainz. Zusätzlich schulte sich der noch unerfahrene Neumann selbst im Auftrag seines fürstbischöflichen Dienstherrn weiter und unternahm eine Studienreise von Bruchsal über Straßburg nach Paris. Der junge Architekt ließ sich dabei von den Prachtbauten seiner Kollegen zwar durchaus inspirieren, doch bei seiner eigenen Planung gelang es ihm, diese nicht einfach zu kopieren – im Gegenteil, er schuf ein einzigartiges Bauwerk von überschwänglicher barocker Wucht und gleichzeitig einer Leichtigkeit, die absolut einmalig ist. Dies wird z. B. am beeindruckenden Treppenhaus deutlich, einer einzigen freitragenden Muldenkonstruktion, die den Zweck hatte, jeden Besucher, der sich über sie auf den Weg zum Fürstbischof machte, kleinzuhalten, ihn einzuschüchtern und ihn die Macht und Größe des Erbauers spüren zu lassen.

Das alles erlebte Johann Philipp Franz von Schönborn jedoch gar nicht mehr, denn er starb nach gerade einmal fünf Jahren im Amt – bis heute wird ein Giftanschlag als Ursache seines vorzeitigen Ablebens vermutet. Trotzdem wurde der Bau unter seinen Nachfolgern fortgesetzt. 1744 war der Rohbau fertig, und die aufwendigen Innenarbeiten für 340 Räume begannen – dazu wurden einige der besten Künstler der damaligen Zeit engagiert, die so ihre kunsthandwerklichen Spuren in Würzburg hinterließen: Der italienische Maler Giovanni Battista Tiepolo schuf z. B. das gewaltige Deckenfresko über der breiten Prunktreppe, das mit 700 Quadratmetern das größte weltweit ist. Sein Landsmann, der Stuckateur Antonio Guiseppe Bossi, verzierte im Lauf von gut 20 Jahren immer wieder neue Räume in der Residenz, und Johann Wolfgang van der Auwera schuf als Bildhauer den Figurenschmuck im Ehrenhof.

Bis 1780 zog sich der Innenausbau hin, dann war alles fertig, einschließlich des Hofgartens und der Hofkirche. Doch auch der Stararchitekt des Ganzen, Johann Balthasar Neumann, erlebte dies nicht mehr – er starb bereits 1753, hinterließ jedoch im Lauf seiner Schaffenszeit viele weitere prunkvolle Brücken, Kirchen, Klöster, Schlösser und feudale Wohnhäuser.

23 Jahre später ging als Folge der Französischen Revolution und der Napoleonischen Kriege das Hochstift Würzburg mit allen anderen geistlichen Territorien unter; durch die Säkularisation wurden Kirche und Klerus enteignet, und die Residenz Würzburg fiel an den bayerischen Staat. Seit dem Jahr 1981 zählt die Würzburger Residenz mit Hofgarten und Residenzplatz nicht nur zum Weltkulturerbe der UNESCO, sondern zudem als ein Hauptwerk des süddeutschen Barocks zu den bedeutendsten Schlössern in Europa. Bei einem Besuch besichtigt man neben dem gewaltigen Treppenhaus auch den Weißen Saal im Rokokostil, den glanzvollen Kaisersaal, dessen Deckenfresko ebenfalls von Tiepolo stammt, sowie das Spiegelkabinett und viele weitere

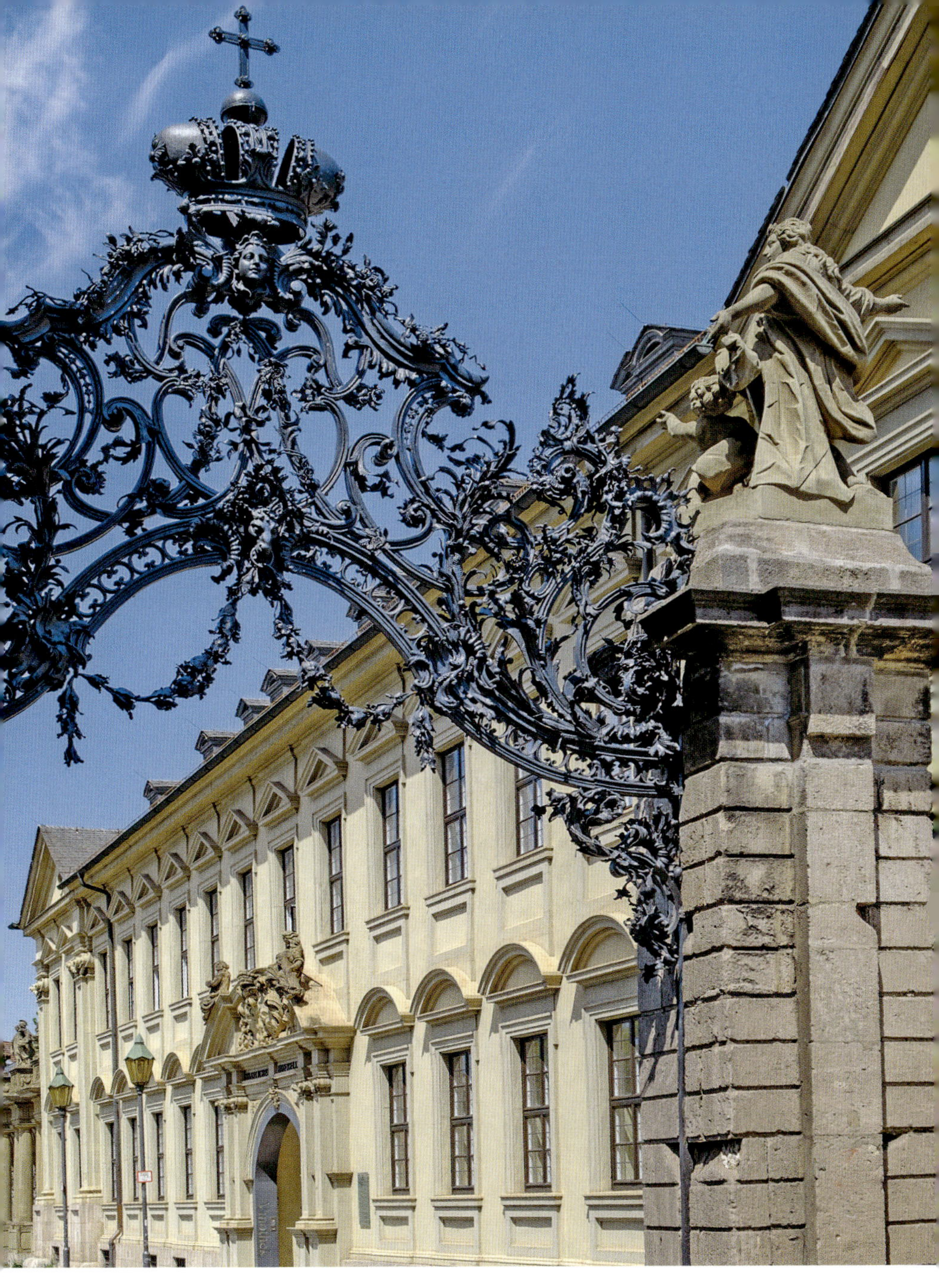

Der Staatliche Hofkeller Würzburg ist eines der ältesten Weingüter der Welt, gegründet 1128 durch Bischof Embricho.

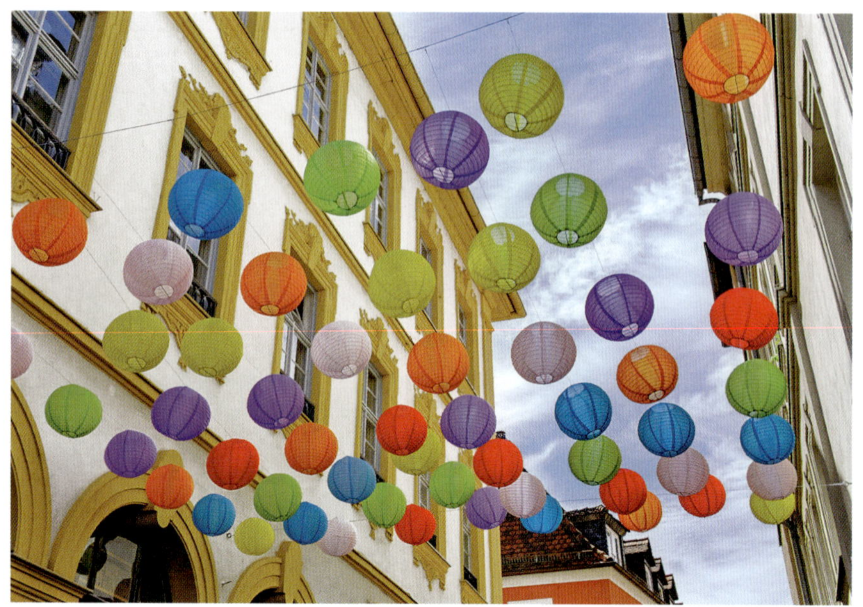

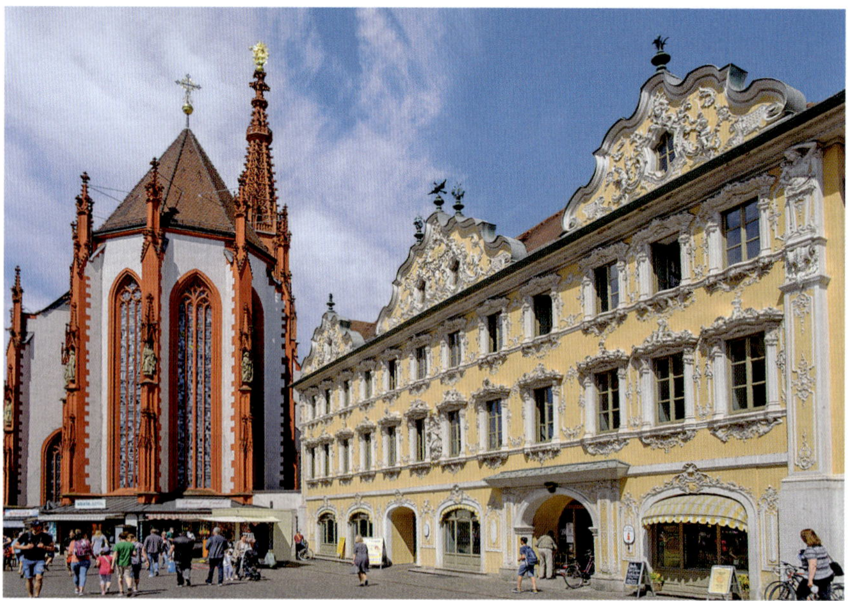

▲ Bunte Lampions in den Altstadtgassen von Würzburg
▼ Die Marienkapelle mit dem Haus zum Falken besichtigen wir auf unserem Spaziergang.

Räume. Der herrschaftliche Hofgarten mit seinen üppigen Blumenrabatten, den Laubengängen und den Gartenskulpturen ist das ganze Jahr über frei zugänglich und lädt zu einem genussvollen Spaziergang ein.

Stadtspaziergang durch Würzburg

Startend bei der **Alten Mainbrücke**, wo uns der Gründer des Würzburger Bistums, der Heilige Kilian, sowie viele andere Größen aus Würzburgs Vergangenheit begegnen, spazieren wir geradeaus auf der Domstraße direkt zum **Kiliansdom**, der tagsüber frei zugänglich ist. Das Gotteshaus zählt zu den großen Sehenswürdigkeiten der Stadt und beherbergt zahlreiche Kunstwerke, u. a. von Tilman Riemenschneider, der die beiden spätgotischen Epitaphien der Fürstbischöfe Lorenz von Bibra und Rudolf II. von Scherenberg schuf. Im nördlichen Querhaus kann man durch die schmiedeeisernen Gitter einen Blick in die **Schönbornkapelle** werfen, die an den Dom angebaut wurde. Ihr Baumeister war ebenfalls Johann Balthasar Neumann, der sie als Grablege für die Familie Schönborn errichtete. Die Türen sind jedoch nur während der Osterzeit geöffnet.

Nördlich vom Dom, nur durch das Museum und den Kiliansplatz getrennt, steht das **Neumünster** mit seiner Kiliansgruft. Vom Dom erreicht man durch die Hofstraße den Residenzplatz mit dem UNESCO-geschützten Prachtbau der **Würzburger Residenz** – zwei bis drei Stunden sollte man für die Besichtigung einschließlich der Parkanlagen und der Hofkapelle auf alle Fälle einplanen.

Vom Residenzplatz spazieren wir durch Theater-, Spiegel- und Eichhornstraße zum Marktplatz mit der **Marienkapelle**. An ihrem Eingang empfangen uns Adam und Eva, ebenfalls von Tilman Riemenschneider nach der Fertigstellung der Marienkapelle 1493 geschaffen. Allerdings können wir heute hier nur noch die Kopien bewundern, die Originale befinden sich im Mainfränkischen Museum auf der Festung Marienberg.

Vom Marktplatz ist es nun nicht mehr weit bis zur **Alten Mainbrücke**, wo wir uns ein Gläschen Wein in der **Alten Mainmühle** gönnen dürfen, entweder im Restaurant oder als einen »Brückenschoppen«, eine Würzburger Institution: Direkt auf der Brücke, inmitten quirligen Altstadtlebens, schmeckt ein Glas gekühlten Weißweins besonders gut!

Noch wichtig

Auch die Festung Marienberg lohnt einen Besuch – wegen Umbau ist sie jedoch leider teilweise gesperrt. Man erreicht sie mit einem kleinen Spaziergang ab der Kirche St. Burkard oder über die Tellsteige sowie über das Gelände der Landesgartenschau. Zudem fährt die Bus-Kulturlinie 9 von April bis Anfang November dorthin (wvv.de/kulturlinie).

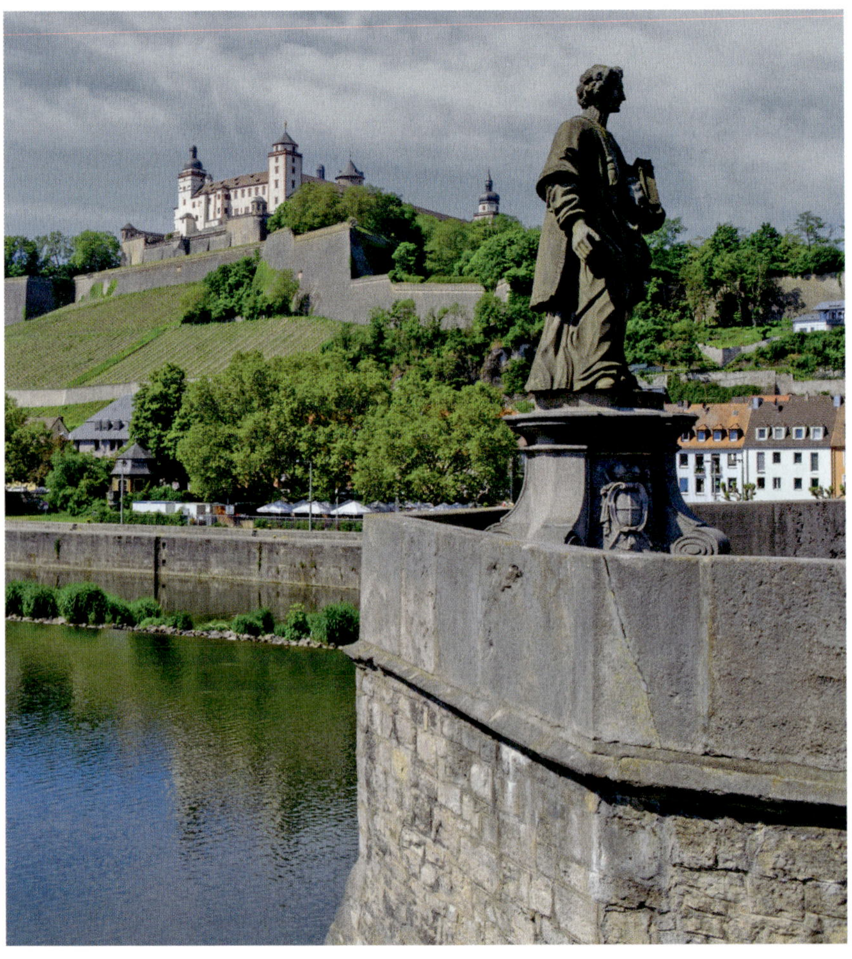

Von der Mainbrücke blickt man über den Fluss auf Marienberg, den alten Sitz der Bischöfe.

Auf einen Blick

WÜRZBURGER RESIDENZ

UNESCO-Welterbe seit 1981

AUSGANGSPUNKT

Alte Mainbrücke
GPS: 49.793037, 9.926194

ANFAHRT

ÖPNV: Mit der Bahn zum Würzburger Hauptbahnhof nördlich der Altstadt
Auto: A 3 oder A 8 Richtung Würzburg, dann B 19 in die Innenstadt. Dort bzw. am Mainufer gibt es Parkplätze.

GEHZEIT UND SCHWIERIGKEIT

Ein Spaziergang führt, vorbei an vielen weiteren Sehenswürdigkeiten der Stadt, zur Residenz. Insgesamt ist die fast ebene Strecke ca. 3,5 km lang. Man sollte mindestens 2–3 Std. Zeit allein für die Besichtigungen einplanen.

ÖFFNUNGSZEITEN

Residenz: April–Okt. täglich 9–18 Uhr, Nov.–März täglich 10–16.30 Uhr (Eintrittsgebühr); Führungen in deutscher Sprache: April–Okt. laufend im Abstand von ca. 20 Min., Nov.–März zu jeder vollen und halben Stunde

Der Eintritt in Hofkirche und Hofgarten ist frei.

AUCH INTERESSANT

Fürstbischöfe waren in erster Linie Bischöfe, die einem Bistum vorstanden; da sie aber meist dem Hochadel entstammten, standen sie im Rang eines Fürsten. Bei den großen Adelsgeschlechtern war das Amt eines Fürstbischofs ideal für die Karriereleiter der zweitgeborenen Söhne.

EINKEHR

Alte Mainmühle direkt an der Brücke (alte-mainmuehle.de)

INFORMATION

residenz-wuerzburg.de

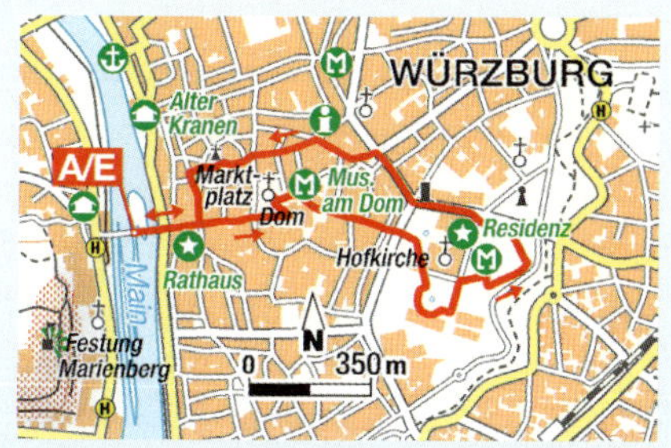

2

Berühmtes Rokokojuwel: die Wieskirche bei Steingaden

TRÄNENWUNDER UND BAYERNS SCHÖNSTER SCHWARZBAU

Gleichermaßen sind es zwei Wunder, die alljährlich viele Tausend Besucher in ihren Bann ziehen: Zum einen spricht man vom »Wunder Wies«, wohin bis heute Gläubige von überallher pilgern, zum anderen ist die Leistung des Baumeisters Dominikus Zimmermann weltweit einzigartig.

Den gerade frisch gewählten Abt von Steingaden, Marian II. Mayr, plagten um 1745 herum große Sorgen, musste er doch die aufwendige Neuausstattung seiner Steingadener Klosterkirche zur 600-Jahr-Feier finanzieren, war aber andererseits auch dazu verpflichtet, die angehäuften Schulden seiner Vorgänger abzutragen. Da hatte er eine Idee, die von einem Ereignis ausging, das zwei Jahre zuvor im nahen Weiler Wies für Aufregung gesorgt hatte: Die Bäuerin Maria Lory lebte dort auf dem Wieshof, die Taufpatin des Klosterwirts von Steingaden, der ihr vor nicht allzu langer Zeit eine Figur des gegeißelten Heilands hinterlassen hatte, die auf seinem Dachboden gelegen war. Diese Figur sollte einige Jahre zuvor auf einer Karfreitagsprozession mitgetragen werden, doch die beiden Mönche, die die Figur geschaffen hatten, Pater Magnus Straub und Bruder Lukas Schweiger, waren bei ihrer Arbeit wohl zu kreativ gewesen: Die mit Wunden und Blut bemalte Figur war so lebensecht, dass man Angst hatte, das gläubige Volk ließe sich bei ihrer Betrachtung vom Beten ablenken,

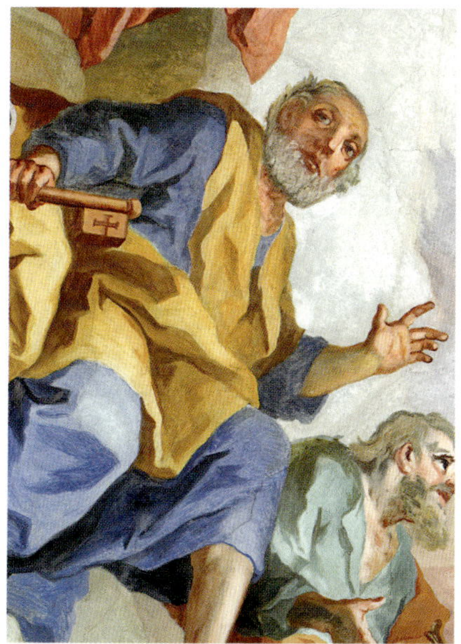

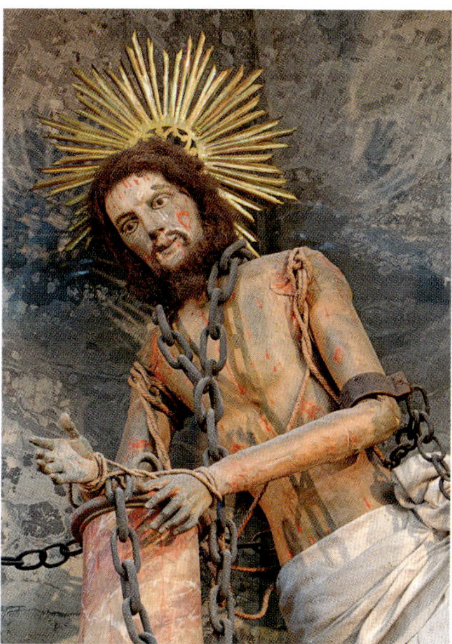

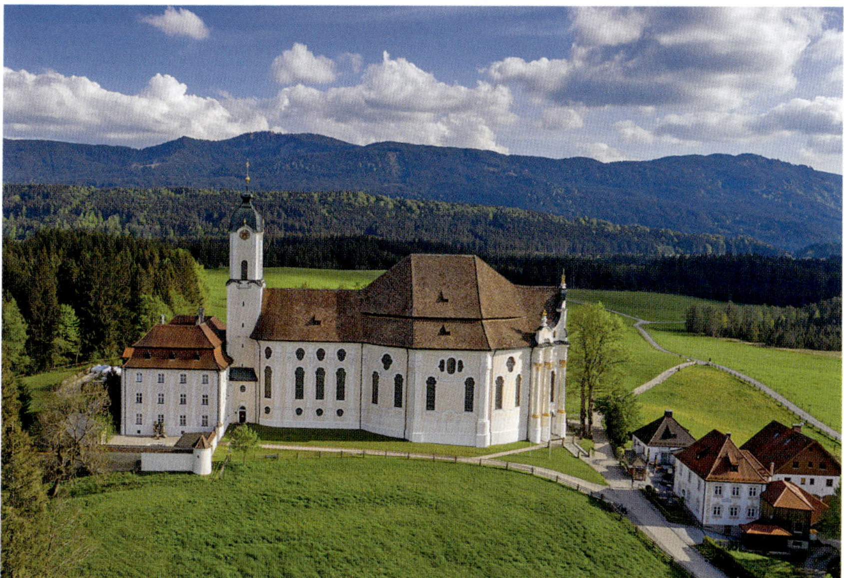

◀ Der Heilige Petrus ist immer gut an seinem Schlüssel zu erkennen.
▶ Das Gnadenbild: der Wiesheiland
▼ Die Wieskirche vor den Ammergauer Alpen

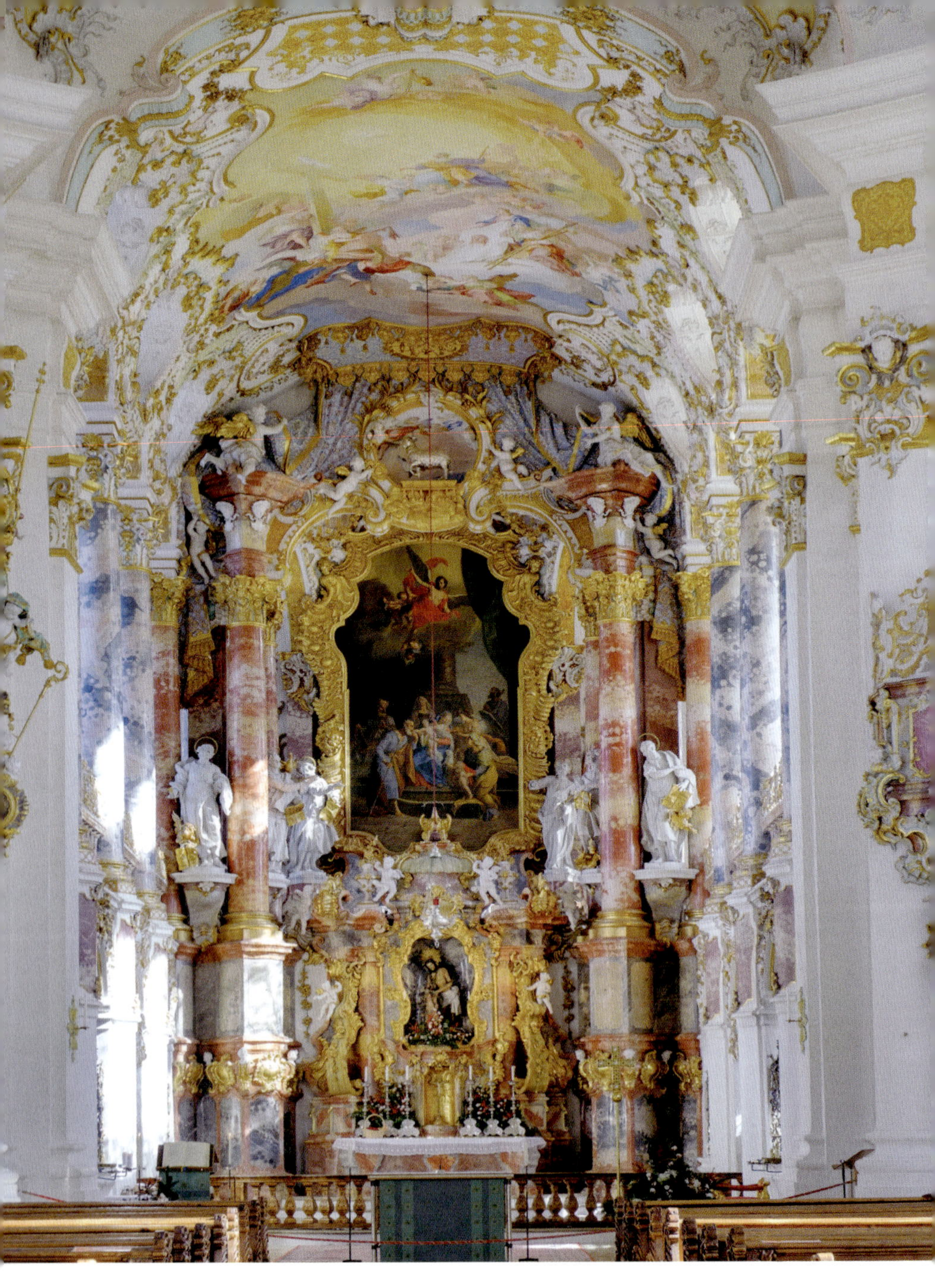

Nur die ausgeklügelte Symmetrie des Baumeisters schafft Ruhe im überbordend ausgeschmückten Innenraum der Wieskirche.

weshalb man auf die Mitnahme des gegeißelten Heilands auf der Prozession verzichtete. Bevor die Statue jedoch im Speicher des Klosterwirts in Vergessenheit geriet, nahm die Bäuerin Maria den Heiland in ihre Obhut, brachte ihn zu sich nach Hause und betete hinfort oft vor dieser Figur. Da geschah am Abend des 14. Juni 1738 etwas Außergewöhnliches: Mitten im Abendgebet bemerkte die Bäuerin in den Augenwinkeln der Figur ein Glänzen – sie hielt die Tropfen für Tränen, für einen heiligen Gnadenfluss, und schon war ein Wunder geboren.

Dieses Tränenwunder sprach sich rasend schnell herum. Immer mehr Gläubige von nah und fern wollten vor der Figur beten, was in kürzester Zeit zu einer großen Wallfahrtsbewegung führte. Eine 1740 erbaute Feldkapelle reichte daher schnell nicht mehr aus, um all die Wallfahrer aufzunehmen, und so wurde 1746 der Grundstein für einen Neubau gelegt.

Aber der Konkurrenzkampf der zahlreichen Wallfahrtsstätten in Europa war groß, und der Abt entschloss sich alsbald zu einem Kraftakt: Er wollte eine noch viel größere Wallfahrtskirche bauen lassen, prächtiger als alle anderen im weiten Umkreis – dann würden noch viel mehr Wallfahrer kommen, und von deren reichlich fließenden Spenden wäre er rasch von seinen Schulden befreit. So verpflichtete er die besten und teuersten Künstler seiner Zeit, wie die Gebrüder Zimmermann oder den Bildhauer Anton Sturm, die sogleich mit dem Bau des Gotteshauses begannen. Doch hatte der Abt die dafür erforderliche Erlaubnis vom kurfürstlichen Hof in München noch gar nicht erhalten, und in dem abgeschiedenen einsamen Weiler Wies entstand somit ein Schwarzbau von gewaltigen Dimensionen. Abt Marian verschuldete sein Kloster im Lauf der Zeit immer mehr, doch zu seinem Glück kapitulierte die Verwaltung in München und gab endlich die offizielle Erlaubnis für den Bau, allerdings erst, als der Dachstuhl abgebunden wurde.

Die Pläne des Abtes gingen im Folgenden nicht so wie gewünscht auf, denn die unwegsame Lage der Wieskirche und der aufwendige Baustil brachten die Abtei in immer größere finanzielle Schwierigkeiten. So stiegen die Baukosten auf mehr als das Vierfache der ursprünglichen Planung: auf etwa 180 000 Gulden. Dazu kamen auch noch die Kosten für die Kirche in Steingaden ...

Allen Widrigkeiten zum Trotz konnte 1756/57 mit der Aufstellung der Seitenaltäre und dem Bau der Orgel der Kirchenbau abgeschlossen werden. Geblieben ist ein einmaliges Rokoko-Kunstwerk, das sich in seiner ganzen

Schönheit mit nichts vergleichen lässt. Deshalb wurde die Wieskirche 1983 unter den Schutz des UNESCO-Welterbes gestellt – auch wegen der einzigartigen Harmonie zwischen Kunst und Landschaft, liegt die Wieskirche doch einsam zwischen Feldern und Wäldern direkt vor den Trauchgauer Bergen. Darüber hinaus erreichte der Architekt Dominikus Zimmermann, dass alle mitarbeitenden Künstler – von den Bildhauern, Stuckateuren und Malern bis hin zum Orgelbauer – ein gemeinsames Ziel hatten: ein Werk mit einer unvergleichlichen Gesamtkomposition im Stil des Rokokos zu schaffen. Vom Langhaus zum Hochaltar, von den Säulen zu den Kartuschen und Deckenfresken, von den Fenstern zur Kanzel, von den überlebensgroßen Figuren im Hauptschiff zu den zahllosen Engeln und Putten: Alles zeigt eine überbordende Kreativität, die sich nicht nur im Einklang mit dem christlichen Glauben zeigt, sondern auch ein ungeheures Kunstverständnis aufweist. Das wird vor allem am Deckenfresko deutlich, für das der Bruder des Baumeisters, Johann Baptist Zimmermann, verantwortlich war: Im Hauptschiff überspannt ein leuchtender Himmel im Trompe-l'œil-Stil das Langhaus – Christus als Weltenrichter thront umgeben von Engeln und Heiligen auf einem Regenbogen, dem Zeichen des Bundes; er weist auf das Kreuz und in Richtung des verschlossenen Tors zur Ewigkeit, während auf der anderen Seite der Thron des Jüngsten Gerichts noch leer ist. Allein in diesem Fresko ist eine unglaubliche Fülle an Details zu finden, durchzogen von religiöser und kultureller Symbolik. Umgeben von zartem Stuck und mit raffinierten Lichtführungen erschließt sich der Raum dem Auge des Besuchers erst nach und nach.

Von Steingaden zur Wieskirche

Startpunkt ist der kleine **Marktplatz** vor der **Klosterkirche in Steingaden**, deren Besichtigung wir uns für gleich oder erst für nach der Wanderung vornehmen können. Mit Blick auf den Eingang zum Friedhof wenden wir uns nach rechts und gelangen durch den Torbogen in die Welfenstraße. Vorbei am **Klostergarten** geht es zur nächsten Straßenkreuzung, wo wir links in die ansteigende Graf-Dürckheim-Straße einbiegen; die Wieskirche ist hier bereits ausgeschildert. Am Tagungshaus Karl-Ebert nehmen wir den Pfad nach links, kürzen damit die Straße ab und wandern idyllisch über eine Allee aufwärts.

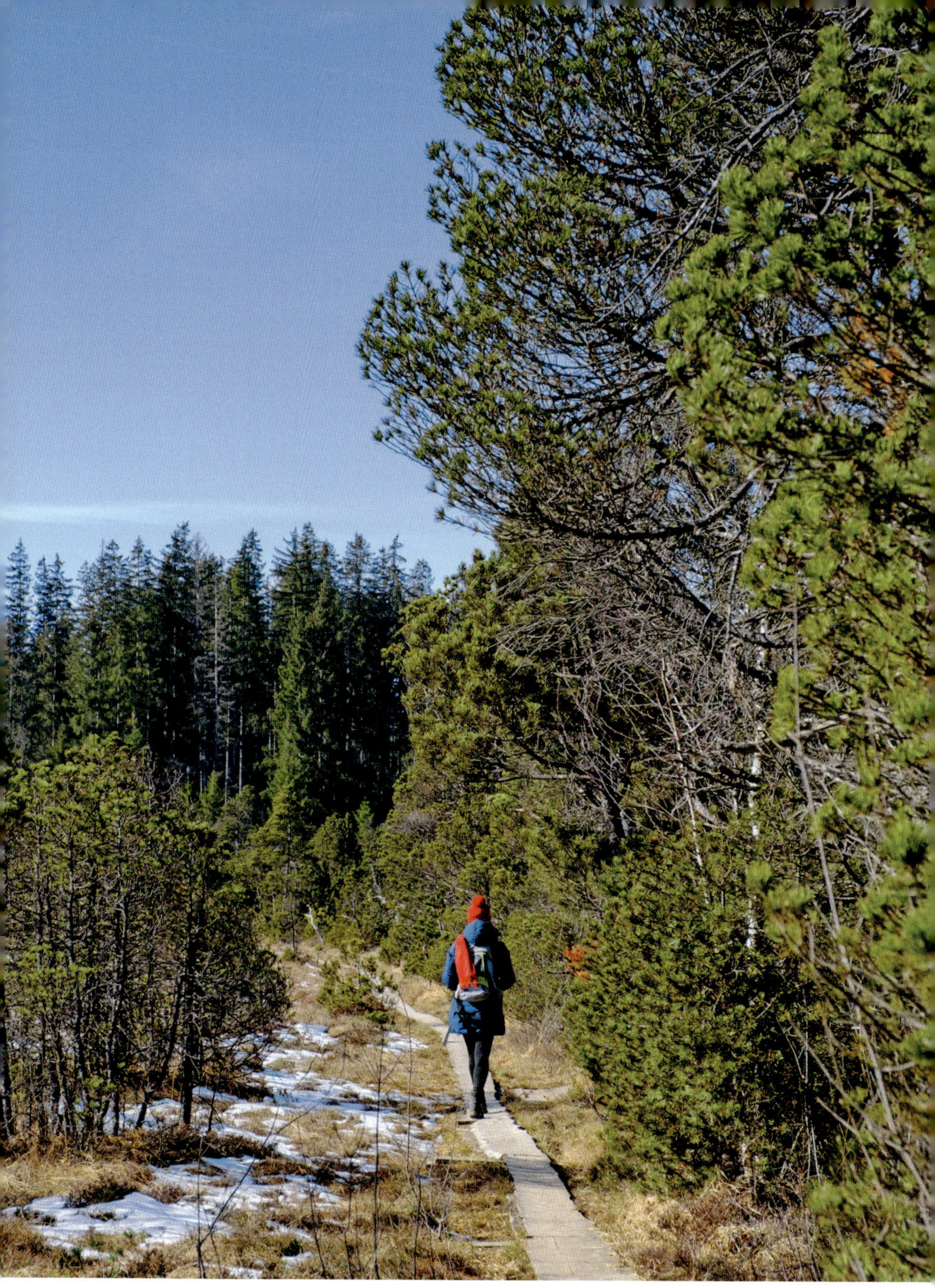

Ruhig ist es am Brettleweg, über den auch ein Jakobsweg verläuft.

Oben treffen wir wieder auf die Straße, der wir nach links, vorbei am **Badweiher** und mit schöner Aussicht auf die Allgäuer Berge, in den Weiler **Litzau** folgen. Nun ist die Straße für den öffentlichen Verkehr gesperrt, und wir wandern hinter Litzau auf einem Feldweg in den Wald. Sogleich umfängt uns hier eine wunderbare Ruhe – keine schlechte Einstimmung auf die Wieskirche. Der Weg mündet in die Zufahrtstraße zur Wieskirche, die wir überqueren und etwas links versetzt auf der Straße in Richtung Landvolkshochschule weitergehen. Auf Höhe des Parkplatzes biegen wir dann rechts in den schmalen Wanderweg ein, der uns entlang von mächtigen Bäumen sehr stimmungsvoll nach Süden zum Wallfahrtsort, der berühmten **Wieskirche**, führt. Das letzte Stück geht es wieder auf einer kleinen geteerten Straße bis zum Ziel.

Jetzt steht der ausführlichen Besichtigung nichts mehr im Weg, und wer Hunger und Durst verspürt, ist sowohl im Gasthof Schweiger als auch im Gasthof Moser gut aufgehoben – beides sind im Übrigen keine »Touristenfallen«, wie es vielleicht der große Parkplatz vermuten lassen würde. Eine Spezialität des Gasthofs Schweiger sind die frischen Auszognen, leckere Schmalzkücherl, die ganz frisch in Butterschmalz ausgebacken werden und die hier natürlich Wies-Kücherl heißen.

Für die Rückkehr nach Steingaden wandern wir weiter bis zum **Gasthof Moser**, wo es über die Terrasse unter der Tennenauffahrt hindurch und auf der Rückseite des Hauses links auf einen schmalen Wanderweg geht. Dieser ist Richtung »Steingaden über Brettleweg (Nr. 114)« ausgeschildert und zudem Teil des oberbayerischen Jakobswegs. Durch ein Drehkreuz wandern wir über eine Wiese in den Wald, dann beginnt auch schon der malerische **Brettleweg** durch die Wiesfilz. Zum Glück gibt es auf dem herrlichen Wegabschnitt auch Ruhebänke, die es uns erlauben, das kostbare Naturschutzgebiet ausgiebig zu genießen.

Der sich anschließende Wald ist nicht minder idyllisch. Nur einmal müssen wir aufpassen: Bei der Kreuzung biegen wir rechts ab, und wo sich bald darauf der Weg gabelt, folgen wir der Beschilderung nach links. Weiter durch den Wald streifend, werden wir dabei vom Haareckbach begleitet. Wo sich der Wald lichtet, ist es nicht mehr weit bis zur **Schlöglmühle** mit ihren alten Bauernhäusern. Dahinter treffen wir auf die B 17, der wir nach rechts folgen. Kurz hinter der **Schönegger Käse-Alm** – die sich für eine abschließende Brotzeit anbietet – biegen wir rechts in den kleinen Weg entlang dem

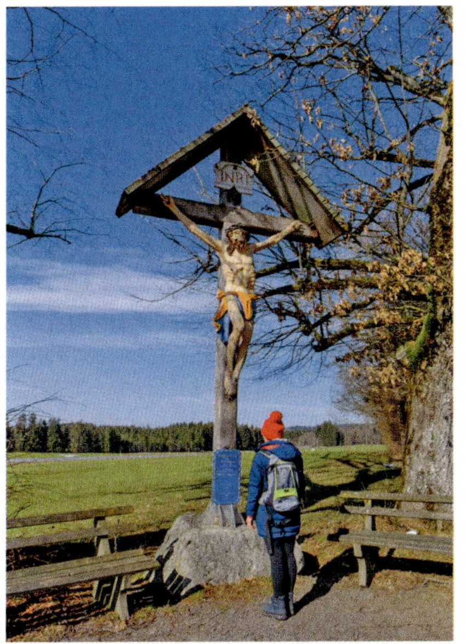

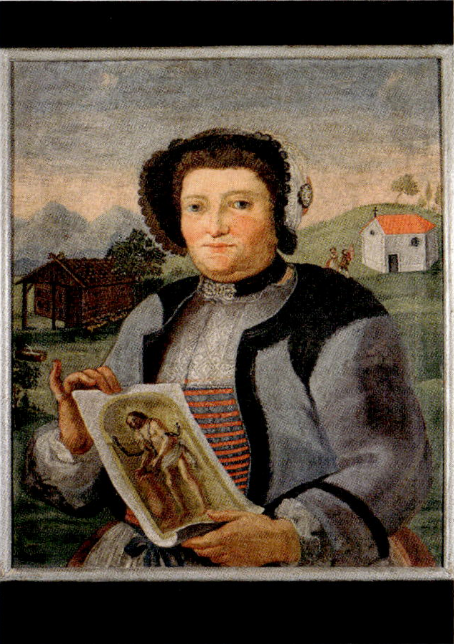

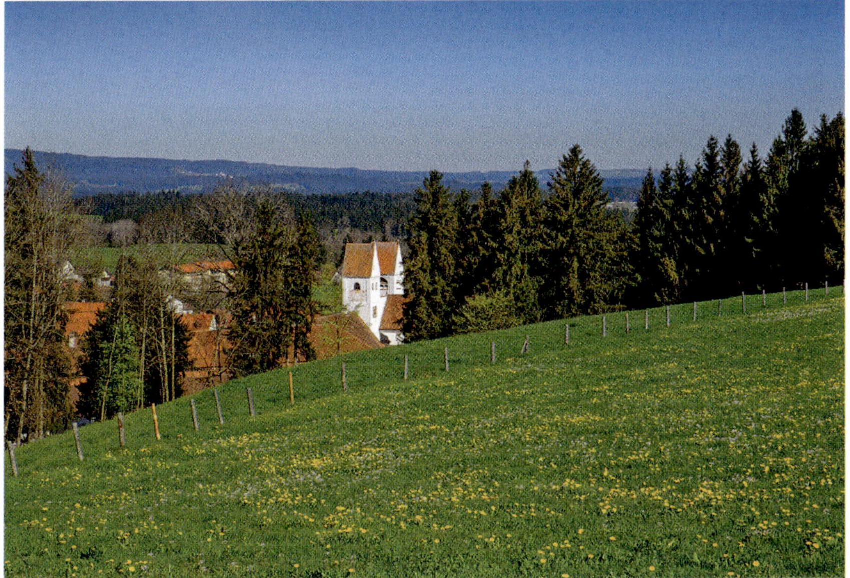

◀ Wallfahrtskreuz des Oberen Lechgau-Verbands an der Wieskirche
▶ Das Gemälde von Maria Lory kann man im Wallfahrtsmuseum von Steingaden besichtigen.
▼ Ausgangspunkt für die Wanderung zur Wieskirche ist das Kloster Steingaden.

Neuhausbach und sind somit zum Finale nochmals malerisch entlang eines Mühlbachs unterwegs. Der Weg führt uns über das Gelände eines kleinen Sägewerks, dann stehen wir wieder auf der Welfenstraße, die wir vom Hinweg bereits kennen, und sind in wenigen Minuten zurück beim Ausgangspunkt am **Kloster Steingaden**.

Das Herzstück Steingadens

Die Klosterkirche von Steingaden zeigt, wie sich im Lauf der Jahrhunderte die Baustile änderten. Gegründet wurde das Kloster 1147 durch Markgraf Welf VI. als Hauskloster und Grablege – diese finden wir in der Kapelle St. Johannis, rechts im Friedhof; im romanischen Stil wird der Eingang zur Rotunde von zwei Löwen bewacht. Die Klosterkirche (auch Welfenmünster) zeigt sich außen im Stil der Romanik: Hinter der ersten Tür steht man zunächst in der Vorhalle. Das Portal, heute eine Nachbildung des Originals, weist mit seinen Friesen und Köpfen noch auf die Romanik hin, doch das Spitzbogengewölbe sowie die Fresken stammen aus der Spätgotik. Hinter der folgenden modernen Tür verbirgt sich das Hauptschiff der Basilika – mit einem überraschenden Innenraum (mehr soll hier nicht verraten werden)! Unbedingt sollte man auch einen Blick in den Kreuzgang werfen (Tür im rechten Seitenschiff): Es ist zwar nur ein Flügel erhalten geblieben, doch ist dies für uns der schönste Platz in der Kirche! Übrigens gibt es in Steingaden ein Wallfahrtsmuseum zur Wieskirche mit vielen weiteren Exponaten (steingaden.de).

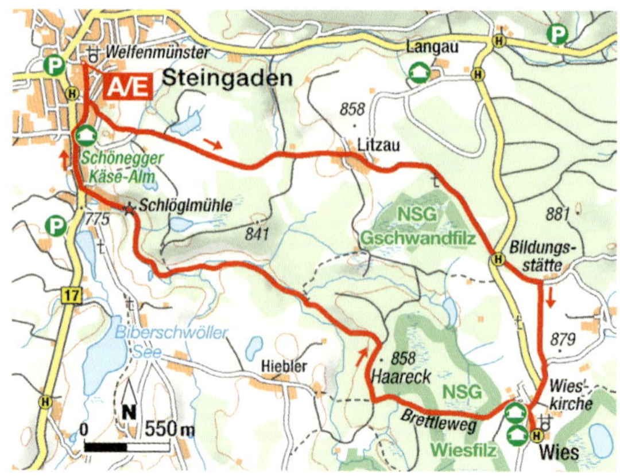

Auf einen Blick

WALLFAHRTSKIRCHE ZUM GEGEISSELTEN HEILAND AUF DER WIES

UNESCO-Welterbe seit 1983

AUSGANGSPUNKT

Steingaden, Klosterkirche
GPS: 47.701393, 10.861740

ANFAHRT

ÖPNV: Steingaden erreicht man mit Bussen ab den Bahnhöfen Füssen (73), Peißenberg (9651) oder Bad Kohlgrub (9606).
Auto: B 17 Richtung Füssen bis Steingaden. Die Klosterkirche ist mit ihrem Doppelturm gut zu sehen, einige Parkplätze gibt es rund um das Klosterareal, vor allem nördlich der Klostermauer.

GEHZEIT UND SCHWIERIGKEIT

Die Wanderung von Steingaden über den alten Wallfahrtsweg zur Wieskirche dauert ca. 3 Std. Auf der 10 km langen Strecke legt man nur wenige Höhenmeter zurück. Gute Schuhe sind wichtig ob der unebenen Wege im Wald, und auch der Brettleweg kann rutschig sein.

ÖFFNUNGSZEITEN

Wieskirche: Jan./Feb./Nov./Dez. 8–17 Uhr, März/April/Sept./Okt. 8–19 Uhr, Mai–Aug. 8–20 Uhr
Während der Gottesdienste darf man die Kirche nicht besichtigen. Eine Führung lohnt sich sehr (im Allgemeinen nur für Gruppen nach frühzeitiger Voranmeldung, Einzelpersonen können telefonisch anfragen, wann eine Führung stattfindet, um sich anzuschließen: Tel. 08862/932 93-0, am besten vormittags).

AUCH INTERESSANT

Am Sonntag nach dem 14. Juni wird in der Wieskirche das Fest der Tränen Christi gefeiert. Natürlich lädt die Wieskirche auch täglich zum Besuch der Gottesdienste ein, ein berührender Moment für eine stille Besichtigung.

EINKEHR

Gasthof Schweiger (gasthof-schweiger-wieskirche.de), Gasthof Moser (gasthof-moser.de), Schönegger Käse-Alm (schoenegger.com)

INFORMATION

wieskirche.de

3

Romantisch schön: Bamberg

WENN STEINE REDEN KÖNNTEN, HÄTTEN BAMBERGS MAUERN VIEL ZU ERZÄHLEN

Die UNESCO-Stadt Bamberg liegt malerisch an zwei Armen der Regnitz, einem Nebenfluss des Mains. Die gesamte Altstadt gleicht einer Filmkulisse, und Besucher spielen hier angesichts der ehrwürdigen geschichtsträchtigen Bauwerke nur Nebenrollen.

Bamberg gilt zu Recht als eine der schönsten Städte Bayerns und wird vielleicht gerade deswegen durchaus gern auch mal mit größeren und berühmteren Städten in Europa verglichen. Malerisch an zwei Flussarmen der Regnitz gelegen, lockt hier vor allem das pittoreske Fischerviertel, auch als »Kleinvenedig« bezeichnet – vielleicht scheint das manchem etwas übertrieben, denn die Häuser stehen nicht wie in Venedig im Wasser, aber etwas Dolce Vita verspürt man hier in Anbetracht der lauschigen Gärten schon, vor allem, wenn in den Sommermonaten ein Gondoliere mit seiner Gondel über das Flüsschen schippert (gondel.info).

Ein Stück weiter mündet die Regnitz in den Main. Parallelen werden hier gern zur altehrwürdigen Stadt Rom gezogen, denn so wie diese wurde Bamberg ebenfalls auf sieben Hügeln erbaut, weshalb man auch vom »fränkischen Rom« spricht. Manch einer behauptet zudem, Bamberg sei mindestens so malerisch wie Prag, denn dort waren immerhin dieselben Baumeister tätig. Ein bisschen Pariser Luft lässt sich ebenfalls erschnuppern, denn viele Ecken in der Bamberger Altstadt dienten als Kulissen für den Film »Die drei Muske-

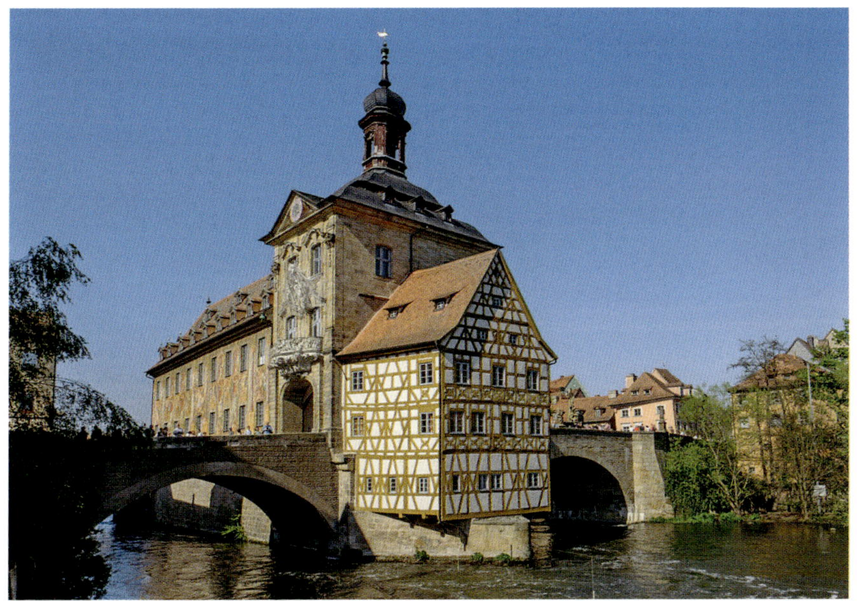

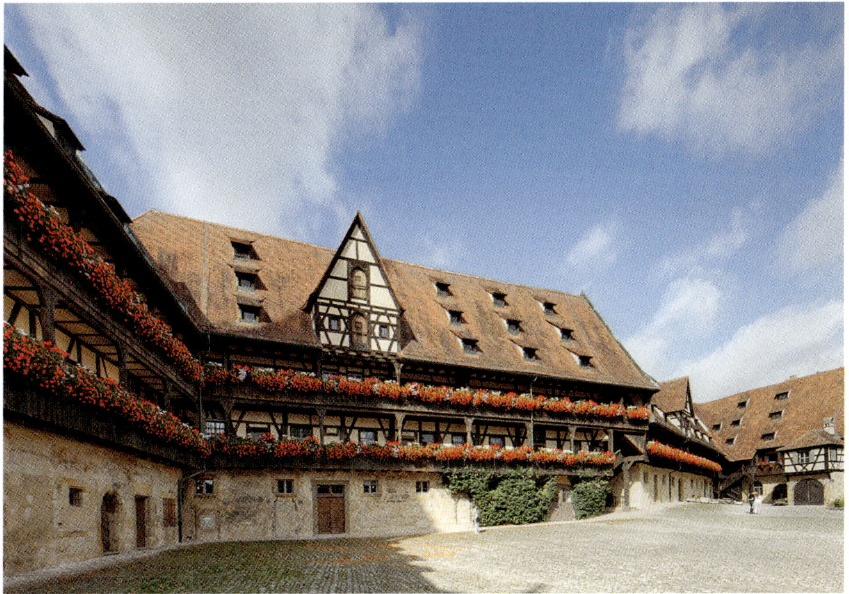

▲ Im Alten Rathaus ist das Porzellanmuseum, die Sammlung Ludwig, untergebracht.
▼ Geranienpracht im Innenhof der Alten Hofhaltung

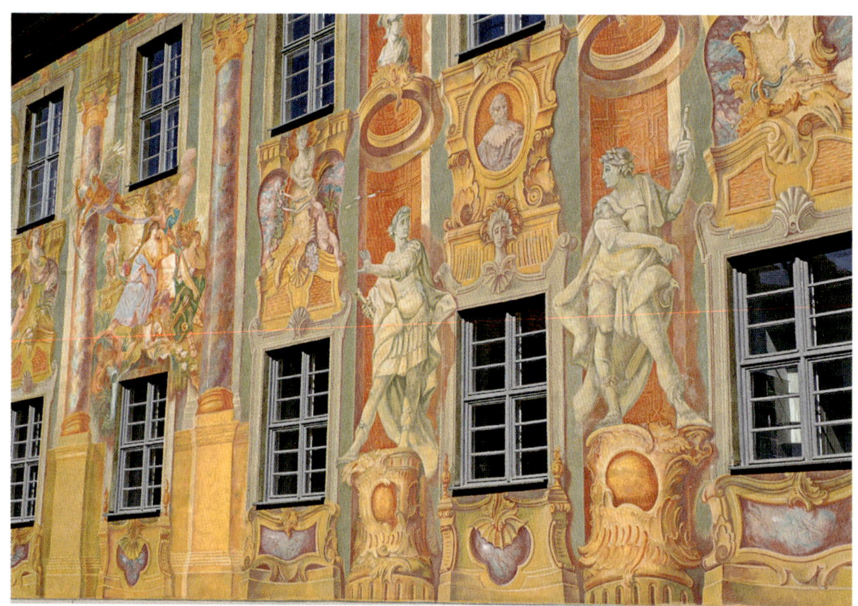

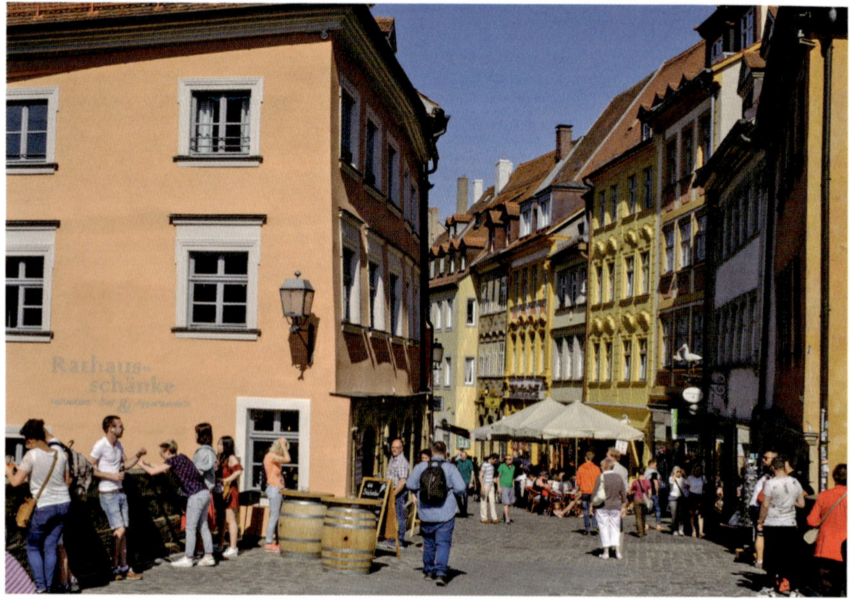

▲ Die Malereien am Alten Rathaus zeigen Allegorien der vier Elemente und der vier Jahreszeiten.
▼ Die Gasse Obstmarkt ist die Verlängerung der Oberen Brücke.

tiere«: Statt dem Pariser Stadtteil Saint-Germain-des-Prés fungierte die Alte Hofhaltung neben dem Domplatz als Drehort. Und seit Kurzem ist Bamberg in der neuen Sisi-Serie von Netflix zu sehen – ein bisschen Wiener Schmäh ist also auch dabei. Dabei gäbe es noch eine weitaus längere Liste, für welche Filme Bamberg schon als Kulisse diente, denn für einen Locationscout beinhaltet Bamberg wohl alles, was man sich von einem historischen Städtchen erwartet.

Bambergs Altstadt ist reich an Geschichte, das spürt der Besucher an allen Ecken und Enden. Mitte des 19. Jahrhunderts hatte man am Ufer der Regnitz die »Bamberger Götzen« gefunden, einfache Skulpturen aus Stein, die wohl aus der Steinzeit stammen. 902 wird Bamberg das erste Mal als Befestigungsanlage *Castrum Babenberch* urkundlich erwähnt. Aber so richtig spannend wird es erst 1007 mit der Gründung des Bistums Bamberg durch Heinrich II. Geboren wurde dieser 973 als Sohn des bayerischen Herzogs Heinrich des Zänkers. Mit 22 Jahren heiratete er Kunigunde von Luxemburg, und 1002 wurde Heinrich in Mainz zum deutschen König geweiht. Im selben Jahr erhielt auch seine Gemahlin die Königswürde; sie nahm – ungewöhnlich für diese Zeit – aktiv an den Regierungsgeschäften ihres Mannes teil. Während ihrer Regentschaft gründeten die beiden das Bistum Bamberg und statteten es mit zahlreichen Reliquien, Büchern, Gold, Juwelen und Gütern aus. Dafür gab es einen triftigen Grund: Nach zwölf Jahren Ehe hatte sich der Kinderwunsch noch nicht erfüllt, und Heinrich und seiner Gattin war klar, dass sie wohl auch in Zukunft keinen Nachwuchs zu erwarten hatten. Mit der Gründung des hauseigenen Bistums sollte die spätere Erinnerung an sie auch ohne leibliche Erben gesichert sein. Die beiden wurden am 14. Februar 1014 durch Papst Benedikt VIII. in Rom zu Kaisern gekrönt, und Bamberg wurde für kurze Zeit zur Hauptstadt des Heiligen Römischen Reiches Deutscher Nation. Heinrich II. († 1024) und Kunigunde (ca. † 1033) wurden im Dom bestattet und heiliggesprochen. Bis heute verehren und gedenken viele Bamberger ihre beiden Stadtgründer.

Trotz der jahrhundertelangen wechselvollen Geschichte (einschließlich einiger Luftangriffe während des Zweiten Weltkriegs) konnte sich in Bamberg eine gelungene Mischung aus mittelalterlichen Fachwerkbauten und glanzvollen Barockbauten erhalten. Diese entstanden unter den Fürstbischöfen Lothar Franz von Schönborn (1693–1729) und Friedrich Carl von Schönborn (1729–1746), den Begründern der Schönbornzeit, in deren Epoche auch die Entstehung der Würzburger Residenz fällt.

Über 1200 Baudenkmäler kann man in einem Labyrinth aus kleinen Gassen und verwinkelten Straßen, fast alle mit Kopfsteinpflaster, entdecken. Das historische Bamberg besteht aus drei Teilen: der Bergstadt, der Inselstadt und der Gärtnerstadt. Spricht man in Bamberg von der Innenstadt, meint man für gewöhnlich die Inselstadt, und als Altstadt bezeichnet man die Bergstadt. Jeder Winkel, jede Hausmauer und jedes Denkmal versprüht Geschichte pur – und sicherlich würde man sich wünschen, all diese Steine könnten uns live aus der Vergangenheit berichten. Kein Wunder also, dass das Komitee des UNESCO-Weltkulturerbes einen Großteil der Altstadt unter Schutz gestellt hat. Wer sich alles ganz genau ansehen möchte, besucht auf einem ausgedehnten Spaziergang am besten alle sieben Hügel von Bamberg: Stephansberg, Kaulberg, Domberg, Michaelsberg, Jakobsberg, Altenburg und Abtsberg. Bei unserem unten beschriebenen Spaziergang beschränken wir uns aber auf die wichtigsten Sehenswürdigkeiten.

Bei aller Historie bemerkt man doch sehr schnell, dass Bamberg beileibe kein fades Museum mit Ausstellungscharakter ist – vielmehr pulsiert in der Altstadt das Leben: Studenten bevölkern die Plätze, Ausflugsboote schippern über die Regnitz, und es gibt zahlreiche Galerien, Theater- und Sportveranstaltungen zu besuchen. Und natürlich gehört auch die lebendige und vielfältige Food-Szene erwähnt, denn Bamberg ist bekannt für seine vielen Brauereien und Biergärten: Weithin beliebt ist das Rauchbier, das nach uralter Tradition noch heute in den Brauereien Spezial und Schlenkerla hergestellt wird. Bierkeller, die früher für die Kühlung des Gerstensafts sehr wichtig waren, befanden sich im Michaelsberg, im Kaulberg, im Jakobsberg und im Stephansberg. Die Tradition, das gekühlte Bier im Sommer direkt über den Felsenkellern auszuschenken, hat sich bis heute in Bamberg erhalten. Hier gilt es im Übrigen Folgendes zu beachten: Man bestellt in Bamberg immer ein Seidla und keine Halbe – außer man möchte wirklich ein »halbes« Bier.

Stadtspaziergang durch Bamberg

Es stimmt: Das erste Ziel unserer Wanderung ist ein Gemüsegarten, der in der **Gärtnerstadt** liegt, ist diese in Bamberg doch wirklich etwas Besonderes und mit ihren weiten, freien Gartenflächen innerhalb und außerhalb des Stadtdenkmals ebenfalls Teil des UNESCO-Welterbes. Wir beginnen also unseren

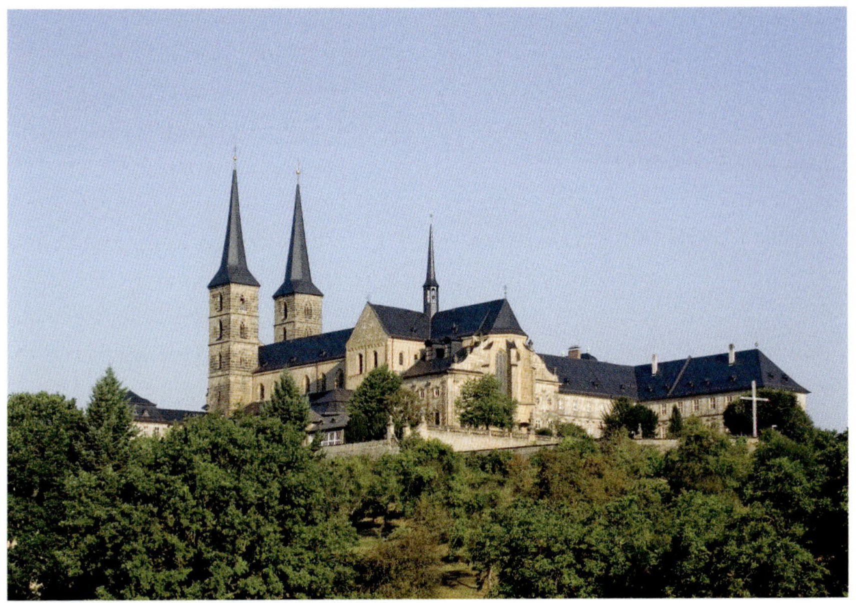

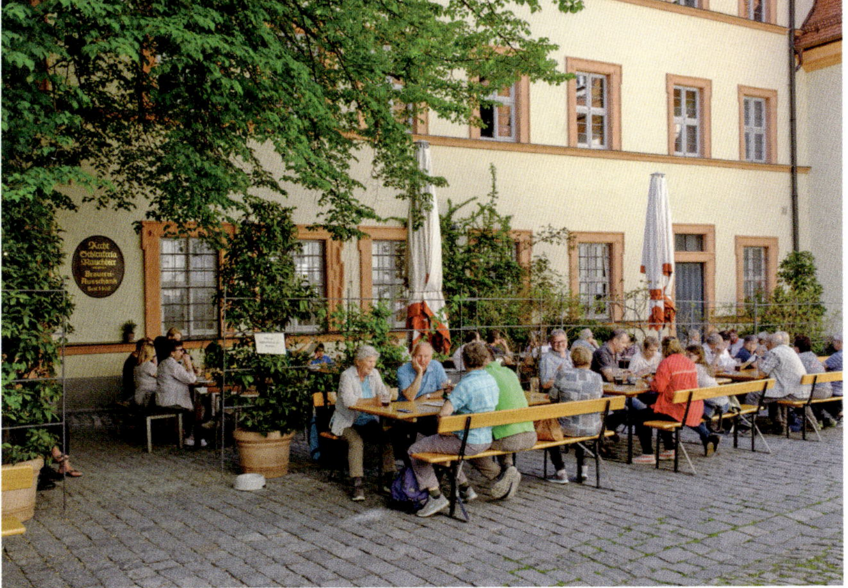

▲ St. Michael mit seinen Doppeltürmen
▼ Gemütlich sitzt man vor der historischen Rauchbierbrauerei Schlenkerla mitten in der Altstadt.

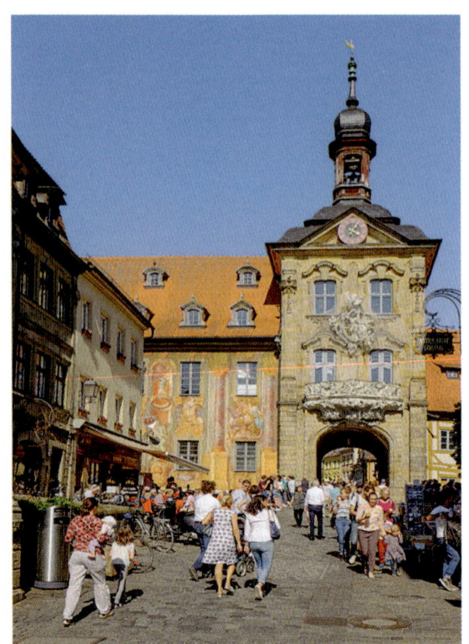
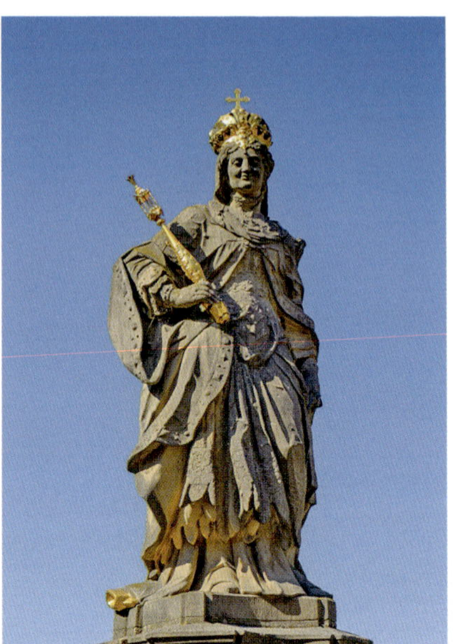
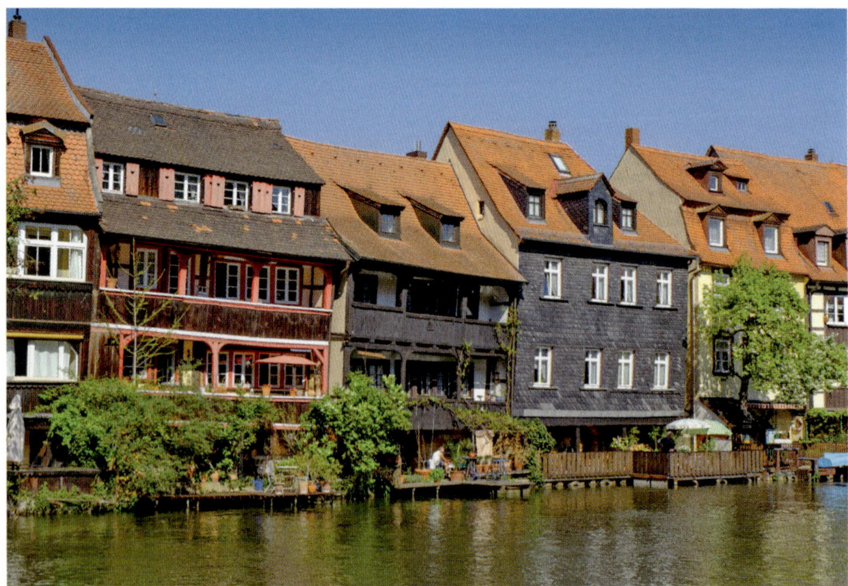

◄ Die Brücke mit dem Rathaus ist das Wahrzeichen der Stadt.
► Auf die Heilige Kunigunde trifft man in Bamberg immer wieder.
▼ Malerisch: die Häuser im Fischerviertel an der Regnitz

Weg am **Bahnhof von Bamberg** und gehen, den Bahnhof im Rücken, nach rechts in die Ludwigstraße. Noch im Bahnhofsbereich biegen wir links in die Klosterstraße ab, die im Verlauf auf die Heiliggrabstraße trifft. Auf ihr gehen wir nach rechts zur **Gärtnerei Böhmerwiese** – dort steht ein tagsüber frei zugänglicher **Aussichtsturm**, der uns einen schönen Überblick über die großen Nutzgartenanlagen schenkt. Nach der Besichtigung spazieren wir noch etwa 100 Meter weiter zur Memmelsdorfer Straße und auf dieser ein kurzes Stück nach links bis zu einem Straßendreieck. Hier biegen wir links in die Siechenstraße ab, von der gleich darauf wiederum links die Mittelstraße abzweigt. Sie führt uns an Gärtnerhäusern vorbei zum **Gärtner- und Häckermuseum**, das ausführlich über die Gartenbautradition Bambergs informiert. Natürlich hat das Museum auch einen Garten, den wir im Rahmen eines Besuchs erkunden können.

Direkt beim Museum zweigt die Letzengasse ab, die beim **Brauereigasthof Fässla** auf die Obere Königstraße trifft. Hier geht es kurz nach rechts und dann auf der **Kettenbrücke** über die Regnitz. Jetzt sind wir in der Hauptwachstraße und bewundern am Maximiliansplatz das mächtige **Neue Rathaus**. Ab 1730 nach Plänen von Johann Balthasar Neumann erbaut, war hier einst das Priesterseminar der Diözese Bamberg untergebracht. Seit 1928 dient es der Stadt Bamberg als Rathaus.

Über den Grünen Markt erreichen wir schließlich den linken Regnitzarm und damit das **Alte Rathaus**, das neben dem Kaiserdom wohl bekannteste Bauwerk der Stadt. Es steht auf einer kleinen Insel mitten in der Regnitz und damit direkt auf der Grenze zwischen der bürgerlichen Stadt und dem Herrschaftsbereich der Fürstbischöfe. Nicht umsonst ist es so aufwendig dekoriert – die Bischöfe sollten sehr wohl sehen, wie reich die bürgerliche Stadt war.

An der **Unteren Brücke** kommen wir zum ersten Mal mit der berühmten kaiserlichen Familie von Heinrich II. und Kunigunde in Berührung: Hier steht eine fein ausgearbeitete **Sandsteinfigur der Hl. Kunigunde**, die 1744/1745 von Peter Benkert geschaffen wurde. Von der Brücke gehen wir zunächst durch die Dominikanerstraße und passieren die historische **Rauchbierbrauerei Schlenkerla**. Gleich danach biegen wir rechts in die Kasernenstraße ein und erreichen die Regnitz und damit das alte **Fischerviertel** am gegenüberliegenden Ufer. Idylle pur und sehr romantisch, kein Wunder also, dass es seit dem späten 19. Jahrhundert auch Kleinvenedig genannt wird.

Wir spazieren am Fluss entlang und biegen nach der wuchtigen Justizvollzugsanstalt links in die Elisabethenstraße ein, die unterhalb der Residenz in die Residenzstraße mündet. Sie öffnet sich zum Domplatz, und jetzt stehen wir vor dem weltberühmten **Kaiserdom St. Peter und St. Georg**. Er allein ist schon eine Reise wert, und wir wollen hier vor allem auf zwei Highlights in der Kirche hinweisen: Das eine ist die Figur des vornehm gekleideten Mannes auf einem Pferd, der berühmte **Bamberger Reiter**. Eine einfache Krone deutet auf seine hohe Stellung hin, aber bis heute konnte nie ganz entschlüsselt werden, wen dieses einmalige Werk eigentlich darstellt. Das zweite Kunstwerk ist das **Grab des Kaiserpaars** Heinrich II. und Kunigunde, eine Arbeit von Tilman Riemenschneider, vom ihm zwischen 1499 und 1513 in seiner Werkstatt geschaffen. Oben auf der Deckplatte liegt das Kaiserpaar, die Seitenteile zeigen legendäre Szenen aus ihrem Leben.

Beim Verlassen des Doms blicken wir über den Domplatz hinüber zur **Alten Hofhaltung** links und zur **Neuen Residenz**. In der Alten Hofhaltung, in der heute das Historische Museum untergebracht ist, residierten im Mittelalter die Fürstbischöfe. Als ihnen das zu unbequem wurde, ließen sie sich auf der gegenüberliegenden Platzseite einen neuen Prachtbau errichten – von außen recht nüchtern wirkend, prunkt er in seinem Inneren mit einer unglaublich aufwendigen barocken Ausstattung. Sie ist allerdings nur mit Führung zu besichtigen. Frei zugänglich ist dagegen der wunderbare **Innenhof** mit seinen Tausenden Rosenstöcken, über die im Hintergrund die Türme der ehemaligen **Abtei St. Michael**, unserem nächsten Ziel, herunterschauen.

Vom Domplatz gehen wir durch die Obere Karolinenstraße und biegen dann rechts in die St.-Michaelsberger-Straße ein. Wenn wir dabei nach rechts blicken, sehen wir tatsächlich einen Weinberg – obwohl Bamberg ja eigentlich eher für sein gutes Bier bekannt ist, erlaubt die Klimaerwärmung doch auch den Rebenanbau. Wir betreten den großen Klosterhof von der Westseite und stehen vor einer gewaltigen **Klosterkirche** mit ihrer breiten Freitreppe an der Schauseite. Die einstige Benediktinerabtei wurde nach einem verheerenden Brand 1610 völlig neu aufgebaut, und das Innere der Kirche birgt eine Überraschung: Das lichte Netzrippengewölbe ist mit knapp 600 Darstellungen verschiedener Blumen und Pflanzen dekoriert, von denen Botaniker die meisten mittlerweile identifizieren konnten. In den ehemaligen Klosterbauten ist seit der Säkularisation 1803 ein Altenheim untergebracht.

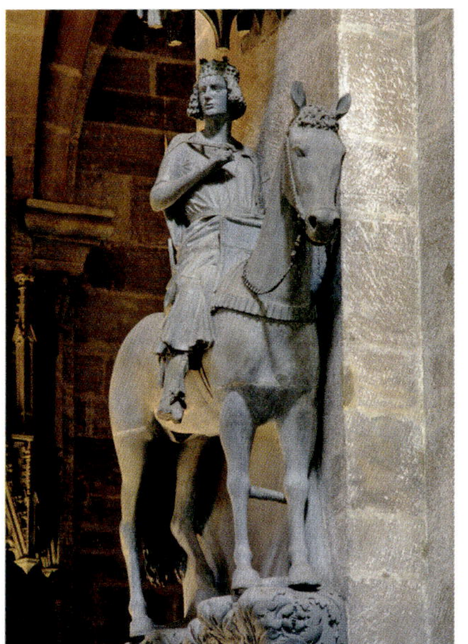

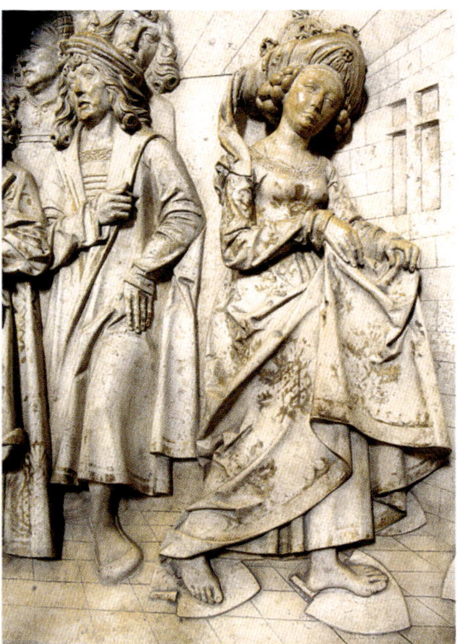

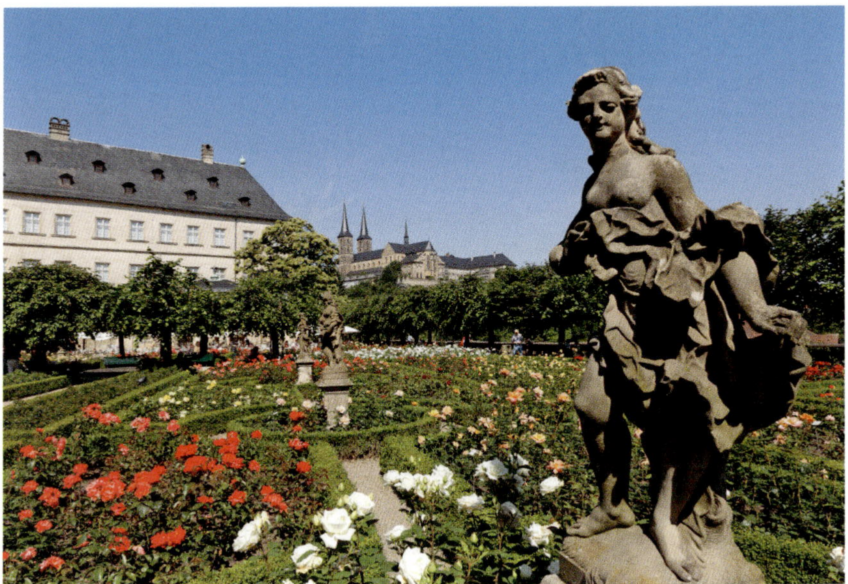

◀ Der stolze, aber historisch unbekannte Bamberger Reiter
▶ Am Hochgrab der Heiligen Kunigunde ist ihr Lauf über glühende Pflugscharen dargestellt.
▼ Im Rosengarten der Neuen Residenz

Wir gehen außen auf der Maienbrunnenstraße um die Klostergebäude herum und treffen auf den Erthalweg, in den wir rechts einbiegen. Er wird zum Benediktinerweg, und wir genießen eine wunderschöne Aussicht über Bamberg. Über die Aufseßstraße kommen wir zum Ottoplatz. Dort geht es links durch die Schrottenberggasse zur Unteren Sandstraße, auf der wir etwas links versetzt zur **Markusbrücke** über die Regnitz kommen. Durch die Markusstraße und nach einer Verzweigung am Markusplatz über die Kleberstraße erreichen wir wieder die schon bekannte Hauptwachstraße und spazieren auf ihr nach links über die **Kettenbrücke**. Wir treffen auf die Obere Königsstraße und kommen nach rechts zur Luitpoldstraße, die uns direkt zum **Bahnhof** zurückbringt.

Noch wichtig

In der Gärtnerstadt Bambergs hat sich mit dem urbanen Gartenbau, dessen Ursprung auf die mittelalterlichen Hausgärten zurückgeht, ein weiteres UNESCO-Erbe erhalten: der innerstädtische Erwerbsgartenbau.
Gärtner- und Häckermuseum: Mitte April bis Nov. täglich außer Mo 11–17 Uhr, (gaertner-und-haecker-museum.byseum.de)

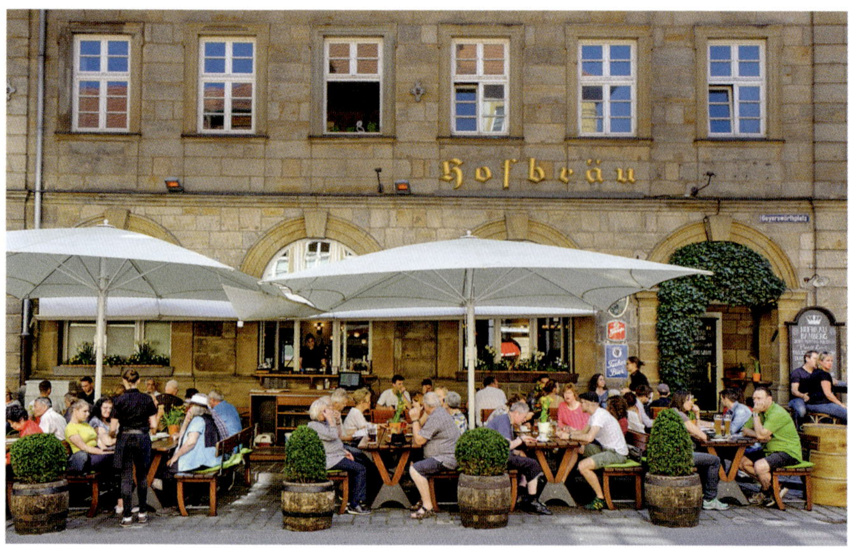

Nach der Stadtbesichtigung genießt man in der Altstadt noch die fränkische Braukunst.

Auf einen Blick

BAMBERGER ALTSTADT

UNESCO-Welterbe seit 1993

AUSGANGSPUNKT

Bahnhof Bamberg
GPS: 49.900511, 10.898718

ANFAHRT

ÖPNV: Bamberg ist gut mit dem Zug erreichbar.
Auto: A 70 bis Ausfahrt 15/Hallstadt oder A 73 bis Ausfahrt Bamberg-Ost, ab den Ausfahrten jeweils ins Zentrum und dort am besten in eines der Parkhäuser

GEHZEIT UND SCHWIERIGKEIT

Gut 7 km langer Weg mit einigem Auf und Ab (2 Std.). Wir empfehlen festes Schuhwerk, denn die Wege bestehen vor allem aus Kopfsteinpflaster. Zum Domberg und zum Michaelsberg muss man etwas aufsteigen.

ÖFFNUNGSZEITEN

Fränkisches Brauereimuseum Bamberg: April–Okt. Mi–Fr 13–17 Uhr, Sa/So/Feiertag 11–17 Uhr (brauereimuseum.de)

Diözesanmuseum Bamberg: täglich 10–17 Uhr, So 12–17 Uhr, Mi geschlossen (dioezesanmuseum-bamberg.de)

AUCH INTERESSANT

Viele Künstler leb(t)en in Bamberg, darunter E. T. A. Hoffmann – sein Wohnhaus am Schillerplatz 26 kann man besichtigen (etahg.de).

EINKEHR

Zahlreiche Einkehrmöglichkeiten, u. a. Brauereigasthof Fässla (faessla.de), Rauchbierbrauerei Schlenkerla (schlenkerla.de)

INFORMATION

bamberg.info

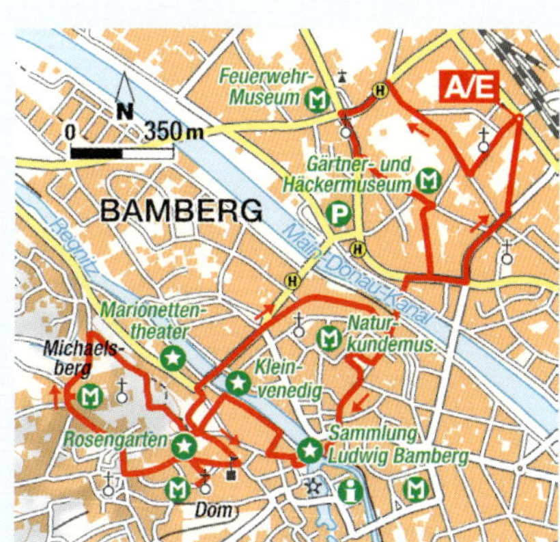

4

Römische Teufelsmauer: der Obergermanisch-Raetische Limes

AUF DEN SPUREN DER RÖMER ZUM RUFFENHOFENER KASTELL IN MITTELFRANKEN

Alles musste Teufelswerk sein, konnte man sich den Ursprung nicht genau erklären: So gab und gibt es Teufelsbrücken, Teufelsgräben, Teufelslöcher und eben die Teufelsmauer, wie der Limes genannt wurde, dessen kilometerlange Überreste auch heute noch deutlich sichtbar sind.

Über drei Kontinente, von Schottland bis zur Sahara, vom Atlantik bis zum Euphrat im heutigen Kuweit reichte das römische Imperium um 130 nach Christus. Ein Weltreich von gigantischem Ausmaß, das unter Kaiser Hadrian, der eigentlich Publius Aelius Hadrianus (76–138) hieß, seine größte Ausdehnung erreicht hatte. Die lange Epoche der Expansion des Römischen Reichs unter seinen Vorgängern Domitian und Trajan war beendet. Mittlerweile umfasste die römische Zivilisation mehr als 4000 Städte, und Kaiser Hadrian, der als junger Offizier das Römische Reich bereiste und dabei die Außengrenzen kennenlernte, erkannte, dass strategisch und wirtschaftlich eine weitere Vergrößerung des Reichs unhaltbar gewesen wäre. Er setzte stattdessen lieber auf Frieden, Stabilisierung und Sicherung der Gebiete und war deshalb während seiner Amtszeit beständig auf Reisen, sodass er als »Reise-König« in die Geschichte einging. Sein Ziel war es, die Romanisierung der unterworfenen

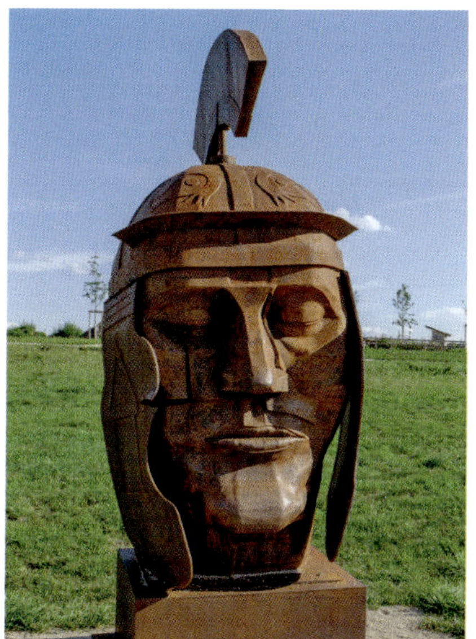

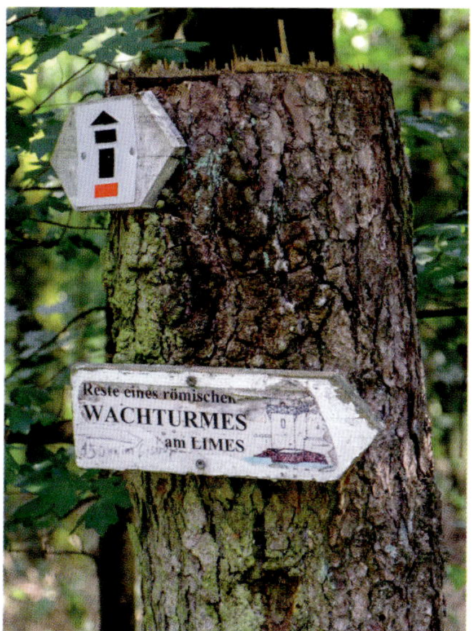

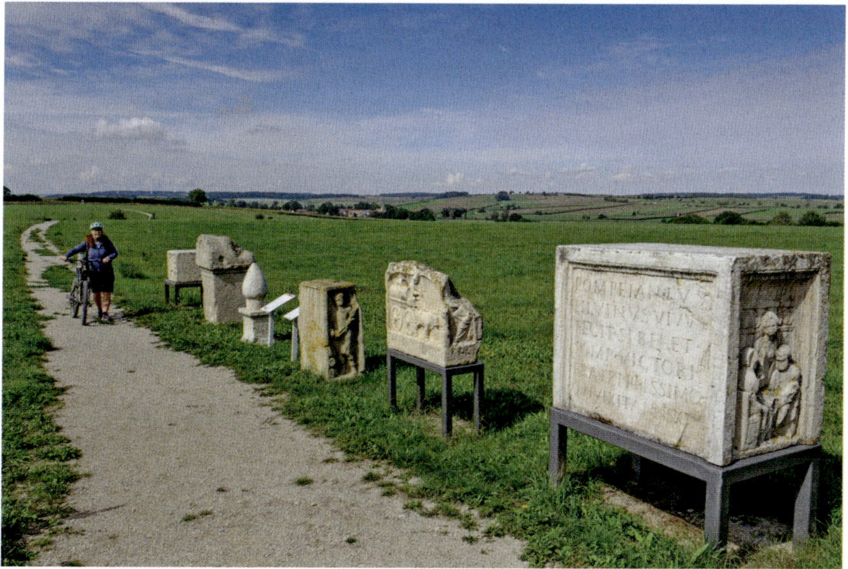

◂ Ein großer Römerkopf begrüßt uns am Museumseingang.
▸ Auf der anderen Seite der Wörnitz verlief die Teufelsmauer, Wachturmreste findet man in den Wäldern.
▾ Das Gelände ist weitläufig und lockt auch Radfahrer am Wörnitz-Radweg.

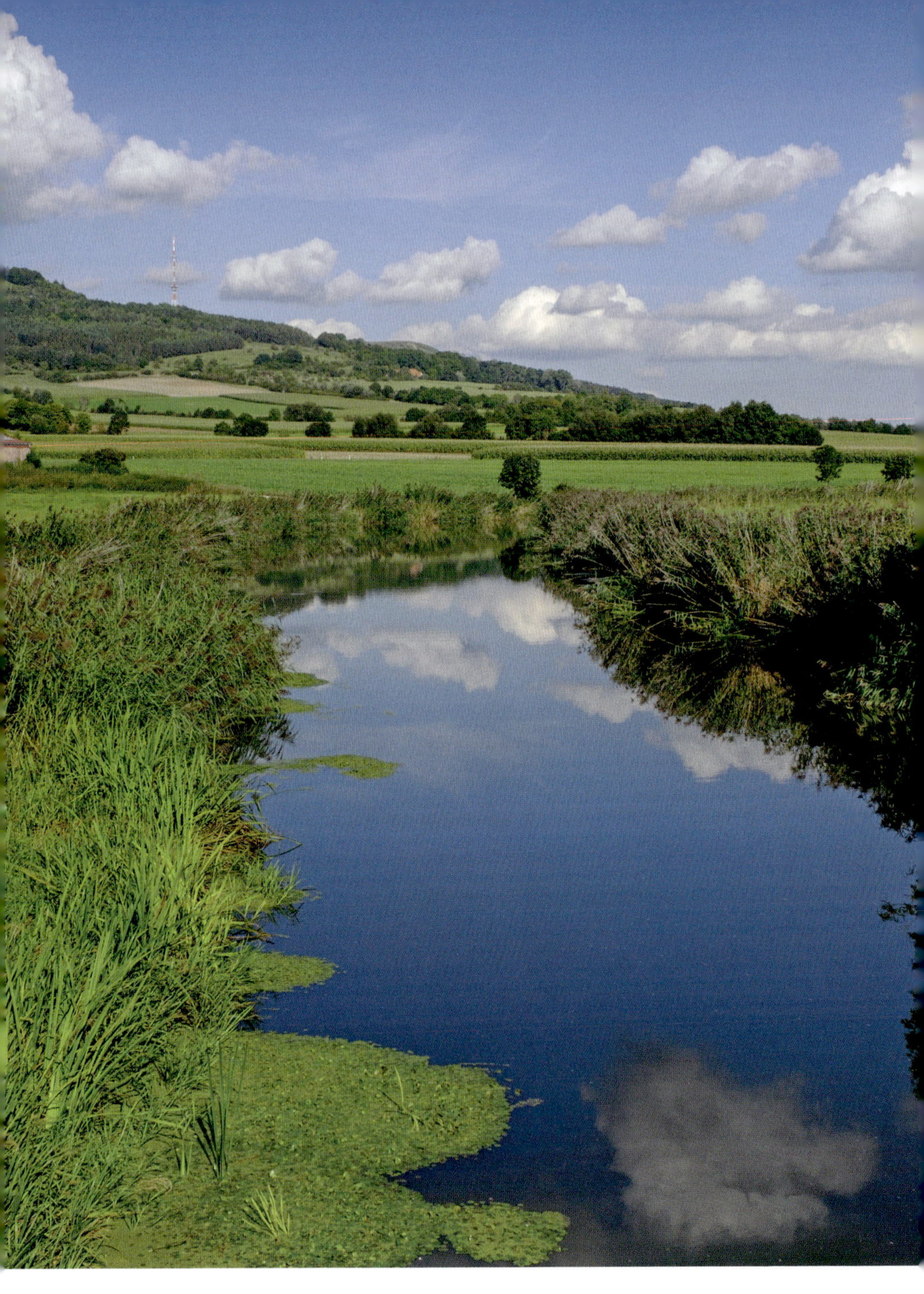

Wörnitz und Hesselberg

Völker weiter voranzutreiben, und gleichzeitig war er eine Koryphäe in Verwaltungs- und Rechtsfragen. Obendrein erwies er sich als geradezu bauwütiger Herrscher, der uns bis heute u.a. mit dem Pantheon und der Engelsburg in Rom (wo Hadrian auch begraben ist) sowie der Hadriansvilla in Tivoli sein architektonisches Erbe hinterlassen hat.

Die größte Energie steckte Hadrian dabei in den Ausbau und die Verstärkung seiner Landesgrenzen. Der römische Limes (lat. Grenzweg), der schon teilweise unter Kaiser Augustus (30 v. Chr. bis 37 n. Chr.) errichtet wurde, bildete die Grenze rund um das ganze Römische Reich. Dazu gehörte auch der ca. 550 Kilometer lange Teil in Deutschland zwischen dem Rhein und der Donau, der sich in zwei Abschnitte gliedert: den Obergermanischen Limes entlang der Provinz *Germania Superior* und den Rätischen Limes entlang der römischen Provinz *Raetia*, die nach Süden hin bis weit in die Schweizer und Südtiroler Alpen hineinreichte. Innerhalb davon verläuft größtenteils die rund 160 Kilometer lange Befestigungslinie im heutigen Bayern von Aschaffenburg bis nach Eining (siehe Kapitel 10) bei Regensburg.

An Stellen, an denen der Grenzverlauf nicht natürlichen Landschaftsformen wie Hügeln oder Flüssen folgen konnte, wurde der Limes künstlich und schnurgerade angelegt. Und das mit einer solchen Präzision, dass man den römischen Landvermessern noch heute Respekt zollen muss. Diese Grenzbefestigungen bestanden aus Palisaden, Wällen und Gräben, aber auch aus zahlreichen Wachtürmen, die zu Beginn noch aus Holz gefertigt, später oft mit Steinen verstärkt wurden. Dabei war der Limes selbst gestaffelt angelegt, d.h. die erste Reihe bildete ein Wall, gefolgt von in regelmäßigen Abstanden errichteten Wachtürmen. Hinzu kamen im Abstand von maximal zehn Kilometern kleinere Feldlager für Hilfstruppen, während man im Hinterland, ebenfalls in regelmäßigen Abständen, größere Kastelle für ganze Legionen bauen ließ. Einige von ihnen waren so groß, dass sie sich zu Städten entwickeln konnten (s. Kapitel 5 »Regensburg«).

Doch der römische Limes war keine unüberwindliche politische Grenze, vielmehr waren die Römer am wirtschaftlichen Import und Export ihrer Waren interessiert, und das ließ sich durch den Limes am besten kontrollieren. Natürlich war er auch praktisch im Notfall, z.B. konnten bei Aufständen Truppen rasch zur Grenzsicherung an die vorderste Front geschickt werden, denn jenseits des Limes lebten die nicht unterworfenen Stämme Germaniens.

In den Geschichtsbüchern wurden diese als wild und barbarisch bezeichnet, aber in Wahrheit profitierten beide Völker vom friedlichen Miteinander – vor allem während der Regierungszeit Hadrians.

Bis heute ist der Limes an vielen Stellen noch deutlich an der Geländeformation, den Grundmauern der Wachtürme oder durch deren Rekonstruktionen zu erkennen. Er ist ein herausragendes Zeugnis für die Militärarchitektur einer längst vergangenen Kultur. Selbst als sich nach 260 die Römer zurückzogen, blieben im Land viele ihrer Errungenschaften erhalten, teilweise sogar bis heute. Dazu gehören die ausgebauten großen Fernhandelswege über die Alpen, viele kleinere Straßen und einige Städte, die während der Römerzeit gegründet wurden.

Rund um das Kohortenkastell bei Ruffenhofen

Südlich vom Hesselberg, der höchsten Erhebung Mittelfrankens, stand im gebührenden Abstand von etwa zwei Kilometern zum Obergermanisch-Raetischen Limes das **Kohortenkastell bei Ruffenhofen**. Vermutlich war es mit ca. 1000 Soldaten des *Cohors IX Batavorum equitata milliaria exploratorum* besetzt. Es lag etwas erhöht über der Wörnitz, einem strategisch idealen Aussichtspunkt, um die römische Grenze zwischen den zwei Wachtürmen Weiltinger Forst und dem Posten in der Nähe des heutigen Weilers Grüb zu überwachen. Es handelt sich um eines von zahlreichen Kastellen, die nebst Kleinkastellen und Wachtürmen noch heute in der Landschaft erkennbar sind. Ein Großteil des Ruffenhofener Kastells liegt noch immer unter der Erde, aber im angeschlossenen Museum, dem LIMESEUM, wird die Geschichte des wertvollen Bodendenkmals sehr gut erläutert. Es gibt ein nachgebautes Kastell, und man kann sich anhand von vielen Infotafeln sowie Abgüssen römischer Steindenkmäler gut in die römische Zeit zurückversetzen.

Ausgangspunkt unseres Spaziergangs ist das **LIMESEUM**, das sich in einem spiralförmigen Neubau befindet. Hinter dem Museum geht es zu einem kleinen **Aussichtshügel**, wo wir uns orientieren können und auf dem das nachgebaute Model der Anlage steht. Auch der Panoramablick über das Wörnitztal hinüber zum Hesselberg ist beeindruckend. Ein Fußweg bringt uns dann leicht abwärts zu den Resten des echten **Kastells**, das nur noch als großes Viereck im Boden sichtbar ist. Durch die rundum angepflanzten

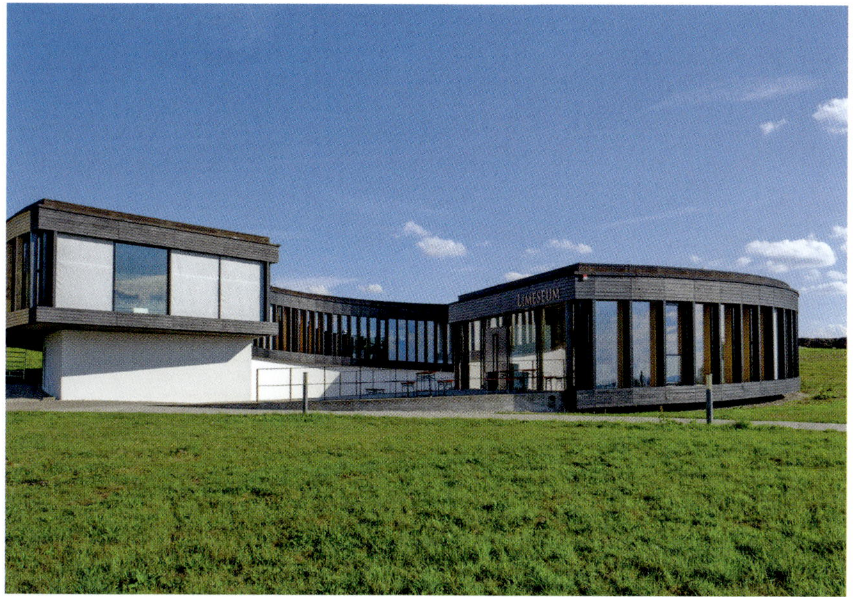

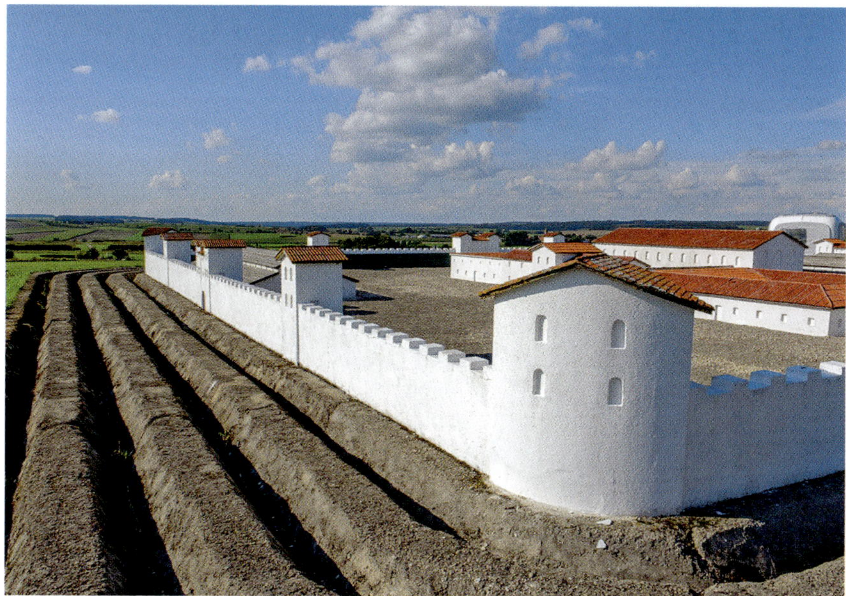

▲ Modern gestaltet und informativ: das LIMESEUM
▼ Modell des Kohortenkastells von Ruffenhofen

Hecken kann man sich die einstige Größe aber gut vorstellen. Viele Infotafeln entlang des Wegs geben Einblicke in die damalige Zeit.

Wer möchte, wendet sich nach der Durchquerung des Kastells nach links und besucht noch den kleinen **Badeweiher**. Ansonsten bleiben wir hier geradeaus und passieren die **Steingüsse** einiger römischer Relikte, bevor wir rechts über die kleine Zufahrtsstraße wieder zum **LIMESEUM** hinaufsteigen. Jetzt ist sicherlich noch Zeit für dessen Besichtigung; interessant ist auch das kleine **Freilichtgelände** hinter dem Museum mit einem rekonstruierten römischen Haus.

Noch wichtig

Eine Aufgabe der römischen Soldaten in Raetia war u. a. der Bau von Straßen und Brücken. Für ihre Versorgung wurden große Gutshöfe (Villae Rusticae) errichtet, die teils vornehm ausgestattet waren mit z. B. Fußbodenheizung und kleinen Tempeln. Um die Legionäre bei Laune zu halten, gab es auch Bäder, Thermen und Amphitheater.
Tipp: Im Sommer Badesachen für den nahen Weiher mitnehmen!

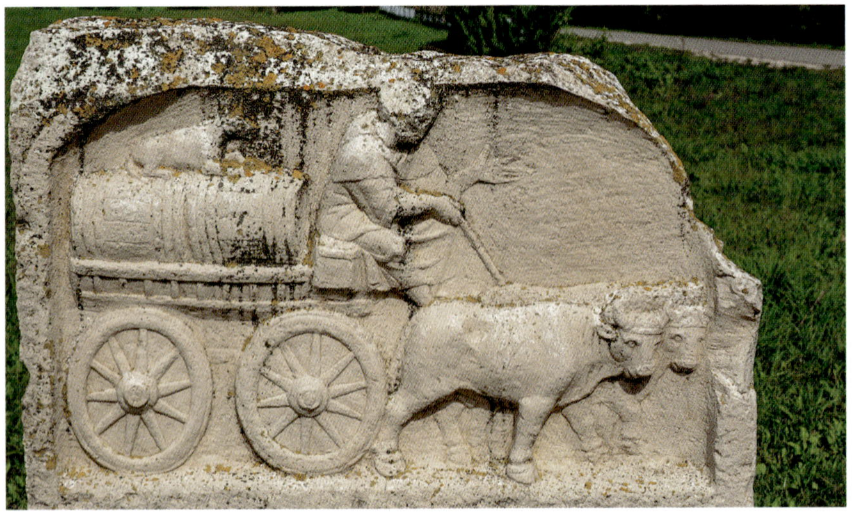

Das berühmte Transportrelief ist nur eine Replik, das Original steht in Augsburg, wo es auch gefunden wurde.

Auf einen Blick

AUSGANGS-/ENDPUNKT

Obergermanisch-Raetischer Limes
UNESCO-Welterbe seit 2005

AUSGANGSPUNKT

LIMESEUM in Ruffenhofen
GPS: 49.044631, 10.488119

ANFAHRT

ÖPNV: Der nächste Bahnhof ist Wassertrüdingen. Zum LIMESEUM verkehrt der Bedarfsbus 825 – Busnutzer müssen spätestens am Tag vorher bis 16 Uhr unter Tel. 09851/76 72 eine Fahrt anmelden.
Auto: B 25 bis Ausfahrt Willburgstetten; das LIMESEUM in Ruffenhofen befindet sich zwischen Gerolfingen, Wittelshofen und Weiltingen.

GEHZEIT UND SCHWIERIGKEIT

Mit etwas mehr als 3 km und einigen wenigen Höhenmetern spazieren wir heute ca. 1 Std. sehr sonnig durch das Freiluftgelände am Römerpark Ruffenhofen in Mittelfranken. Zeit für den Museumsbesuch muss man gesondert einberechnen.

ÖFFNUNGSZEITEN

LIMESEUM: Di–Fr 10–16 Uhr, Sa/So/Feiertage 11–17 Uhr (Eintritt nur mit Barzahlung möglich!). Der Römerpark ist immer frei zugänglich.

AUCH INTERESSANT

In Weißenburg in Bayern gibt es das große Limes-Informationszentrum (im Römer-Museum integriert, museen-weissenburg.de). Auch die Ausgrabungen der Therme und des Kastells Biriciana sind sehenswert.

EINKEHR

Museumscafé im LIMESEUM

INFORMATION

limeseum.de

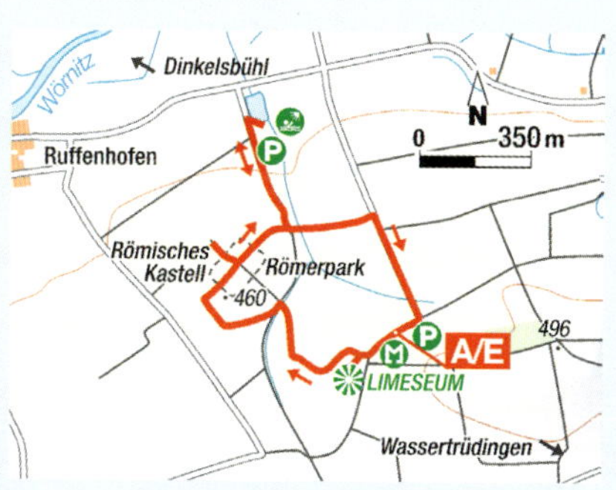

5

Universitätsstadt an der Donau: Regensburg

2000 JAHRE STADTGESCHICHTE UND NOCH KEIN BISSCHEN ALTBACKEN

Im Jahr 179 von den Römern gegründet, wurde Regensburg während des Mittelalters ein wichtiges europäisches Handelszentrum und ist bis heute eine lebendige Universitätsstadt. Kein Wunder, dass Regensburg eine ganz besondere historische und architektonische Bedeutung innehat.

Für das Komitee der UNESCO-Weltkulturerbe-Vergabe war ausschlaggebend, dass sich mit der Altstadt von Regensburg und Stadtamhof eine in ihrer Gesamtheit einzigartige mittelalterliche Großstadt erhalten hat, die ununterbrochen bewohnt ist. Hinzu kommen die Überreste der einstigen römischen Besiedelung und die gotischen Bauwerke, sodass man heute auf ein 2000 Jahre altes Stadtbild trifft, wie kaum ein zweites Mal in Mitteleuropa zu finden.

Auf eine römische Geschichte können auch viele andere deutsche Städte zurückblicken. Aber warum sich aus dem einstigen *Castra Regina*, dem römischen Lager, ein so bedeutendes mittelalterliches Handelszentrum entwickeln konnte, lässt sich wahrscheinlich nur auf die ideale Lage der Stadt an der Donau zurückführen. In der mittelalterlichen Handelsstadt ist das Regensburg von heute begründet. Im hohen Mittelalter lebten viele Menschen vom Ertrag des eigenen Bodens und, wenn das nicht ausreichte, vom Gewinn eines

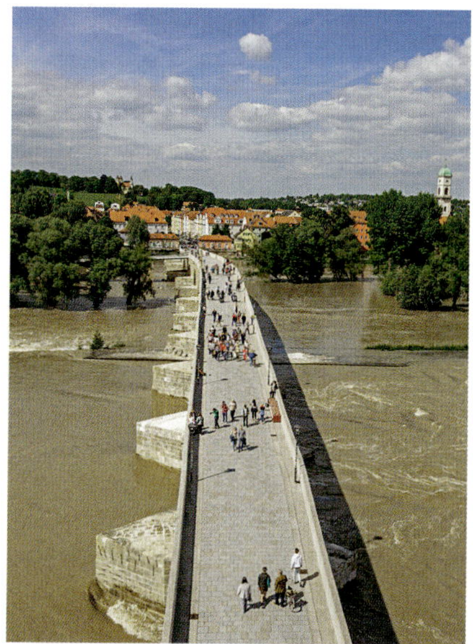

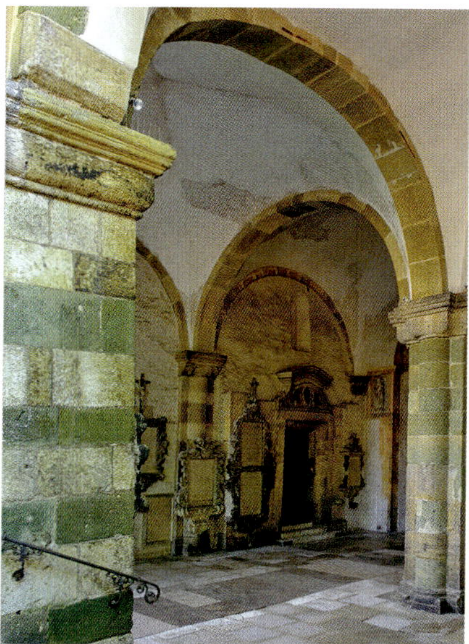

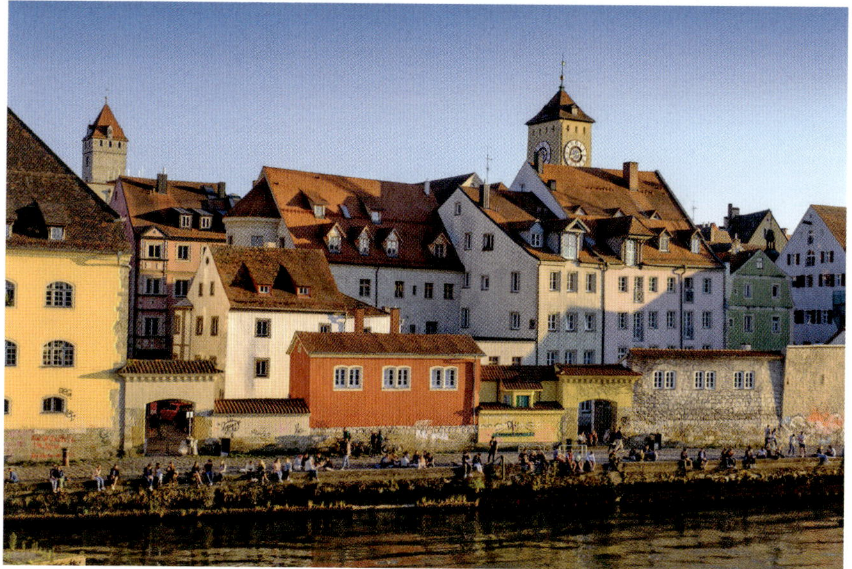

◀ Noch heute gibt es des Öfteren Hochwasser an der Donau, doch die Steinerne Brücke trotzt allen Fluten.
▶ Vorhalle der Kirche St. Emmeram
▼ Regensburger Donauufer an der Weinlände mit Rathausturm

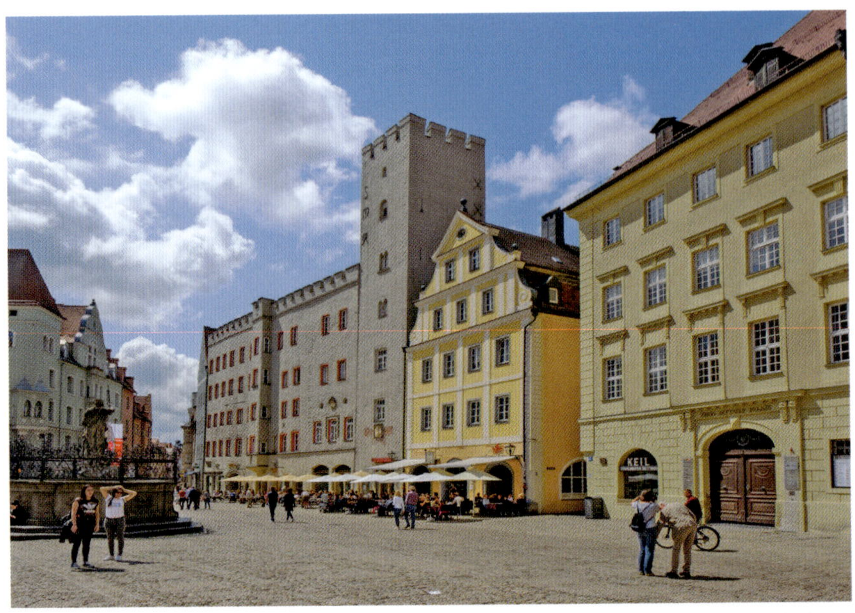

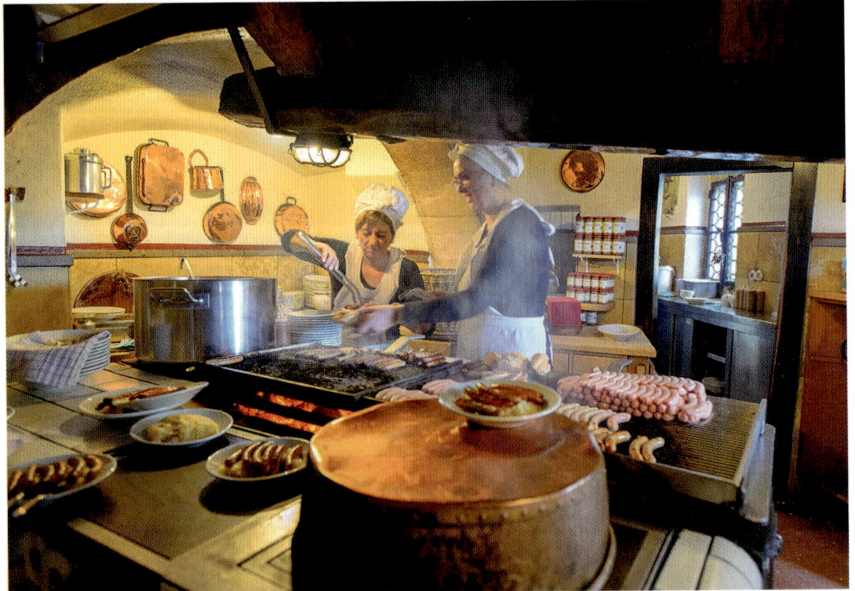

▲ Am Haidplatz steht einer der Geschlechtertürme.
▼ Eine der ältesten »Kantinen« weltweit: die Wurstkuchl

kleinen Handwerks. Das waren bescheidene Einkünfte, von denen man aber leben konnte (schlechter erging es nur den Tagelöhnern). Wirklich gutes Geld verdienten allerdings nur die wenigen großen Handelsherren, die ihre Waren von weither in die Stadt transportieren ließen, um sie weiterzuverkaufen.

In Regensburg funktionierte das hervorragend über die Ost-West-Achse und in umgekehrter Richtung. Von Süden her hatten die durchgehenden Handelswege in Regensburg an der Donau ein Ende, denn der Fluss war ein schwierig zu überwindendes natürliches Hindernis. Um also Ware nach Norden weiterzutransportieren, musste man das Frachtgut von den Fuhrwerken abladen und mit kleinen Ruderbooten über die Donau schiffen. Das war aufwendig und überdies stets mit einem hohen Risiko verbunden, denn die Donau besaß eine starke Strömung und änderte überdies ständig ihr Flussbett. Nicht jedes Boot kam heil am anderen Ufer an, die Verluste konnten immens sein. Das wollten die Kaufleute ein für alle Mal beenden, und so beschlossen sie, über die Donau eine Brücke zu bauen, die einzige zwischen Ulm und Wien. Das versprach nicht nur reiche Einnahmen aus einem Brückenzoll, sondern beendete auch die leidigen Probleme des Wassertransports. Sie ließen diese Brücke aber nicht aus Holz, sondern aus massiven Steinen bauen, denn nur so hielt sie dem jährlichen Frühjahrshochwasser stand und ein Einsturz war unwahrscheinlich. Für das steinerne Bauwerk wählte man eine Stelle in der Donau, an der sich zwei Inseln befanden, was den sehr aufwändigen Bau vereinfachte. So endete die Brücke in Stadtamhof am nördlichen Ufer und wurde 1146 schließlich fertiggestellt. Man muss den Baumeistern von damals bis heute Recht geben: Seitdem hielt und hält die Brücke allen Überschwemmungen stand – was sich zum Glück auch in der Zukunft vermutlich nicht ändern wird.

Die Steinerne Brücke stellt heute nicht nur die Verbindung der beiden Stadtteile dar, sondern sie ist auch der Mittelpunkt von Regensburg. Erstaunlicherweise hat sich hier eine Institution aus der Zeit der Erbauung erhalten können: Am südlichen Brückenaufgang steht ein unscheinbares, niedriges Häuschen, das mit vielen Biertischen auf sich aufmerksam macht – es ist die berühmte Wurstkuchl, in der sehr gute Bratwürste nebst einem süffigen Bier angeboten werden. Wer dort einkehrt, sitzt in der einstigen Baukantine der Steinernen Brücke!

Zur Zeit des Brückenbaus war Regensburg bereits 1000 Jahre alt: 179 hatten die Römer hier ein befestigtes Lager errichtet, groß genug für eine ganze

Legion. Aus seinem Namen, *Castra Regina*, entwickelte sich später der Name Regensburg. Man bekommt eine Ahnung davon, wie mächtig diese Festung einst war, wenn man sich das Nordtor, die Porta Praetoria, in der Nähe des heutigen Doms ansieht: Von den Römern geschaffen, ist es das einzige der ehemals vier Tore, das noch erhalten geblieben ist. Heute hat man auf die Mauern der Porta Praetoria ein Wohnhaus gebaut, doch einst sicherte diese starke Mauer rund um das Lager gezogen die römische Einheit.

Um das Jahr 400 herum zogen sich die hier untergebrachten Römer nach Süden in ihre Heimat zurück, und was blieb war die einheimische Bevölkerung, die außerhalb der Mauern wohnte. Man kann sich gut vorstellen, wie sie nach und nach in die verlassenen römischen Steinhäuser einzog. Genaueres ist aus dieser Zeit nicht überliefert, gesichert ist nur, dass 150 Jahre später das erste bayerische Herrscherhaus, die Agilolfinger, dort seinen Hauptwohnsitz hatte. Man vermutet, dass die Agilolfinger im Bereich des Alten Kornmarkts ihre Residenz hatten, denn hier steht heute noch die Alte Kapelle, die bis auf den Karolinger-König Ludwig den Deutschen im frühen 9. Jahrhundert zurückgeht.

Bis ins 11. Jahrhundert hinein waren die bestimmenden Mächte in Regensburg der Adel und die Kirche, dann änderte sich das allmählich – die Kaufleute verdienten gut an ihrem Warenhandel, und zwar so gut, dass sie mit der Finanzkraft des Klerus und der Aristokratie bequem mithalten konnten. Die Steinerne Brücke ist ein Beispiel dafür: Der Finanzaufwand dafür war gewaltig, und Wirtschaftsmathematiker haben errechnet, dass die Kosten damals ähnlich hoch waren wie die für den neuen Münchner Flughafen! Aber durch den Brückenbau und den aus ihm resultierenden Einnahmen wurden die Kaufleute und Bürger von Regensburg noch viel reicher, konnten sie doch durch den Fernhandel riesige Vermögen erwirtschaften und so das Geld für weitere gewaltige Investitionen aufbringen. 100 Jahre später beschlossen sie den Bau einer Bischofskirche, eines Doms, der genauso beeindruckend sein sollte wie ihre Brücke. Doch dieses Mal standen keine wirtschaftlichen Interessen im Vordergrund, weshalb es immerhin 600 Jahre dauerte, bis die Kathedrale fertiggestellt war. Sich selbst gönnten die reichen Kaufleute gern etwas kleinere, aber nicht zu übersehende Bauprojekte, wie z. B. die Geschlechtertürme, die teilweise heute noch die Altstadt überragen. Zu ihnen gehören der Baumburger Turm, der Goldene Turm und der Turm am Gasthof Goldenes Kreuz. Sie stellten eine unübersehbare Machtdemonstration gegenüber dem Adel dar.

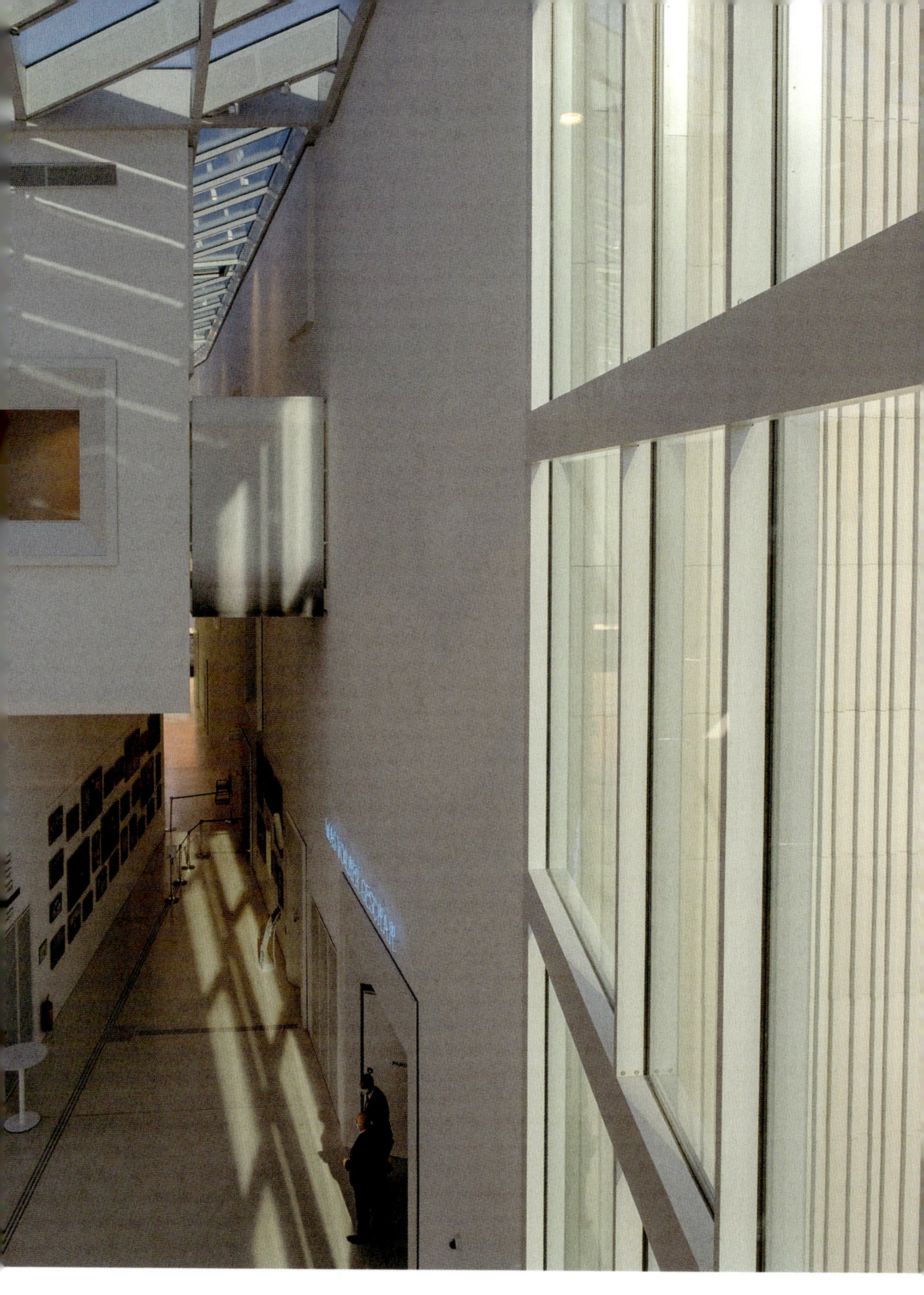

Das Haus der Bayerischen Geschichte präsentiert sich modern und lichtdurchflutet.

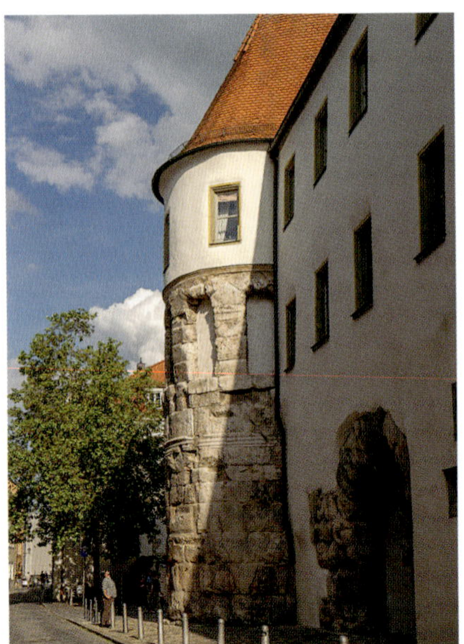

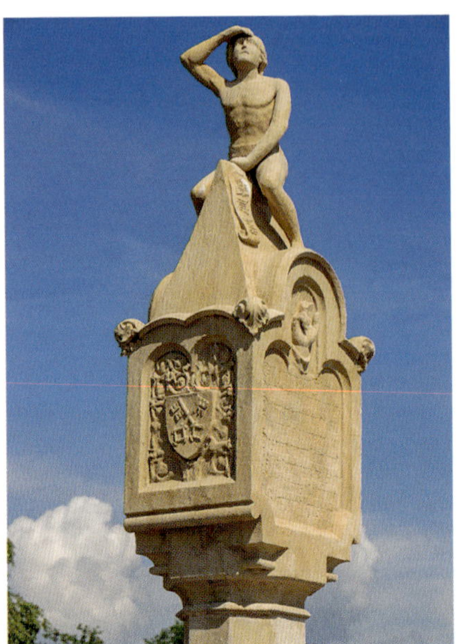

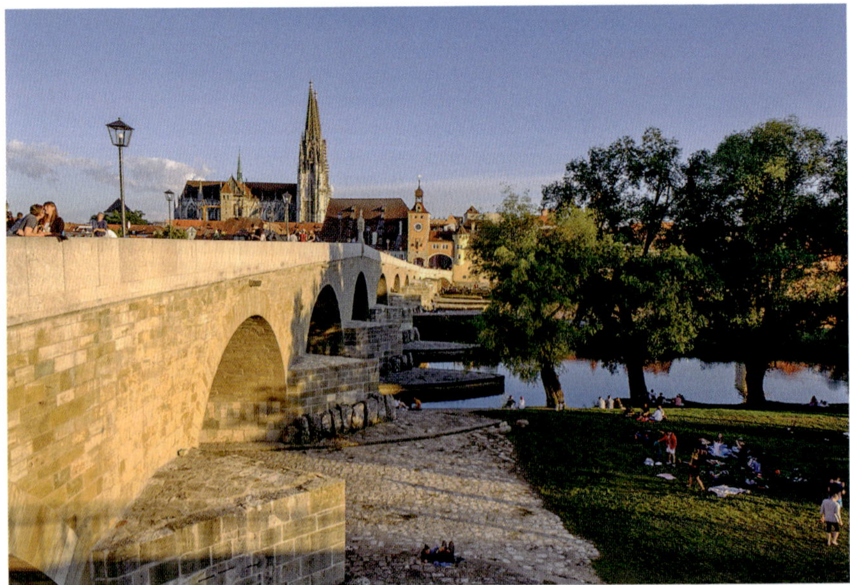

◄ Die römische Porta Praetoria wurde in die Straße Unter den Schwibbögen integriert.

► Um das Bruckmandl am höchsten Punkt der Steinernen Brücke ranken sich viele Legenden.

▼ Sommerabend auf der Regensburger Jahninsel

Der nächste Großbau in Regensburg war das Schloss des Fürstenhauses Thurn und Taxis am Südrand der Altstadt. Dieses geht auf die reichsunmittelbare Fürstabtei St. Emmeram zurück, die um 739 gegründet worden war. Durch die Säkularisation kam das Kloster in den Besitz der Familie Thurn und Taxis und wurde zu ihrem Stammsitz. Ein Schlossbesuch ist hochinteressant, allerdings nur mit Führung möglich (thurnundtaxis.de): Dabei erkundet man das Schlossmuseum, den Kreuzgang und das Marstallmuseum. Nicht zum Schloss gehört die alte Abteikirche St. Emmeram, die frei zugänglich ist.

Stadtspaziergang durch Regensburg

Einer der Höhepunkte und mit Sicherheit der beste Punkt, um sich zu orientieren, ist die altehrwürdige **Steinerne Brücke** über die Donau, die mit ihren vielen Bögen den wichtigsten bayerischen Fluss überspannt und einen herrlichen Blick auf die Altstadt mit den Türmen des gewaltigen Doms und den vielen Geschlechtertürmen erlaubt. Wir genießen den Bummel über die Brücke nach Norden und erreichen nach der Insel Oberer Wöhrd den Stadtteil **Stadtamhof**. Einst war er ein Regensburger Vorort und er wurde erst 1924 eingemeindet. Am **Brückenbasar**, dem nördlichen Ende der Brücke, locken kleine Cafés zur Einkehr. Geradeaus kann man mit einem Abstecher noch die **Schleuse für die Donauschifffahrt** besuchen und auf dem Weg dorthin die netten kleinen Bürgerhäuser bewundern.

Dann geht es zur Brücke zurück und zur Insel **Oberer Wöhrd**, wo wir die Brücke nach rechts verlassen und uns dann links halten, um auf der Badstraße entlang der Donau nach Westen zu bummeln. So genießen wir die schönste Aussicht auf das Regensburger Altstadtufer mit dem Dom. Wer lieber eine kurze Runde bevorzugt, kann über den Eisernen Steg auf die Südseite des Flusses wechseln. Ansonsten biegen wir am Schopperplatz rechts ab und wandern bis zur Brücke **Pfaffensteiner Steg**. Hier geht es wieder nach links und durch eine der schönsten Parkanlagen der Stadt. Der Uferweg wird zu einer herrlichen Allee, an deren Ende wir ein **Wasserkraftwerk** erreichen. Nach links wechseln wir über das Wehr zur Altstadtseite, und wieder gibt alsdann die Donau die Laufrichtung vor: Wir folgen ihr nun flussabwärts bis auf Höhe des **Eisernen Stegs**, der als Fußgänger- und Radfahrerbrücke den Wöhrd mit der Altstadt verbindet.

Hier biegen wir rechts ein und spazieren durch die Gassen in südliche Richtung. Am Bismarckplatz mit dem Stadttheater lohnt ein Abstecher nach rechts zur **Schottenkirche**: Hier beeindruckt vor allem das gewaltige Nordportal mit seinen rätselhaften Figuren, die auf keltische Vorstellungen zurückgehen. Bedauerlicherweise nimmt der große Glasvorbau, mit dem man das ganze Tor einhüllen musste, viel von seiner archaischen Wirkung. Das Innere der Kirche ist seit der Zeit der Romanik praktisch unverändert erhalten geblieben.

Alsdann folgen wir der Beschilderung zum Thurn-und-Taxis-Schloss mit der **Basilika St. Emmeram**, der heutigen Pfarrkirche. Dort besuchen wir den Heiligen Wolfgang, ein Wallfahrtsziel aus uralten Zeiten. Auffällig ist die große Vorhalle, zu der ein Tor Zugang gewährt: Der weite Raum war früher Lager- und Rastplatz für Pilger, die oft einen langen Weg hinter sich hatten. Durch die Vorhalle betritt man die dreischiffige Basilika, die ihren romanischen Ursprung trotz der prächtigen barocken Dekoration der Gebrüder Asam nicht verbergen kann. Das **Schloss St. Emmeram** lässt sich nur mit Führung (Sa/So 10.30 und 12.30 Uhr) besichtigen. Zwischen 21.11. und 23.12. kann man den romantischen Weihnachtsmarkt auf dem Schlossgelände besuchen und mit einer Besichtigung verbinden.

Nun spazieren wir wieder Richtung Norden durch das Gewirr der Gassen, wo es überall viel zu entdecken gibt. Alle wichtigen Gebäude, wie das **Alte Rathaus**, das **Goliathhaus** oder das **Thon-Dittmer-Palais**, liegen an unserem Weg. Über den Neupfarrplatz kommen wir schließlich zum **Dom St. Peter**, dem beeindruckendsten klerikalen Gebäude der Stadt, auch wenn der Platz vor der Kirche eher klein wirkt. Von dort ist es nun nicht mehr weit bis zurück zur Donau, und wer noch etwas Zeit übrig hat, besucht das neue Museum **Haus der Bayerischen Geschichte** östlich der Steinernen Brücke bei den Bootsablegern.

Wunderschöner Tagesabschluss: Bleibt man bis zum Abend, kann man herrlich den Sonnenuntergang an der Donau beobachten, an deren Ufern Studenten, Touristen und Einheimische sitzen und das Leben am Wasser genießen.

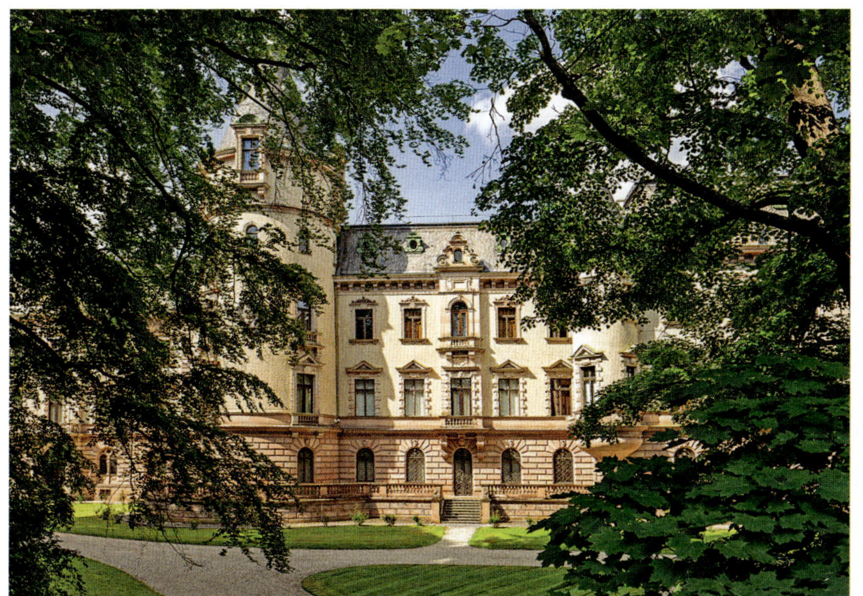

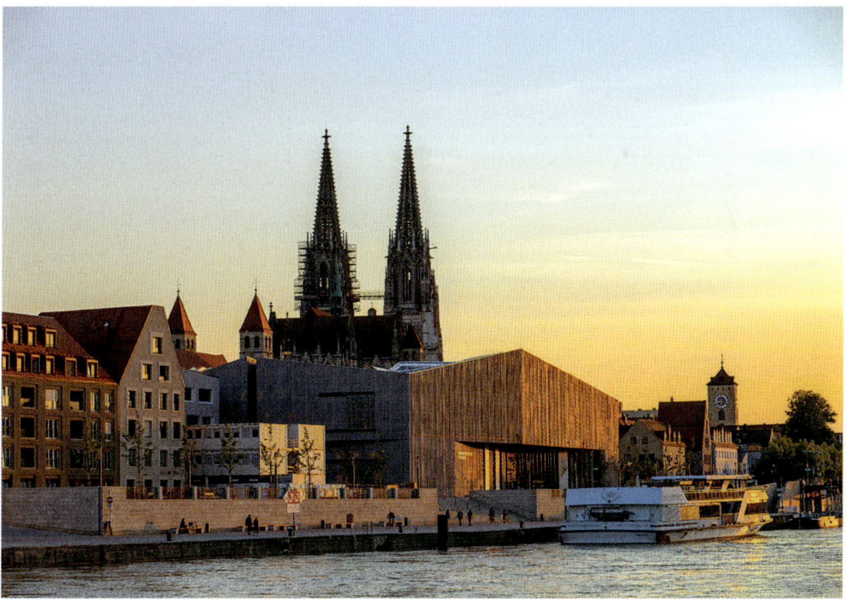

▲ Südfront des Thurn-und-Taxis-Schlosses
▼ Regensburger Dom und Haus der Bayerischen Geschichte im letzten Abendlicht

Noch wichtig

Durch Regensburg kann man das ganze Jahr über gemütlich schlendern. Besonders schön ist es im Sommer in Verbindung mit einer Donauschifffahrt. Im Spätherbst ist es deutlich ruhiger und einsamer, und wenn der Nebel durch die Gassen wabert, fühlt man sich noch mehr in die Zeit des Mittelalters zurückversetzt. Kirchen und Museen sind zu den üblichen Zeiten geöffnet, und wir empfehlen einen Besuch im Dom, wo man sonntags beim Pontifikalamt die Regensburger Domspatzen live erleben kann, sowie eine Führung im Schloss St. Emmeram.

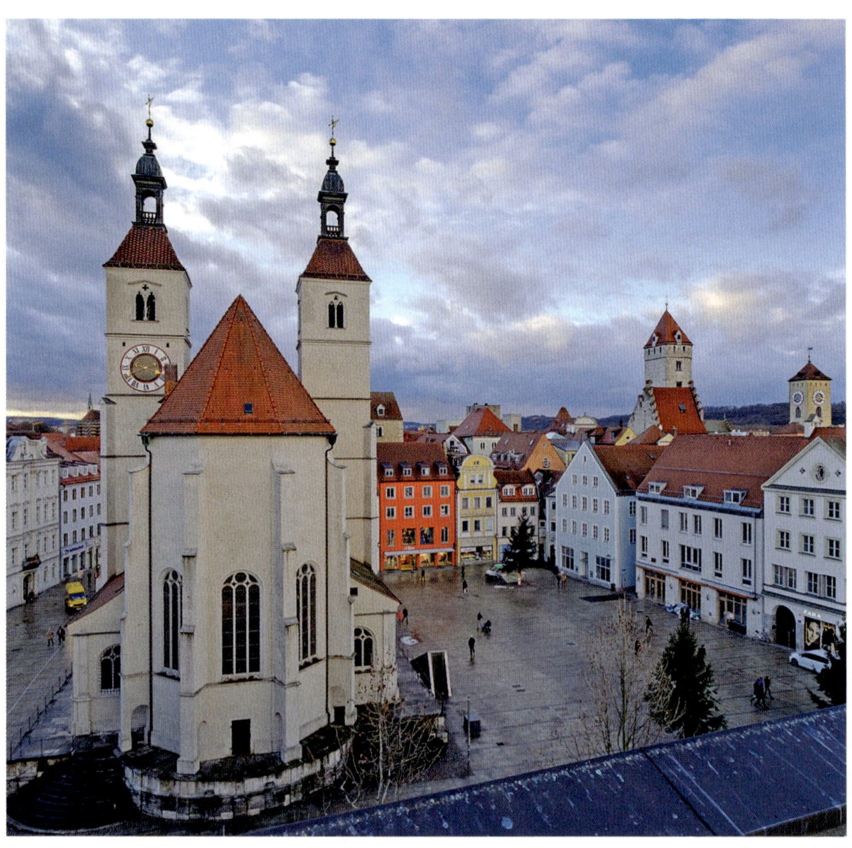

Neupfarrkirche am Neupfarrplatz

Auf einen Blick

REGENSBURGER ALTSTADT

UNESCO-Welterbe seit 2006

AUSGANGSPUNKT

Steinerne Brücke
GPS: 49.0223, 12.0970

ANFAHRT

ÖPNV: Mit der Bahn zum Hauptbahnhof Regensburg und zu Fuß ins Stadtzentrum
Auto: A 93 bis Ausfahrt Pfaffenstein, dann B 8 und B 15 ins Zentrum von Regensburg; Parkhäuser in der Altstadt oder freier Parkplatz auf der Insel Unterer Wöhrd

GEHZEIT UND SCHWIERIGKEIT

Wir erkunden Regensburg auf einer gut 8 km langen Stadtwanderung ohne große Steigungen. Wer den Besuch des Parks und der Allee über den Oberen Wöhrd auslässt, spart sich knapp 3 km. Genug Zeit für Besichtigungen einplanen!

ÖFFNUNGSZEITEN

Direkt am südlichen Ende der Steinernen Brücke befinden sich ein Museum über den Brückenbau sowie das UNESCO-Besucherzentrum im historischen Brückenturm – der Besuch lohnt sich (April–Okt. täglich 10–18 Uhr, Nov.–März geschlossen).

AUCH INTERESSANT

Das 2019 eröffnete Haus der Bayerischen Geschichte (hdbg.de) ist ebenfalls sehr sehenswert: Die feste Ausstellung zeigt alles rund um Bayern, dazu gibt es viele Wechselausstellungen (u. a. Bayerische Landesausstellung).

EINKEHR

Viele Einkehrmöglichkeiten, u. a. Wurstkuchl (wurstkuchl.de)

INFORMATION

regensburg.de

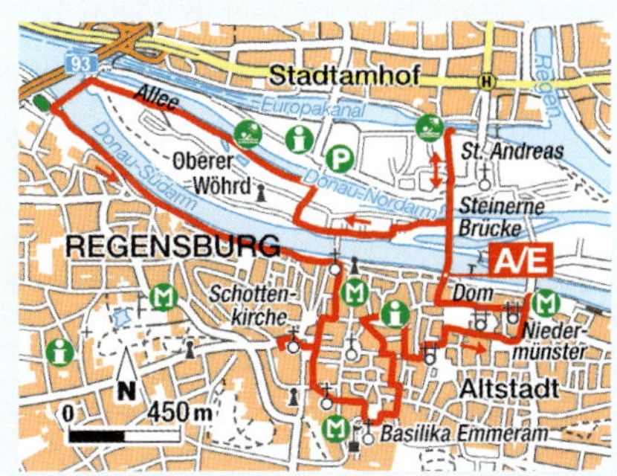

6

Pfahlbauten auf der Roseninsel und bei Pestenacker

PRÄHISTORISCHE HOLZBAUTEN ZU WASSER UND ZU LAND

Unter dem Titel »Prähistorische Pfahlbauten rund um die Alpen« gehören die Überreste einer prähistorischen Siedlung vor der Roseninsel im Starnberger See sowie die Funde bei Pestenacker zusammen mit 111 weiteren Fundstellen in ganz Europa zum Weltkulturerbe der UNESCO.

Wie schwierig es ist, etwas zu schützen, was man gar nicht sehen kann, zeigt sich vor der Roseninsel im Starnberger See: Zwar nicht tief, aber trotzdem unter Wasser verborgen liegen dort die Reste einer uralten Pfahlbausiedlung. Im Mittelneolithikum, der Jungsteinzeit, also zwischen 3000 und 4000 Jahren vor Christus, lebte hier eine kleine Menschengruppe am Ufer der Roseninsel. Wer heute über den See blickt, kann sich nur mit viel Fantasie vorstellen, wie es damals wohl ausgesehen hat: Kleine schilfgedeckte Hütten standen auf hölzernen Pfählen, Stelzen oder Pfosten und boten damit einen sicheren Lebensraum – hoch genug über dem Seespiegel, um vor Hochwasser geschützt zu sein, und doch nahe genug an der Natur für einen erfolgreichen Fischfang, das Hüten von Haustieren und das Sammeln von Nahrung.

Mit Hilfe der Unterwasserarchäologie hat man vor der Roseninsel 1987 einen gut erhaltenen Einbaum aus Eichenholz gefunden und geborgen. Das Holz dafür wurde 900 v. Chr. geschlagen, und damit handelt es sich um das

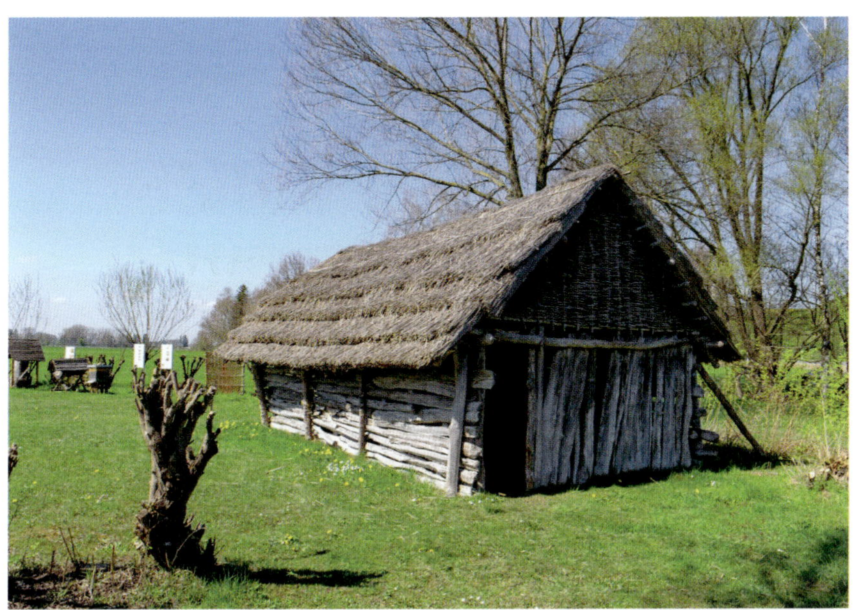

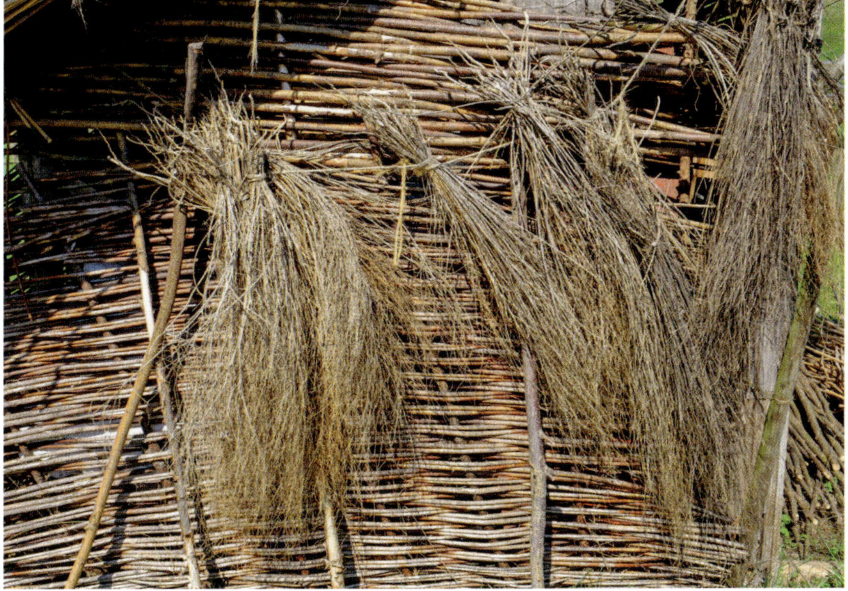

▲ Die Pfahlbauten von Pestenacker gehören zum Welterbe der prähistorischen Holzbauten.
▼ Dort wird auch Leinen angebaut, um ihn später zu Flachs zu verarbeiten.

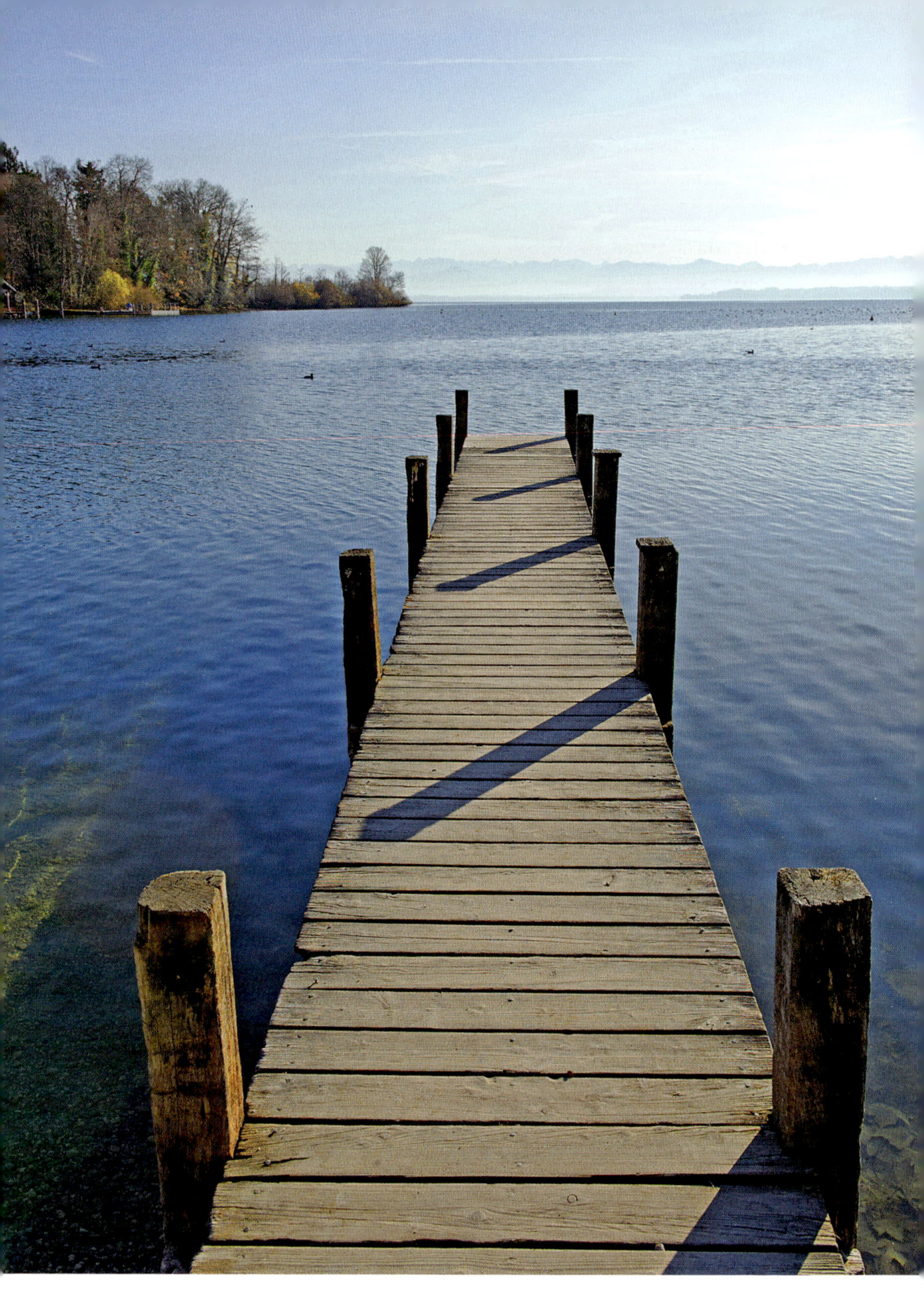

Nur in den Sommermonaten kann man auf die Roseninsel übersetzen.

älteste Boot aus einem einzigen Baumstamm, das je in Bayern gefunden wurde – mit einer Länge von fast 13 Metern ein bedeutender Fund und ein geradezu perfektes Zeugnis für die Nutzung von Schiffen während der Jungsteinzeit. Man vermutet, dass neben Personen auch Vieh und Waren auf dem Wasserweg zur und von der Insel gebracht wurden. Äußerst aufwendig wurde dieser durch das Liegen im Wasser gut erhaltene Einbaum geborgen. Er ruhte lange in der Archäologischen Staatssammlung, zumindest in den vergangenen Jahren war er ab und an z. B. in der Bayerischen Landesausstellung in Ettal zu sehen.

Und das macht es für Besucher der Roseninsel, die seit der Jungsteinzeit bis ins hohe Mittelalter kontinuierlich besiedelt war, so schwer, sich das UNESCO-Welterbe der Pfahlbauten vor Augen zu führen: Man kann sich zwar auf die Roseninsel übersetzen lassen, um dann lustvoll durch den 1853 von Peter Joseph Lenné angelegten Rosengarten zu schlendern und sich dabei die kleine Inselvilla, das Casino, anzusehen, aber von den Pfahlbauten und Palisaden der jahrtausendalten Seeufersiedlung ist von hier aus nichts zu sehen. Tauchen, aber auch schwimmen oder einfach nur im Wasser planschen ist aus archäologischen Gründen strengstens verboten.

Wer mehr über die einstigen Pfahlbauten wissen möchte, besucht daher unbedingt auch Pestenacker in der Gemeinde Weil nördlich von Landsberg am Lech: Bei einer Bachbegradigung stieß man 1934 zufällig auf Überreste einer Siedlung aus der Jungsteinzeit, genauer gesagt aus der Altheimer Kultur, die von Niederbayern bis zum Lech nachweisbar ist. Erst mehr als 50 Jahre später begann man mit der genaueren archäologischen Untersuchung, mit dem Ergebnis: Die Grabungen belegen bis zu 19 Kleinhäuser, verbunden durch Bohlenwege und geschützt durch einen geflochtenen Zaun. Im Gegensatz zu den Pfahlbauten auf der Roseninsel, stand die Siedlung bei Pestenacker nicht im Wasser, sondern wurde am Rand des Loosbachs auf moorigem Boden errichtet, deshalb spricht man dort von einer Feuchtbodensiedlung – für Forscher ein idealer Platz für Ausgrabungen, denn in diesem sauerstoffarmen, dicht verschlossenen Boden hat sich eine ungewöhnlich dicke Kulturschicht erhalten, die viel über das Leben der Menschen aus der Zeit von 3400 v. Chr. erzählt. Die Forscher durchwühlen bei ihrer Arbeit einen über 5000 Jahre alten Abfallhaufen und werfen dabei einen tiefen Blick in die Vergangenheit: Schlachtabfälle und Pflanzenreste lassen auf den Speiseplan der Bewohner schließen; gefundene Werkzeuge zeigen, dass sie Jäger und Sammler waren und sich im Umgang mit Feuer auskannten, und neben Resten von Textilien wie einem Hut ist sogar der Mist aus einem Stall konserviert geblieben. Ganz in der Nähe, bei Unfriedshausen, wurden noch zwei weitere Siedlungen der Altheimer Kultur entdeckt. In Pestenacker selbst hat man ein kleines Freilichtmuseum errichtet, das den Besuchern das Leben vergangener Zeiten nahebringt (steinzeitdorf-pestenacker.de).

Darüber hinaus gibt es noch viele weitere Pfahlbau-Siedlungen in europäischen Ländern: in der Schweiz, in Österreich, Frankreich, Deutschland, Italien und Slowenien. In Deutschland ist wohl das nachgebaute Pfahldorf in Unteruhldingen am Bodensee am bekanntesten. Alle haben aber eines gemeinsam: Die durch das UNESCO-Weltkulturerbe geschützten Pfahlbauten gewähren uns nicht nur einen Einblick in die Lebensweise der frühen Bauern, sie sind auch ein Symbol für die Widerstandsfähigkeit, die Anpassungsfähigkeit und den Einfallsreichtum der Menschen, die so geschickt ihre Umgebung zu nutzen wussten – sie lassen das Natur- und Kulturerbe von mehr als 5000 Jahren lebendig werden.

Wanderung zur Roseninsel

Wir starten am **Wanderparkplatz in Feldafing** und gehen durch die Schranke in den großen Wittelsbacher Park, der auch als **Lenné-Park** bekannt ist. Die Pläne für die Gestaltung dieses Parks ließ der bayerische König Max II. vom preußischen Generalgartendirektor Peter Josef Lenné zeichnen. Ausführen musste sie, quasi als Gesellenstück, sein Schüler Carl von Effner, der spätere bayerische Hofgartendirektor. Auf der Anhöhe über dem See wollte sich Max II. ein prächtiges Schloss erbauen lassen, doch beim Tod des Königs 1864 waren eben erst die Keller eingewölbt und seine Nachfolger hatten kein Interesse daran. So riss man die wenigen Mauern ab und verfüllte die Kellerräume. Heute sieht man nur mehr einen mit Rasen bedeckten Hügel, der eine auffällig regelmäßige Form hat – Archäologen können sich in späteren Zeiten vielleicht einmal die Zähne daran ausbeißen …

Wir halten uns auf dem Weg rechts und erreichen so leicht bergab den **Starnberger See**. Auf den Uferweg biegen wir links ein und wandern nun stets am Wasser entlang nach Norden. Zu Beginn ist hier der Park gleichzeitig ein Erholungsgelände mit Badeflächen. Bald passieren wir das unauffällige

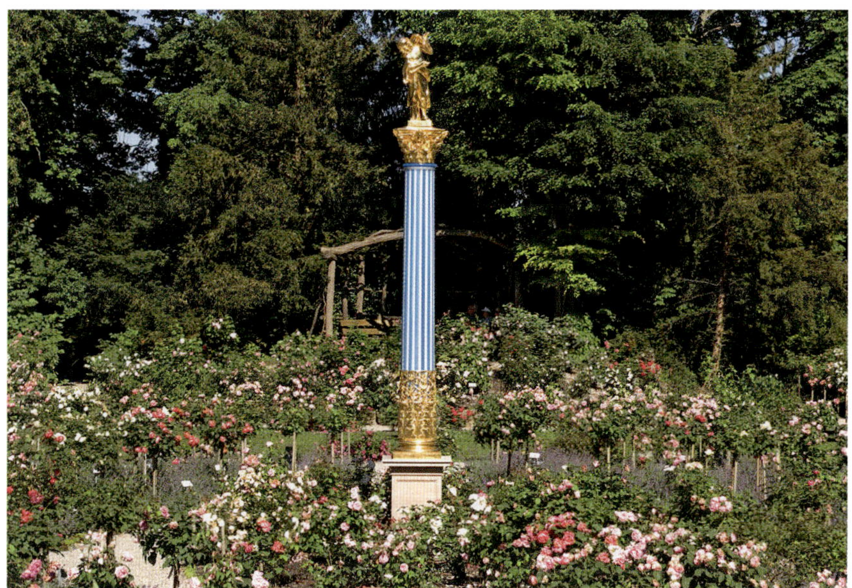

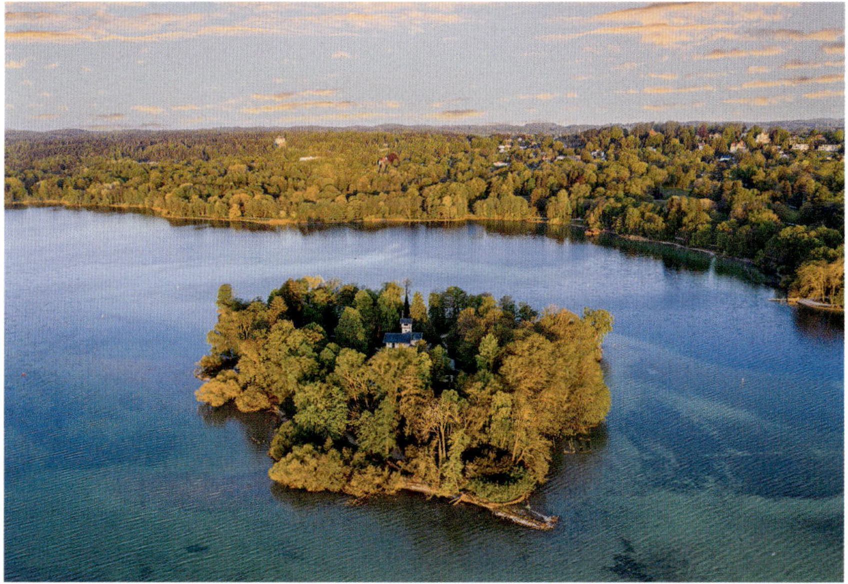

▲ Die Glassäule im Rosengarten, ein Geschenk Friedrich Wilhelms IV. an Marie von Preußen und König Maximilian II.
▼ Aus der Luft lassen sich anhand des seichten Wassers die Pfahlbauten der Roseninsel erahnen.

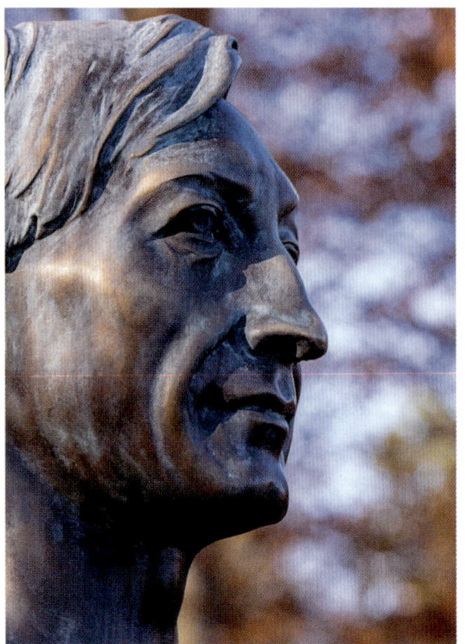

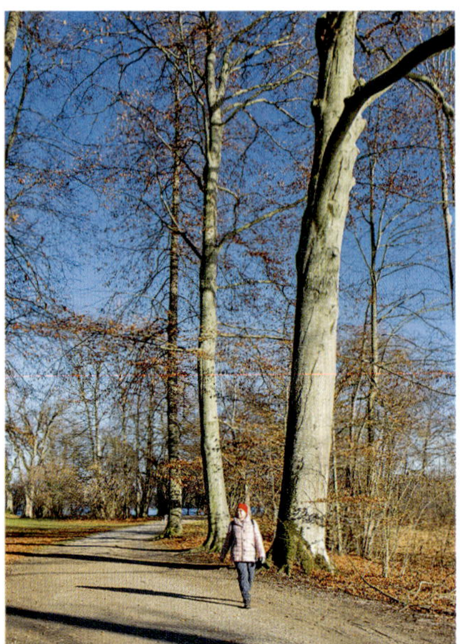

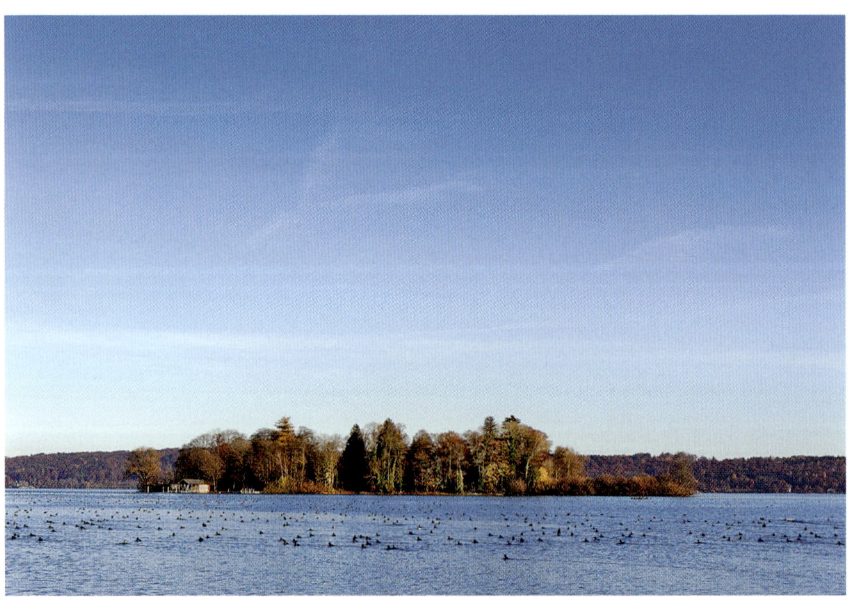

◀ Denkmal für Peter Joseph Lenné (1789–1866), Gartenarchitekt der Roseninsel
▶ Weitläufig: der Feldafinger Park mit seinem alten Baumbestand
▼ Blick über den Starnberger See zur Roseninsel

Lenné-Denkmal und haben vom Ufer aus eine herrliche Sicht auf die kleine Roseninsel. Peter Joseph Lenné plante wiederum im Auftrag König Max II. nicht nur den Park, sondern wandelte auch die einfache Fischerinsel Wörth in das duftende Rosenparadies um, nach dem sie heute ihren Namen hat. Nach weiteren 10 Minuten erreichen wir ein kleines Uferrondell mit vielen Ruhebänken und den Bootssteg bzw. **Glockensteg**. Nun müssen wir nur noch auf den Fährmann warten (oder nach ihm läuten), damit er uns hinüber zur **Roseninsel** befördert.

Nach deren ausgiebiger Besichtigung können wir uns entscheiden, ob wir direkt zum Ausgangspunkt zurückkehren oder erst noch einkehren wollen. Für den direkten Rückmarsch wählen wir diesmal den mittleren Weg, der vom Inselrondell am Festland wegführt. Er bringt uns leicht bergauf über die Wanderwege in Golfplatznähe. Der Weg teilt sich, wir halten uns links und kommen immer geradeaus zurück zum **Wanderparkplatz**.

Wer noch Hunger verspürt oder einen Kaffee am Seeufer trinken möchte, wandert am Festland noch ein Stück weiter in nördlicher Richtung bis zum Feldafinger Freibad (mit Parkplatz), wo wir zum Einkehren entweder das Restaurant im Freibad oder das teurere Forsthaus am See wählen können. Für die Rückkehr zum Ausgangspunkt geht es zum Freibad zurück; dann wählen wir nicht den Uferweg, den wir gekommen sind, sondern halten uns rechts auf dem für Radfahrer gesperrten Weg – er führt durch das Feldafinger Golfareal stets in südlicher Richtung zum Wanderparkplatz zurück.

Noch wichtig

Mythen und Legenden ranken sich um die einzige Insel im Starnberger See. Die Roseninsel, die man, ehe sie 1854 umgestaltet wurde, Fischerinsel Wörth nannte, ist heute vor allem bei Hochzeitspaaren beliebt, die sich im Standesamt im Casino auf der Insel trauen lassen. Zur Rosenblüte, die etwa Mitte Juni beginnt, zieht sie Blumenliebhaber an. Sie galt auch als Rückzugsort der österreichischen Kaiserin Elisabeth (Sisi) und des bayerischen Königs Ludwig II., dessen Vater König Max II. von Bayern die Insel 1850 erwarb. Sisi war nur wenige Kilometer entfernt in Possenhofen aufgewachsen. Die zwei Seelenverwandten trafen sich auf der Roseninsel oder hinterließen sich romantische Briefe, die sie auf der Insel versteckten.

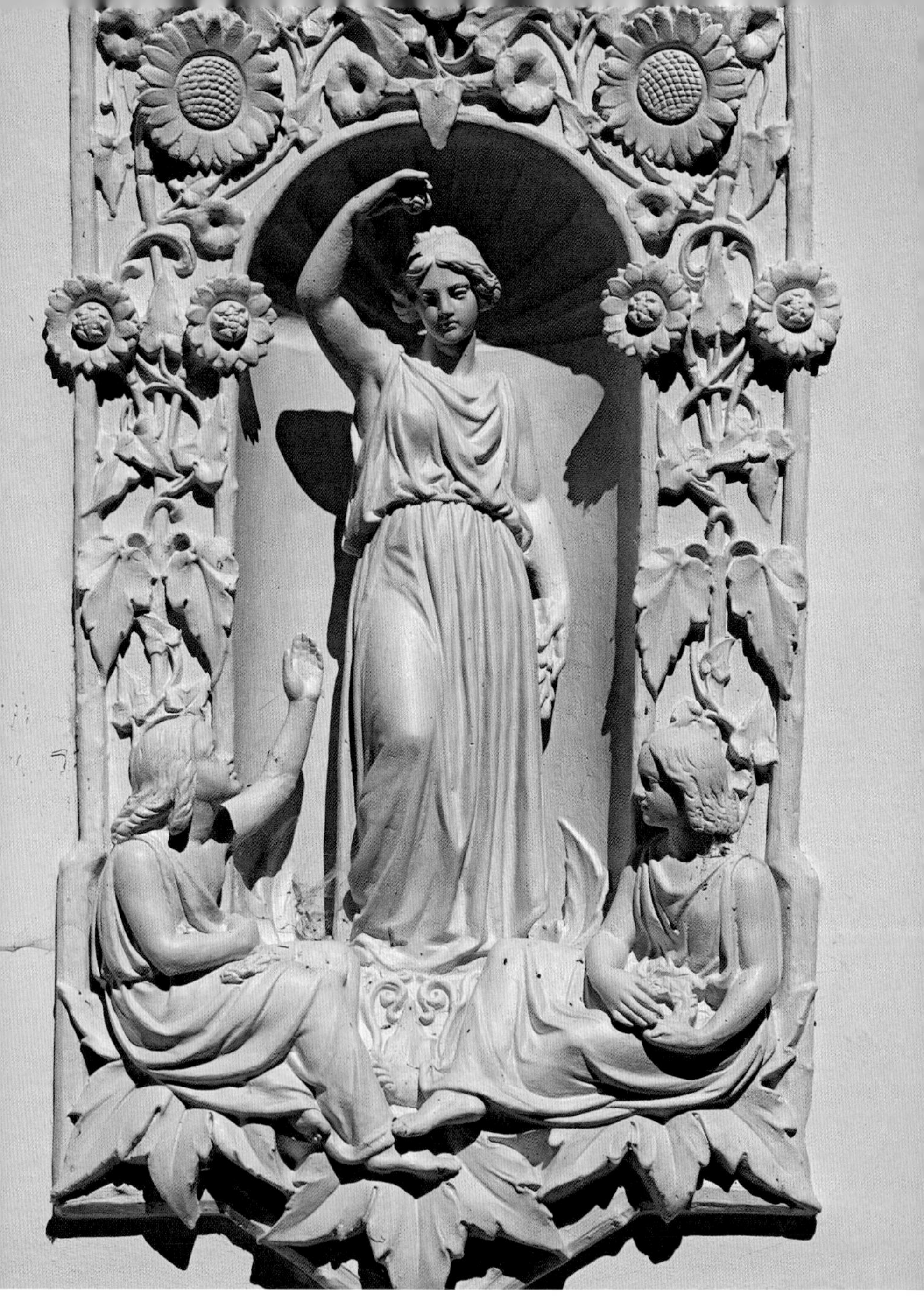

Ein Blumenmädchen-Relief ziert die Hausmauer des Casinos auf der Roseninsel.

Auf einen Blick

PFAHLBAUTEN AUF DER ROSENINSEL UND BEI PESTENACKER

UNESCO-Welterbe seit 2011

AUSGANGSPUNKT

Feldafing, Wanderparkplatz »Park Feldafing«
GPS: 47.936237, 11.296487

ANFAHRT

ÖPNV: Mit der Bahn von München nach Feldafing und vom dortigen Bahnhof zu Fuß in östlicher Richtung durch den Ort
Auto: A 95/952 nach Starnberg, durch den Ort und am Westufer des Starnbergers Sees entlang nach Feldafing, dort nicht der ersten Beschilderung zum Parkplatz »Roseninsel/Seelaich« folgen, sondern ein Stück weiter Richtung Tutzing auf den ausgeschilderten südlicheren Parkplatz »Park Feldafing«

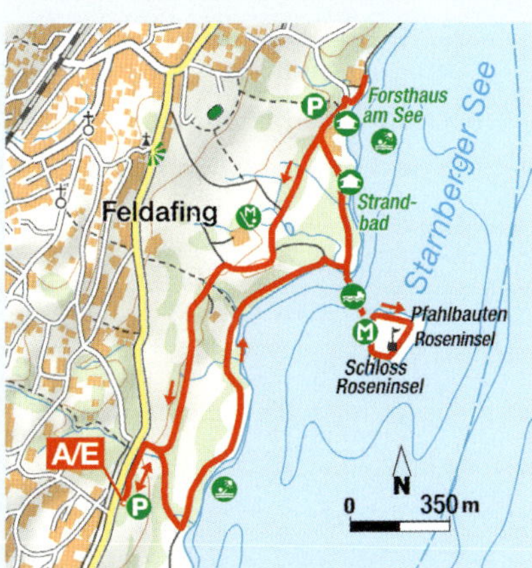

GEHZEIT UND SCHWIERIGKEIT

Mit gut 5 km Länge und ca. 1.30 Std. Gehzeit (die Zeit auf der Roseninsel nicht mitgerechnet!) ein Spaziergang

ÖFFNUNGSZEITEN

Vom späten Frühjahr bis zum Herbst kann man täglich zur Roseninsel übersetzen (Mo–Sa 11–18 Uhr, Sonntag ab 10 Uhr).
Steinzeitdorf Pestenacker: April–Okt. Fr/Sa/So 13–17 Uhr, Mo 15–19 Uhr, Mi 10–14 Uhr (steinzeitdorf-pestenacker.de)

EINKEHR

U. a. Strandbad Feldafing, Forsthaus am See (forsthaus-amsee.de)

INFORMATION

schloesser.bayern.de

7

Markgräfliches Opernhaus Bayreuth

100 JAHRE VOR RICHARD WAGNER LEGTE WILHELMINE DEN MUSIKALISCHEN GRUNDSTEIN

Die Geschichte des Markgräflichen Opernhauses von Bayreuth ist fest verwoben mit einer der schillerndsten Frauengestalten der Barockzeit: Markgräfin Wilhelmine von Bayreuth. Die preußische Königstochter verwandelte die fränkische Provinzstadt in eine Kulturmetropole mit Glanz und Glamour.

Im Herbst 1748 öffnete sich zum ersten Mal der schwere Vorhang im Markgräflichen Opernhaus von Bayreuth: Johann Adolph Hasses Oper »Artaserse« stand auf dem Programm, ein Stück, das aus der Feder eines der berühmtesten Komponisten der Barockzeit stammt und das mit viel Kunstsinn von der kultivierten Markgräfin persönlich ausgewählt worden war. Die Einweihung des Opernhauses fand anlässlich der Hochzeit ihrer Tochter Elisabeth Friederike Sophie von Brandenburg-Bayreuth mit Herzog Karl Eugen von Württemberg statt. Vorangegangen war eine vierjährige Bauzeit, wobei das Barocktheater bei der pompösen Eröffnungsfeier noch gar nicht fertig war – der Außenfassade mit ihren Säulen, der Balustrade sowie dem aufgesetzten Giebel mit seinen allegorischen Figuren fehlte noch der letzte Schliff. Aber 1750 war das Meisterwerk dann endlich vollendet.

Das Gebäude wurde vom fürstlichen Bayreuther Hofarchitekten, dem französischen Baumeister Joseph Saint-Pierre, entworfen. Er war auch maßgeblich an der Neugestaltung des Bayreuther Stadtbilds beteiligt und entwarf

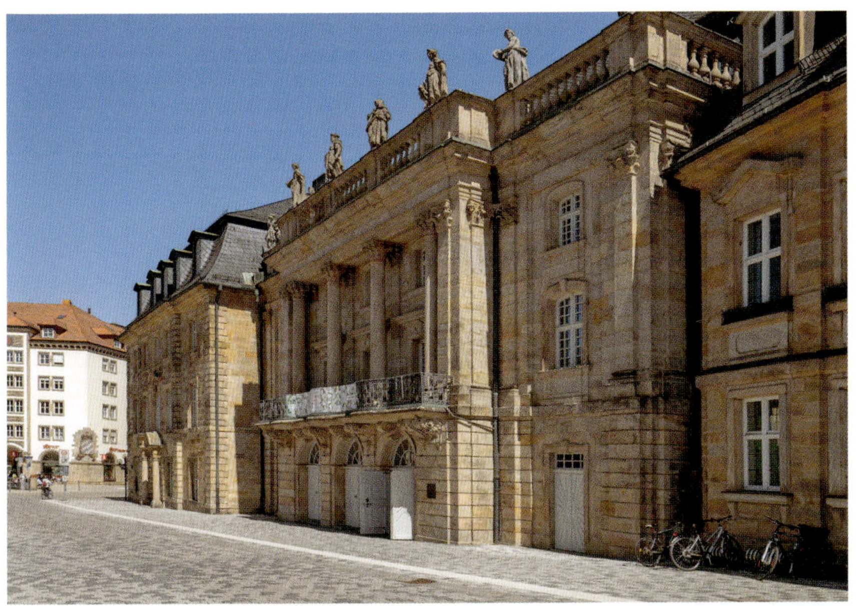

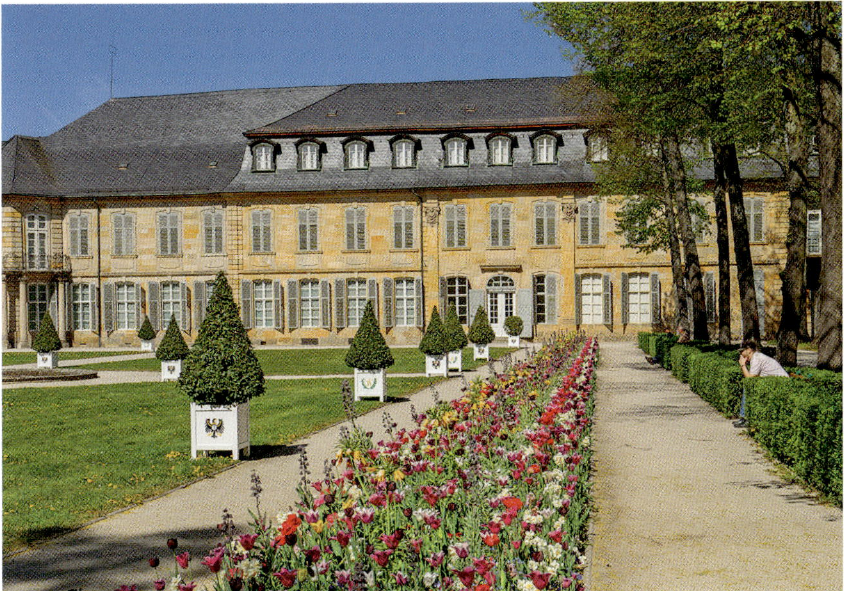

▲ Von außen erahnt man nur wenig von der Pracht des Markgräflichen Opernhauses.
▼ Neues Schloss mit Hofgarten

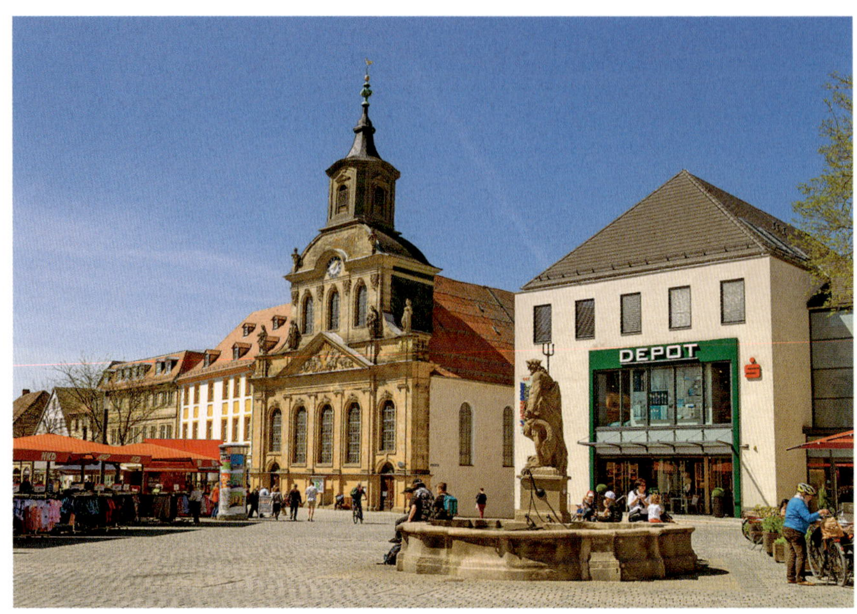

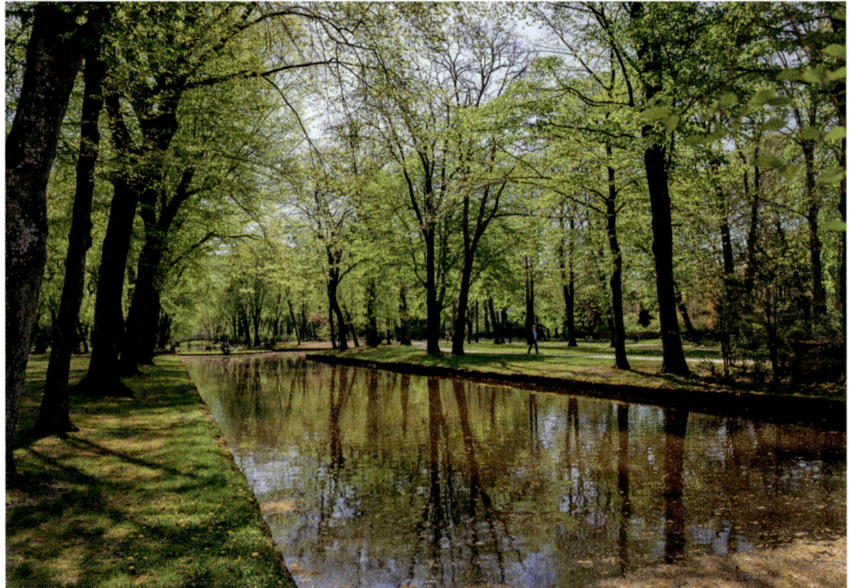

▲ Die Spitalkirche in der Maximilianstraße
▼ Herrlich grün ist es im Bayreuther Hofgarten.

für Wilhelmine viele weitere Projekte in Bayreuth. Für die Innenausstattung des Theaters war der Italiener Carlo Galli da Bibiena verantwortlich, der gemeinsam mit seinem Vater ein wirklich opulentes Meisterwerk schuf – die einzigartige Barockpracht zieht bis heute jeden Besucher in ihren Bann: Über den Logenplatz bis hinauf zu den zwei Rängen vereinen sich Balustraden, Säulen, allegorische Figuren, Fresken, Malereien, Putten und Stuck zu einem unübertroffenen Ensemble. Am glanzvollsten ist der fließende Übergang aus dem Zuschauerraum zur Bühne. Die nach einer Originalvorlage von Bibiena gefertigte Barockkulisse sorgt mit ihrer täuschend realen Perspektive für pure Illusion, sodass die eigentlich kleine Bühne in einer unerwarteten Tiefe erscheint und die ganze Pracht in einer makellosen barocken Einheit entzückt.

Welche Frau steckt nun aber hinter all diesem Kunstsinn? Es ist die 1709 in Berlin geborene Friederike Sophie Wilhelmine von Preußen. Sie war das älteste überlebende Kind von König Friedrich Wilhelm I. und seiner Gattin Sophie Dorothea von Hannover. Sie durchlebte zusammen mit ihrem zwei Jahre jüngeren Lieblingsbruder, dem späteren König Friedrich II. bzw. Friedrich dem Großen, eine sehr strenge und autoritäre Erziehung, wobei beide auch musikalisch und wissenschaftlich gefördert wurden. Mit gerade einmal acht Jahren wurde Wilhelmine auf ihre Rolle als britische Thronfolgerin vorbereitet, denn es stand eigentlich fest, dass sie ihren Cousin mütterlicherseits Friedrich Ludwig von Hannover heiraten sollte. Besonders ihre Mutter favorisierte diese Verbindung zum englischen Königshaus, denn Friedrich Ludwig war der Sohn des englischen Königs Georg III. Aber im Ränkespiel um Macht und Verbindungen setzte sich schließlich Wilhelmines Vater durch, dem wiederum eine engere Bindung an das Hause Habsburg vorschwebte. Deshalb arrangierte er stattdessen eine Ehe mit dem Erbprinz des Fürstentums Bayreuth, Friedrich von Brandenburg-Bayreuth.

Für die junge Prinzessin Wilhelmine war das jahrelange Hin und Her ihrer geplanten Eheverbindung ein entwürdigendes Pokerspiel, das noch dazu damit endete, dass man sie nicht zur majestätischen Königin in London erhob, sondern stattdessen zu einer Markgräfin in Bayreuth degradierte. Die Hochzeit fand 1731 statt, und kurz darauf übersiedelte Wilhelmine nach Bayreuth. Auch wenn der Schreck über die Bayreuther Provinz riesengroß gewesen sein muss und sich Wilhelmine in ihren Memoiren über die ärmlichen Verhältnisse im markgräflichen Schloss, über das schlechte Essen und das schwierige Verhältnis zu ihrem Schwiegervater beschwerte, war ihre Ehe in den Anfangsjahren wohl sehr glücklich. Ein Jahr nach ihrer Hochzeit kam Tochter Elisabeth Friederike Sophie zur Welt. Es sollte jedoch ihr einziges Kind bleiben, und zum großen Leidwesen von Wilhelmine wandte sich ihr Mann nach wenigen Ehejahren anderen Frauen zu.

Drei Jahre später starb ihr Schwiegervater, und damit hatte das asketische Leben im Bayreuther Schloss langsam ein Ende. Wilhelmine unterstützte tatkräftig ihren Mann bei der Übernahme seiner Regierungsgeschäfte und erhielt zum Dank 1735 die Eremitage, dessen Umbau sie sogleich in Gang brachte. Bei diesem einen Bauvorhaben sollte es aber nicht bleiben, denn Friedrich ließ seiner Frau fast freie Hand in der Umgestaltung von Bayreuth. Und das nützte Wilhelmine in den folgenden Jahren weidlich aus: So entstanden u. a. der Landschaftspark von Sanspareil, das neue Schloss in der Bayreuther Innenstadt, ein Theater in der Zweitresidenz Erlangen und das spätere Schloss Fantaisie. Neben ihrer Bautätigkeit malte, schauspielerte und komponierte Wilhelmine, vor allem Opern, was für eine Frau der damaligen Zeit ziemlich einzigartig war. Mit Genehmigung ihres Mannes wurde Wilhelmine Intendantin der Bayreuther Hofmusik – nun lud sie italienische Opernkünstler ein und förderte das Kulturleben am eigenen Hof: Künstler, Wissenschaftler, Gelehrte und immer wieder Musiker waren gern gesehene Gäste im Schloss.

Mit viel Engagement, Geschick und Geschmack und einem ungeheuren Kunstsinn verhalf sie Bayreuth zu einem kulturellen Aufschwung, der den Höfen in Wien und Berlin in nichts nachstand. Einer der Höhepunkte in ihrem Schaffensdrang war das Geschenk anlässlich der Hochzeit ihrer Tochter: Ihr zu Ehren ließ sie ein Opernhaus erbauen. Die kluge und kunstverliebte Markgräfin scheute dabei keine Kosten und Mühen und beauftragte die besten Künstler der damaligen Zeit. Die Vermählung ihrer Tochter, eine der schönsten Prinzessinnen Europas, mit dem vier Jahre älteren Karl Eugen von Württemberg war sicherlich das prachtvollste und berühmteste Fest, das je in Bayreuth stattgefunden hat.

Zehn Jahre lang konnte Wilhelmine das Theater noch genießen, dann starb sie am 14. Oktober 1758 in Bayreuth. Nach ihrem Tod fanden im Opernhaus nur noch eingeschränkt Aufführungen statt, die nach dem Tod ihres Mannes fünf Jahre später erst einmal völlig zum Erliegen kamen. Später wurde es nur noch selten benutzt, Bayreuth leistet sich kein eigenes Theaterensemble mehr,

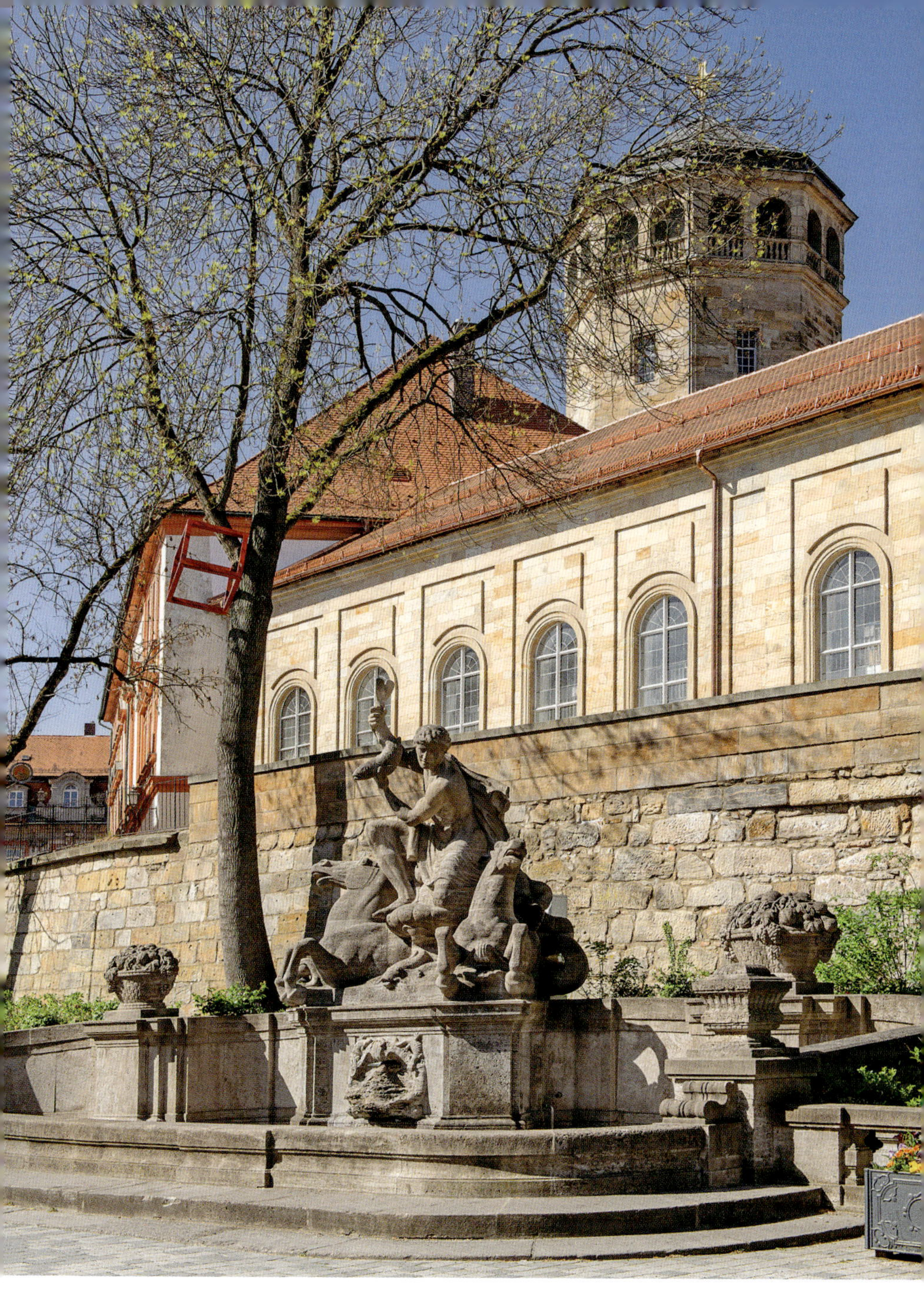

Der Wittelsbacher Brunnen plätschert vor dem Opernhaus.

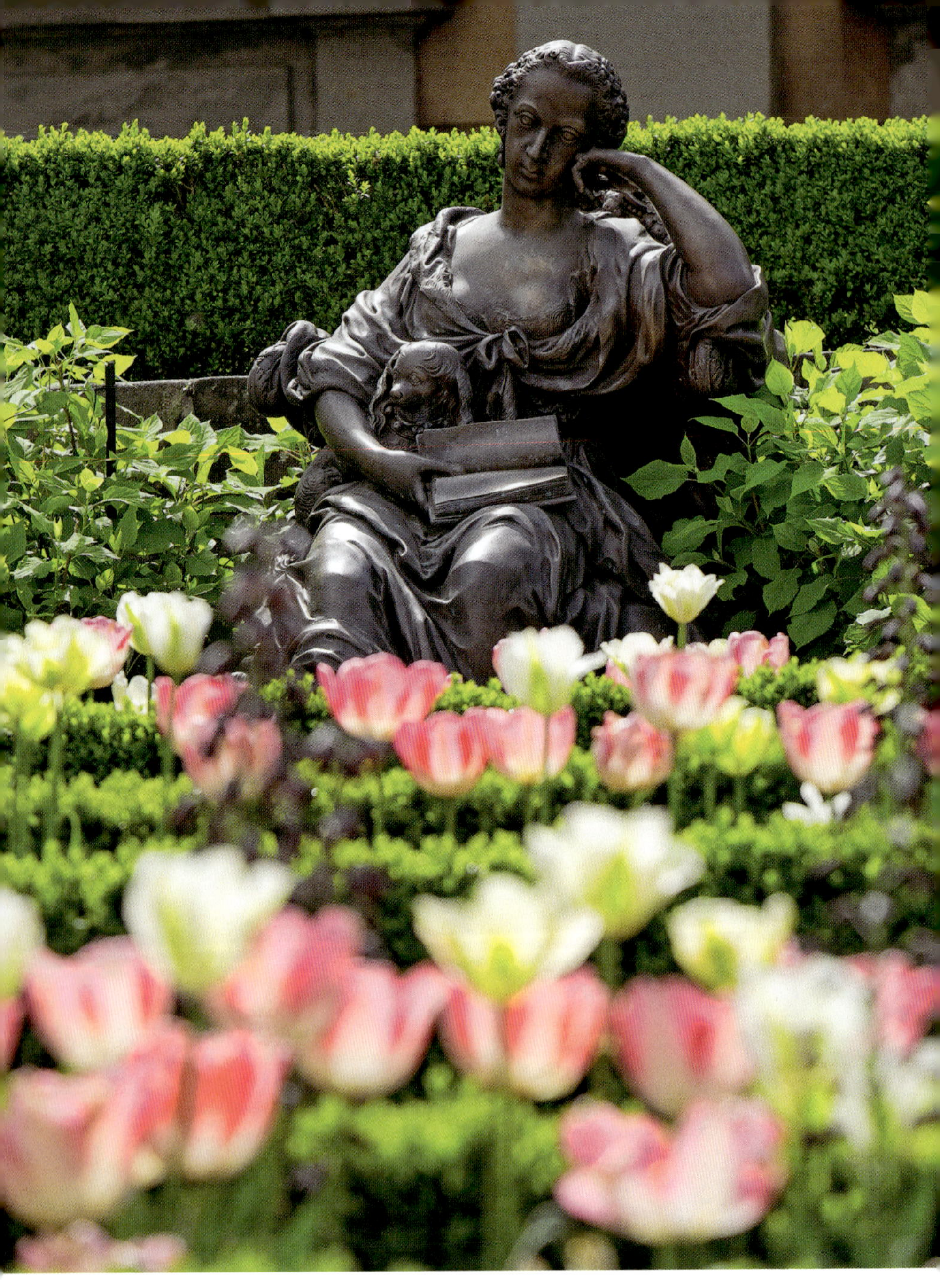

Markgräfin Wilhelmine sitzt mit ihrem Zwergspaniel Folichon im Rosengarten an der Opernstraße.

und unter Napoleon wurde das Gebäude auch völlig zweckentfremdet. Erst Mitte des 19. Jahrhunderts gab es wieder Gastspiele im Haus.

Dann kam Richard Wagner nach Bayreuth, der den Reiz des Markgräflichen Opernhauses erkannte und es wohl zum Anlass nahm, Bayreuth als Festspielstadt zu erwählen. Aber das Opernhaus in der Altstadt war ihm für seine Zwecke dann doch zu klein, und er beschloss, lieber sein eigenes Festspielhaus zu errichten. Das war vielleicht das größte Glück für das Opernhaus, denn so blieb es von Ausbaumaßnahmen verschont und diente Wagner nur als Ausweichstätte für seine Proben. Den Zweiten Weltkrieg überstand das Haus ohne größeren Schaden, und bis ins 20. Jahrhundert hinein gab es immer wieder kleinere Aufführungen, wobei es auch als Drehort für verschiedene Filme diente. Im Sommer 2012 wurde das Markgräfliche Opernhaus aufgrund seiner herausragenden originalen Bausubstanz samt Innenausstattung als »einzigartiges Monument der europäischen Fest- und Musikkultur des Barock« als UNESCO-Welterbe anerkannt. Im selben Jahr begannen umfangreiche Renovierungsmaßnahmen, und sechs Jahre später wurde die Wiedereröffnung am 12. April 2018 mit derselben Oper gefeiert, die man 270 Jahre früher zur Einweihung aufgeführt hatte: »Artaserse«. Seit April 2023 gibt es im Redoutenhaus neben der Oper ein neues Museum, das viel Interessantes über die Entstehung des Opernhauses und das Leben im barocken Theater vor und hinter der Bühne zu vermitteln weiß.

Stadtspaziergang durch Bayreuth

Vom **Bayreuther Bahnhof** folgen wir der Bahnhofstraße in südlicher Richtung zum Roten Main, queren dort den Fluss und den großen Hohenzollernring und spazieren auf der Luitpoldstraße zur Opernstraße. Bevor wir links mit wenigen Schritten das Markgräfliche Opernhaus erreichen, steigen wir noch die Stufen zu den **Schlossterrassen** hinauf und besuchen das **Denkmal der Markgräfin Wilhelmine**, die hier gemeinsam mit ihrem Lieblingshund Folichon zwischen den Blumen sitzt. Ihr hätte die Idee, mit ihrem Hund für die Nachwelt abgebildet zu sein, gefallen. Denn sie liebte ihn abgöttisch. Danach gehen wir zum außen fast unscheinbar wirkenden **Markgräflichen Opernhaus**, um es zu besichtigen. Gegenüber plätschert der **Wittelsbacher Brunnen**, und etwas erhöht liegt der kleine **Mariengarten** mit einer Büste der Markgräfin.

Da der Spaziergang bis dahin sehr kurz war, flanieren wir auf der Opernstraße weiter zum Sternplatz und biegen rechts in die Maximilianstraße ein. Hier fällt das riesige **Alte Schloss** ins Auge, das bis 1753 die Residenz der Markgrafen war. Der große **Ehrenhof** zeigt, dass man es durchaus verstand, sich fürstlich zu präsentieren. Vom Ehrenhof erreichen wir nach rechts die **Schlosskirche** mit der Gruft von Wilhelmine, in der auch ihr Mann Friedrich und ihre Tochter beerdigt sind.

Zurück am Ehrenhof wandern wir gegenüber in die Kanzleistraße, die uns zur protestantischen **Stadtkirche Heilig Dreifaltigkeit** bringt. Sie stammt im Wesentlichen aus dem 15. Jahrhundert und macht im Inneren einen etwas kühlen Eindruck. Umso mehr sticht der frühbarocke Hochaltar hervor, der noch leicht an die Renaissance erinnert. Unmittelbar hinter der Kirche steht das **Historische Museum Bayreuth**, das sich der Stadtgeschichte widmet.

Vom Kirchplatz gehen wir zur Kanzleistraße zurück, um gleich darauf links in die Friedrichstraße abzubiegen. Nochmals links erreichen wir über die Ludwigstraße den Residenzplatz zwischen der Regierung von Oberfranken, der ehemaligen **Markgräflichen Kanzlei** und dem **Neuen Schloss**. Dieses wurde noch unter der Ägide von Wilhelmine nach 1753 erbaut, als das Alte Schloss durch einen Brand unbewohnbar geworden war. Das Neue Schloss kann man ebenfalls besichtigen, es ist ein herrliches Beispiel für die Weiterentwicklung vom Rokoko hin zum Klassizismus. Hinter dem Schloss erstreckt sich der großzügig angelegte **Hofgarten** mit künstlichen Kanälen, kleinen Inseln, einem Sonnentempel und einem Obstgarten – mitten in der Stadt eine herrliche grüne Oase und perfekt für einen ausgiebigen Spaziergang geeignet.

An der Nordseite des Parks liegt das ehemalige Wohnhaus Wagners, das **Haus Wahnfried**, in dem heute das **Richard-Wagner-Museum** mit drei Dauerausstellungen untergebracht ist. Im gleichen Ensemble finden wir noch das **Franz-Liszt-Museum** und das **Jean-Paul-Museum**. Von den Museen treten wir hinaus auf die Richard-Wagner-Straße, die uns nach links zum Sternplatz zurückbringt. Jetzt bummeln wir geradeaus durch die Maximilianstraße, die als Fußgängerzone mit ihren Geschäften zur guten Stube der Stadt geworden ist. An ihrem Ende biegen wir rechts in die Schulstraße ab und kommen direkt zum Hohenzollernplatz. Dort queren wir wieder Hohenzollernring und Roten Main und folgen dem Fluss nach rechts zur Bahnhofstraße, von der es nun nur noch wenige Schritte zurück zum **Bahnhof** sind.

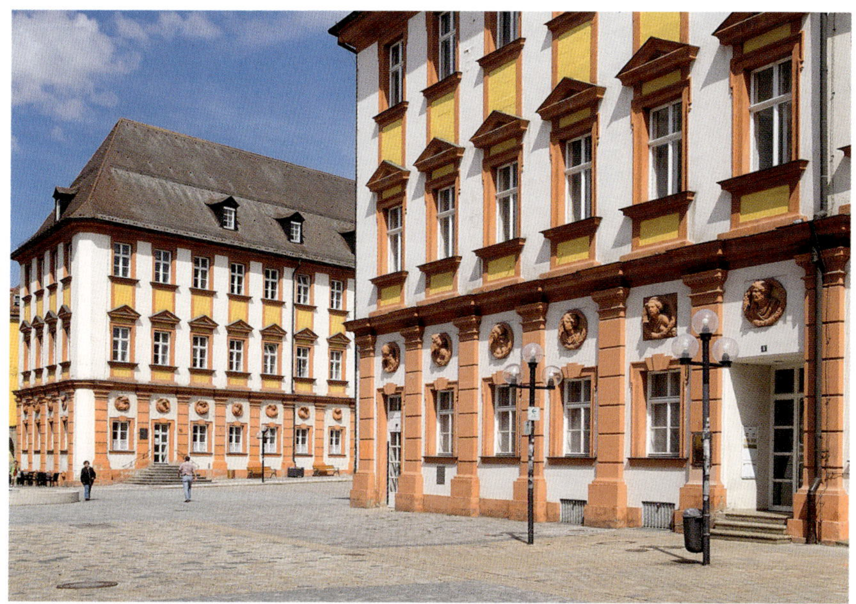

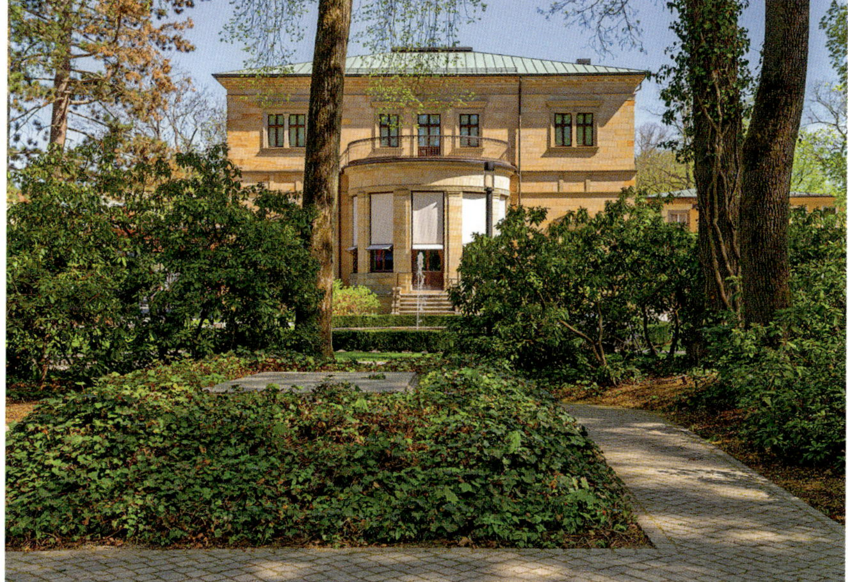

▲ Das Alte Schloss zeigt noch die typischen Formen der Renaissance.
▼ Richard Wagners Wohnhaus Wahnfried am Hofgarten ist heute ein Museum.

Auch interessant

Wilhelmines Tochter Elisabeth Friederike Sophie von Brandenburg-Bayreuth galt als eine der schönsten Prinzessinnen in Europa, und ihrer Hochzeit haben wir das Opernhaus zu verdanken. Aber der Ehe mit Herzog Karl Eugen von Württemberg war kein langes Glück beschert: Ihre Tochter Elisabeth verstarb im Kindesalter, und ihr Mann betrog sie mit zahlreichen Mätressen. Nach weiteren Ehestreitigkeiten kam es zur Trennung, und Elisabeth verblieb in Bayreuth. Auch ohne Scheidung fand man einen Weg der Trennung, und nach dem Tod ihres Vaters erbte sie das Schloss Fantaisie und verbrachte dort ihren Lebensabend.

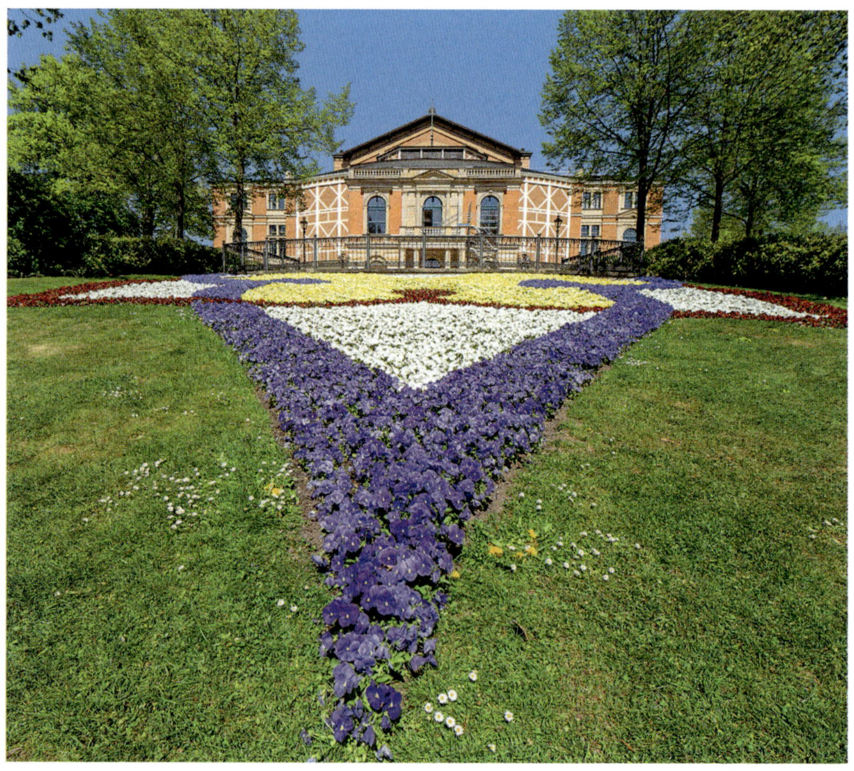

Weltbekannt, wenn auch kein UNESCO-Welterbe: das Bayreuther Opernhaus auf dem Grünen Hügel

Auf einen Blick

MARKGRÄFLICHES OPERNHAUS BAYREUTH

UNESCO-Welterbe seit 2012

AUSGANGSPUNKT

Bahnhof Bayreuth
GPS: 49.949561, 11.579248

ANFAHRT

ÖPNV: Bayreuth erreicht man sehr gut mit der Bahn.
Auto: A 9 oder A 70 nach Bayreuth und dort über den Hohenzollernring zum Parkplatz am Annecyplatz über dem Roten Main

GEHZEIT UND SCHWIERIGKEIT

Kurzer Spaziergang zum Opernhaus, den man mit Stadtbesichtigung zu einer 5 km langen Wanderung (mit individueller Zeitplanung) ausdehnen kann.

ÖFFNUNGSZEITEN

Markgräfliches Opernhaus: April–Sept. 9–18 Uhr, Okt.–März 10–16 Uhr. Täglich gibt es um 15 Uhr eine Führung im Logenhaus. Bei Veranstaltungsproben kann es zu temporären Schließungen kommen.

NOCH WICHTIG

In Bayreuth sollte man natürlich auch das Richard-Wagner-Festspielhaus auf dem Grünen Hügel besuchen. Ein Stadtbus fährt z. B. ab dem Hohenzollernplatz dorthin, oder man wandert zu Fuß ab dem Bahnhof in nördliche Richtung hinauf. Auch wunderschön: die Eremitage östlich des Bayreuther Stadtteils St. Johannis

EINKEHR

Zahlreiche Möglichkeiten in der Bayreuther Innenstadt

INFORMATION

bayreuth-tourismus.de

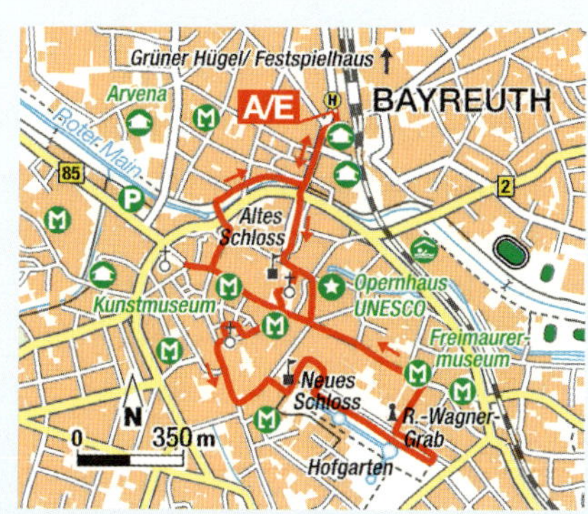

8

»panta rhei« in Augsburg

SEIT 600 JAHREN WEISS MAN HIER GUTES WASSER ZU SCHÄTZEN

Das ausgeklügelte Augsburger Wassersystem ist eine Meisterleistung der mittelalterlichen Ingenieurskunst und ganz zu Recht UNESCO-Welterbe. Im Lauf der Zeit immer weiterentwickelt, sorgt es bis heute für die Wasser- und Energieversorgung der Stadt – aber auch für reine Lustspiele.

Augsburg rühmt sich zu Recht, mehr Kanäle zu besitzen als andere Städte in Deutschland – es sollen gar mehr als in Venedig sein! Eine wohl deutliche Ansage, welche Stadt in puncto Wasser die Nase vorne hat. Und die Kanäle von Augsburg begegnen uns wirklich überall in der Innenstadt. Sie sind zwar nicht schiffbar, wie in der ehrwürdigen Dogenstadt Venedig, dafür sind sie sauber, ja fast klar und riechen definitiv nicht. Ihre Geschichte reicht bis weit ins Mittelalter zurück: 1276 muss es einige kluge Köpfe im Rat der Stadt Augsburg gegeben haben, die wussten, wie wichtig gutes Wasser ist: Sie ließen ein einzigartiges wegweisendes Wassersystem erbauen, eine technische Meisterleistung, die von enormer Weitsicht und Erfindergeist geprägt war, ohne die Augsburg heute nicht das wäre, was es ist, nämlich eine der liebenswertesten, gemütlichsten Städte Bayerns. Hier sprudelt es aus unzähligen Brunnen, und an den Kanälen kann man stundenlang gedankenversunken entlangspazieren.

Ohne Zweifel hat Augsburg auch seinen Wohlstand dem Wasser zu verdanken. Die Lage am Zusammenfluss von Lech und Wertach war ideal für eine Stadtgründung, ein Umstand, den auch schon die Römer zu nutzen

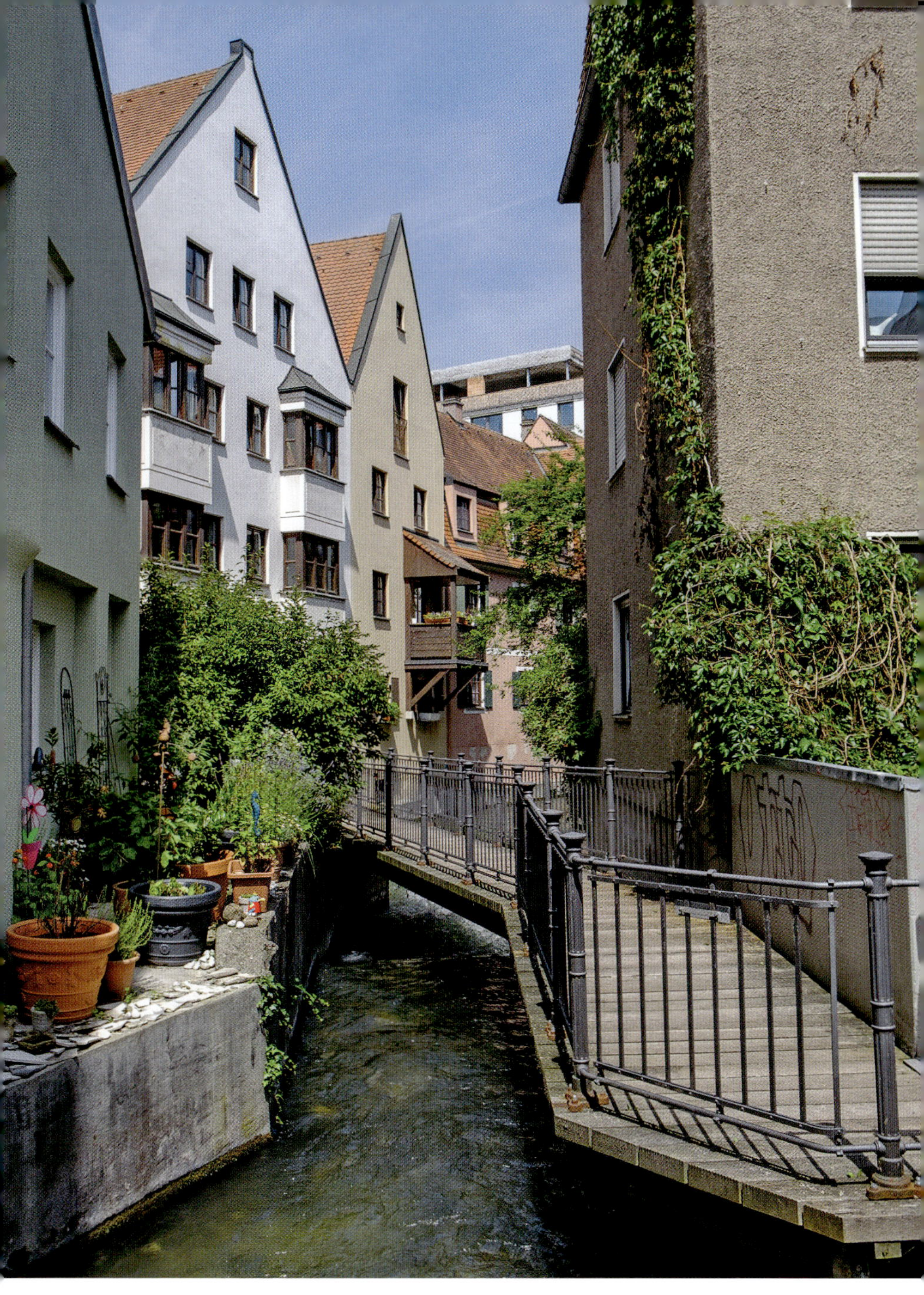

Ganz Augsburg ist von Kanälen durchzogen.

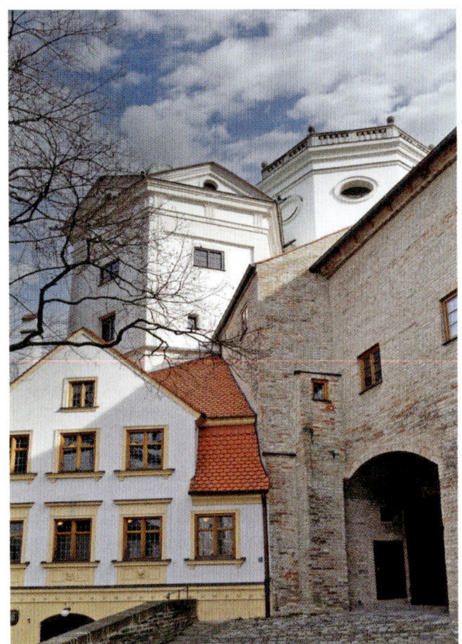

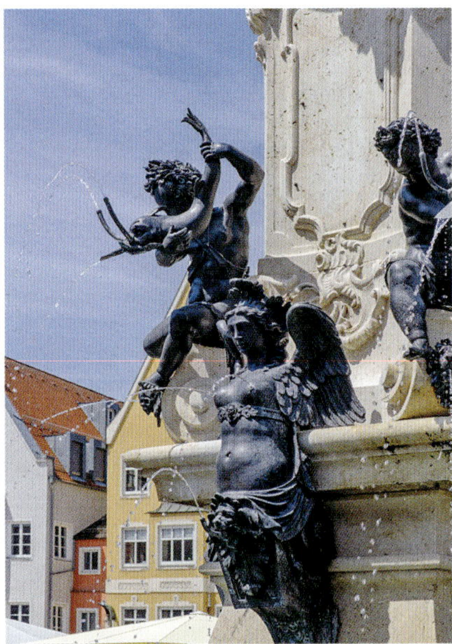

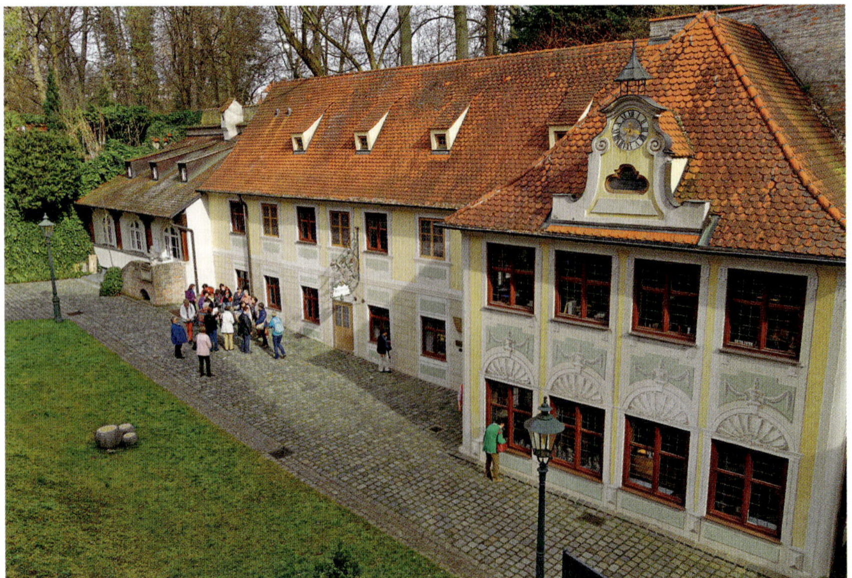

◀ Historisches Wasserwerk mit Wasserturm am Roten Tor
▶ Zum Wassersystem gehören viele Brunnen, darunter der Augustusbrunnen am Rathausplatz.
▼ Schwäbisches Handwerkermuseum mit dem Handwerkerhof am Roten Tor

wussten, die sich aus guten Gründen hier niederließen. Beide Flüsse entspringen in den Bergen und liefern sauberes Wasser, idealerweise auch noch das ganze Jahr über. 1346 entstand ein erstes Wehr am Lech. Wo heute der 1912 erbaute Hochablass das Wasser reguliert, wurde bereits vor 600 Jahren Flusswasser in ein raffiniertes netzartiges Kanalsystem umgeleitet, das sich durch die ganze Innenstadt zieht. Der Zweck war vielseitig und hat sich natürlich im Lauf der Jahre geändert: So dienten die Wasserläufe einst als Transportwege, ihre Wasserkraft trieb Mühlräder und später die Turbinen von Fabriken oder Wasserkraftwerken an. Man benutzte es als Trinkwasser, aber auch als Brauchwasser für die bedeutende Textilindustrie der Stadt; es diente zur Kühlung der 1609 erbauten Stadtmetzg (Stadtmetzgerei) sowie der Brauereien, doch füllte es auch die Stadtgräben vor der Stadtmauer zum Verteidigungszweck. Darüber hinaus wurde darin gebadet, ein Umstand, den man bis heute in der Friedberger Straße im Fribbe Freibad genießen kann – dort schwimmt man seit 1893 im Lechkanal Kauferbach. So sorgte das Wasser nicht nur für die Hygiene der Augsburger Bevölkerung, sondern auch für den Wohlstand der Gewerbe und der späteren Industrie.

Aber zum Augsburger Wassermanagement gehört noch viel mehr als nur die Kanalsysteme: Insgesamt zählen 22 Objekte des Wassersystems zum Welterbe, darunter die Wasserwerke samt ihren Wassertürmen und Pumpanlagen, die seit dem 15. Jahrhundert für reines Trinkwasser in der Stadt sorgen. Dieses stammt zum Großteil aus dem Grundwasserstrom der Lechauen im weitläufigen Stadtwald südlich von Augsburg, wo z. B. der historische Galgenablass zu finden ist, ein Dücker für die Trennung von Quell- und Flusswasser. Der gesamte Stadtwald ist übrigens ein streng geschütztes Gebiet, vor allem rund um die Brunnenbereiche.

Um die zahlenmäßig wachsende Stadtbevölkerung ausreichend mit Trinkwasser versorgen zu können, wurde bereits 1416 vom Ulmer Meister Hans Felber beim Roten Tor der Große Turm samt Pumpenanlage errichtet. Holten sich die Augsburger bis dahin ihr Wasser kostenlos an den städtischen Brunnen, wurde nun über ein kompliziertes, aber sehr effizientes Wasserröhrensystem das Wasser im Turm nach oben gepumpt, um es anschließend in der Stadt verteilen zu können. Von diesen Wassertürmen gab es später noch viele mehr in der Stadt, und ab 1560 floss bzw. tröpfelte das Trinkwasser in den ersten Privathaushalten aus dem Hahn. Bereits Mitte des 18. Jahrhunderts verteilte sich das kostbare Nass dann in der Altstadt aus einem voll ausgebauten Wassernetz. Viele der Wassertürme sind übrigens bis heute erhalten geblieben und lassen sich teilweise auch besichtigen.

Neben den Kanälen und der Trinkwasserversorgung gehören auch die Wasserkraftwerke zur Energiegewinnung zum UNESCO-Welterbe – allerdings zählen dazu nur die historischen Kraftwerke, darunter das Wasserkraftwerk am Fabrikkanal, das am Stadtbach und das auf der Wolfzahnau sowie das Wertach- oder Langweid-Kraftwerk, um nur einige zu nennen. Interessant ist jedoch, dass das Augsburger Wasser für 40 Wasserkraftanlagen ausreicht, die mit unterschiedlichster Leistung etwa ein Drittel der Augsburger Haushalte mit Ökostrom versorgen.

Und zu guter Letzt zählen natürlich noch die vielen Brunnen der Stadt zum Wassermanagement. Man findet sie an allen Ecken und Enden der Stadt und auch als Prachtbrunnen auf den Plätzen – Augustus-, Merkur- oder Herkulesbrunnen sind wahrhaft monumentale Objekte und gleichzeitig feuchtfröhliche Wasserspiele. 1972 wurde der Eiskanal für die Olympischen Spiele gebaut, die weltweit erste künstliche Wildwasser-Kanustrecke, die ebenfalls seit 2019 zum Welterbe gehört. Ihren Namen verdankt sie dem historischen Eiskanal, der vor dem Hochablass am Lech abgezweigt wurde, um im Winter oder zur Schneeschmelze Eisschollen abzuleiten, damit sie das Wehr nicht beschädigen konnten. Für den Wassersport rauscht nun seit 50 Jahren das Lechwasser durch die Strecke, die immer noch für internationale Wettbewerbe genutzt wird. Anhand des Augsburger Wassermanagements zeigt sich, wie wichtig das Zusammenspiel von Erfindergeist, Technik, Weitsicht, Innovation sowie Nachhaltigkeit über Jahrhunderte hinweg bis heute ist.

Stadtspaziergang durch Augsburg

Das gesamte UNESCO-Welterbe mit nur einer einzigen Wanderung erfassen zu wollen, ist schier unmöglich, zu weit verstreut liegen die 22 Plätze, die damit verbunden sind. Aber wir können uns zu Beginn unserer Stadtführung im **Welterbe-Info-Zentrum** an der Südseite des Augsburger **Rathausplatzes** einen großartigen Überblick verschaffen. Direkt am großen Rathausplatz, der vom prächtigen **Renaissance-Rathaus** und dem **Perlachturm** dominiert wird, treffen wir auch schon auf den **Augustusbrunnen**: Obenauf steht Kaiser

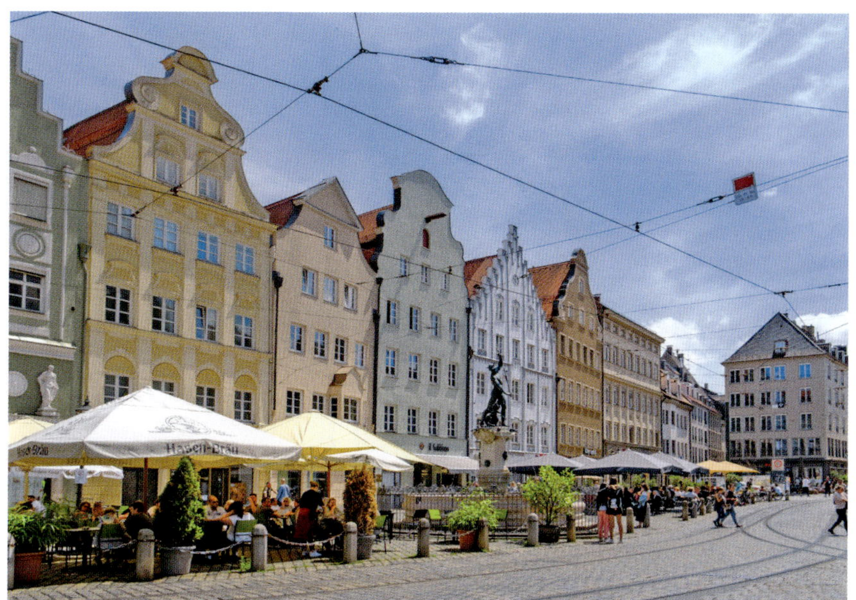

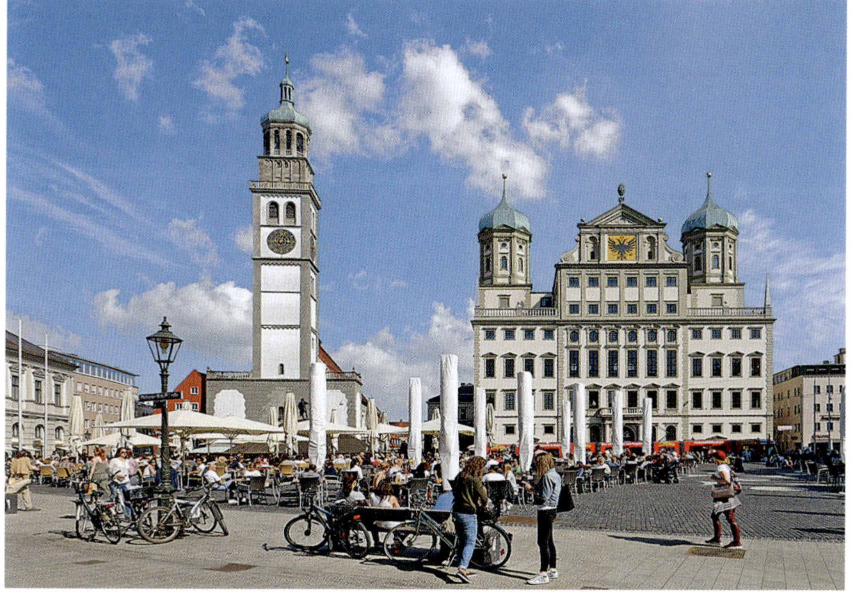

▲ In der Maximilianstraße reihen sich die herrschaftlichen Häuser von Augsburg aneinander.
▼ Das Augsburger Rathaus mit dem Perlachturm überragt den Rathausplatz.

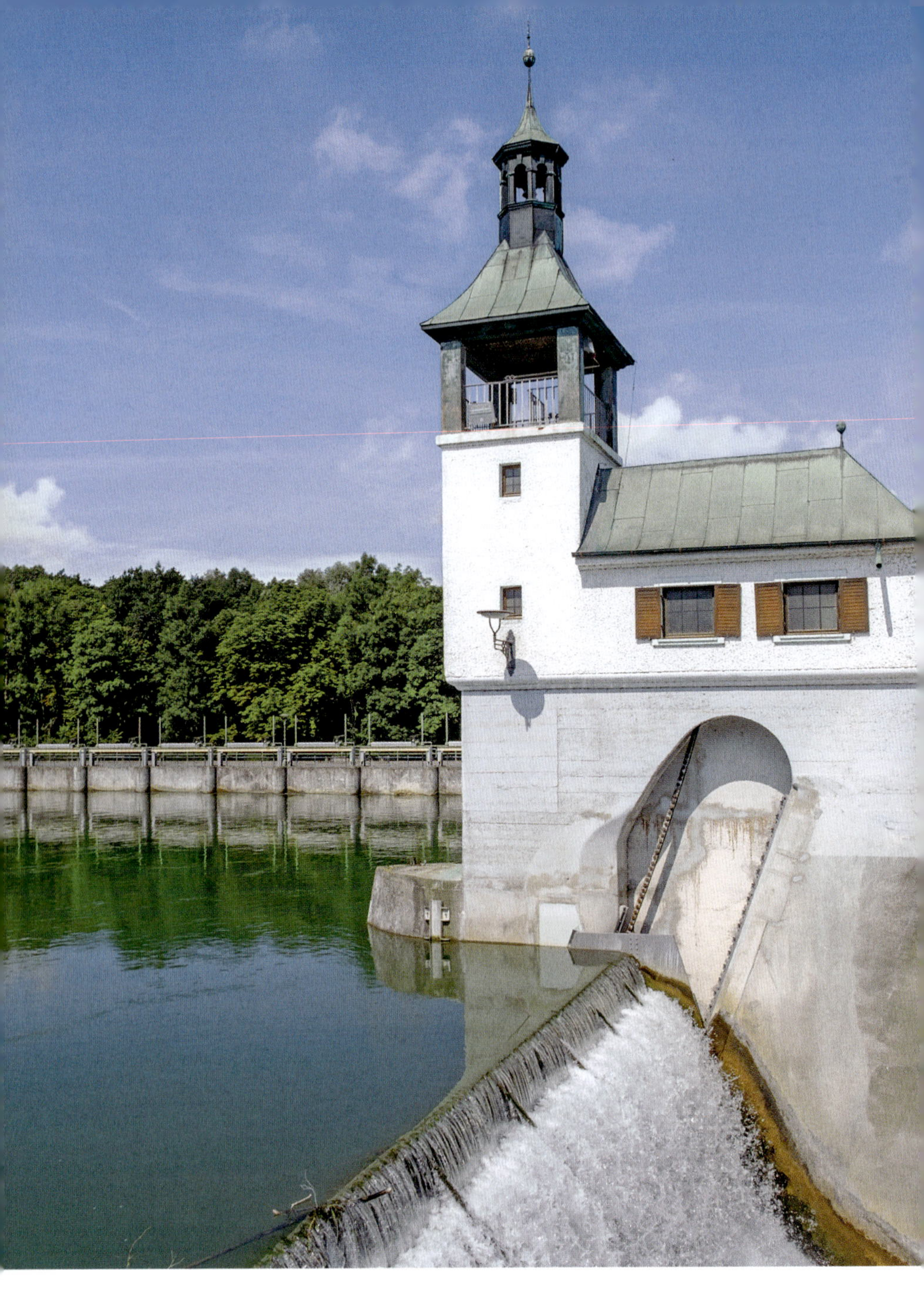

Am Hochablass wird das Lech-Wasser abgefangen und zum Teil in den Eiskanal umgeleitet.

Augustus, der Namensgeber der Stadt, zu seinen Füßen sitzen die symbolischen Figuren der Flüsse Wertach und Lech sowie des Mühlbachs Singold und des Brunnenbachs, einem der trinkwasserführenden Bäche Augsburgs.

Vom Rathausplatz geht es nach Norden leicht bergauf zum großen **Augsburger Dom**, der zwar nichts mit dem Wasser der Stadt zu tun hat, aber natürlich ebenfalls sehr sehenswert ist. Nach der Besichtigung folgen wir der Frauentorstraße weiter nach Norden und biegen dann rechts ins Äußere Pfaffengässchen ein. An seinem Ende liegt das **Fugger- und Welsermuseum**, das sehr anschaulich das Leben und das Wirken der größten Kaufmannsfamilien der Stadt zeigt. Vor dem Museum geht es dann wieder nach Süden und durch das Anstoßgässchen, dann geradeaus ins Beim Pfaffenkeller und weiter ins Springergässchen. Am **Unteren Brunnenturm**, einem der historischen Wassertürme, bleiben wir geradeaus und erreichen über den Mauerberg links haltend das **Kraftwerk am Ölhöfle** am Stadtbach samt der **Zirbelnuss-Kanalbrücke**, eine der historischen Wasserkreuzungen.

Rechts geht es entlang der Straße Mittlerer Graben, dann queren wir an der Kreuzung etwas nach links versetzt in die Schmiedgasse (nach rechts kann man einen schönen, kurzen Abstecher zum Café im Alten Strandbad machen). Wo die Schmiedgasse sich teilt, halten wir uns rechts und erreichen am Zusammenfluss von Mittlerem und Unterem Lechkanal das **Brechthaus**, in dem der Dichter und Dramatiker 1898 geboren wurde. Dahinter sind wir in der Barfüßerstraße, der wir kurz für einen Abstecher nach rechts zum Metzgplatz folgen. Dort befindet sich die **ehemalige Stadtmetzgerei**, deren Räume durch den unterirdischen Kanal gekühlt wurden. Gegenüber plätschert fröhlich der **Georgsbrunnen**. Wir gehen ein Stück zurück und biegen rechts in die Straße Mittlerer Lech ein. (Geradeaus wäre ein weiterer Abstecher zur berühmten Fuggerei am Jakobsplatz möglich – das berühmte und älteste soziale Wohnbauprojekt ist eine der großen Augsburger Sehenswürdigkeiten.)

Wir folgen kurz dem Lechkanal, der direkt an den Hausmauern bzw. den Klostermauern von **Maria Stern** verläuft. Gleich darauf biegen wir links in das Schleifergässchen und dann rechts in die Gasse Schlossmauer. Wir queren den Äußeren Gang, und weiter geht es im Inneren der **ehemaligen Stadtmauer** entlang, dann biegen wir rechts in die zwei Fabrikgässchen ein, die uns wieder zum Lechkanal bringen. Erneut folgen wir dem Wasserlauf zum **Dominikanerkloster St. Ursula**, wo sich der Schwalllech in den Hinteren und den Mittleren Lechkanal aufspaltet. (Genau auf der anderen Seite des Klosters, im Osten, befindet sich das Brunnenwerk am Vogeltor mit seinem Wasserrad, erreichbar über die Straße Neuer Gang vor dem Kloster und dann rechts haltend.)

Für uns geht es jedoch am Kloster und an der Kirche geradeaus weiter, dann queren wir die Straße Am Schwall leicht nach links und damit auch den Schwalllech. Schräg gegenüber folgen wir kurz der Straße Beim Scharfbrunnen, von der es gleich links in die Schwibbogengasse geht. Wieder passieren wir ein **Wasserrad** und treffen auf die große Margarethenstraße. Wir queren sie und wandern minimal links haltend durch die **Parkanlagen am Stadtgraben**. Vorbei am Kräutergarten und an Spielplätzen haben wir nun das südliche Ende der Stadtmauer erreicht und kommen in einer Rechtskurve zu den **Wassertürmen am Roten Tor**, auf die wir von der Stadtmauer schon einen guten Blick hatten. Ohne Führung hat man leider keinen Zutritt in das UNESCO-Welterbe, aber auch von außen ist das **Brunnenmeisterhaus** sehr hübsch, zudem gibt es einige Brunnen zu bestaunen.

Wir folgen der Spitalgasse und passieren die **Augsburger Puppenkiste** (rechts führt ein Abstecher zum Rabenbad, wo wir auch den Handwerkerhof erreichen könnten). Weiter auf der Spitalgasse biegen wir dann links in die Straße Milchberg ein und erreichen leicht bergauf die große Kirche **St. Ulrich und Afra** am Anfang der Maximilianstraße. Eine Besichtigung ist empfehlenswert: Das Innere besticht durch ein filigranes Netz- und Sternengewölbe, doch noch viel bedeutsamer ist die Krypta mit der Grabkapelle des Heiligen Ulrichs und der zweiten Kirchenpatronin, der Hl. Afra.

Ab hier können wir uns nicht mehr verlaufen: Es geht immer entlang der wunderschönen Maximilianstraße, der Augsburger Prachtstraße, nach Norden. Mit dem **Schaetzlerpalais** und dem **Fuggerhaus** säumen hier schwäbische Paläste die Straße, die mittig mit dem **Herkulesbrunnen** und dem **Merkurbrunnen** aufwartet. Hinter der Fassade des Schaetzlerpalais versteckt sich übrigens nicht nur eine bedeutende Gemäldesammlung, sondern auch ein idyllischer Rokokogarten. Und auch das Fuggerhaus weist einige wunderbare Innenhöfe auf, darunter den Serenadenhof, den Damenhof und den Reiterhof. Am Moritzplatz lohnt sich links noch der Abstecher zur Moritzkirche, dann erreichen wir über den Fuggerplatz mit dem **Denkmal von Hans Jakob Fugger** wieder den **Rathausplatz**, unseren Ausgangspunkt.

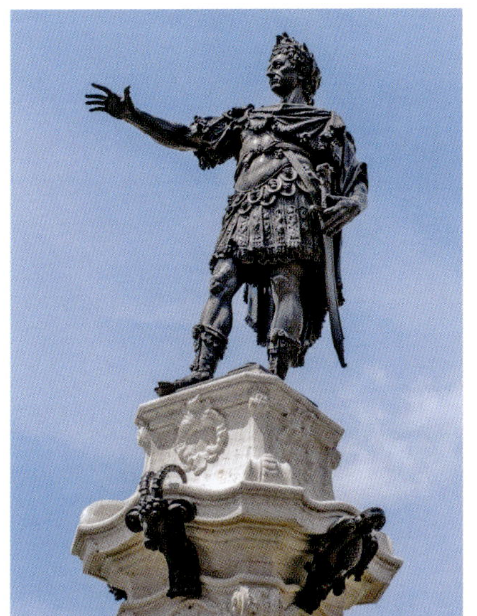

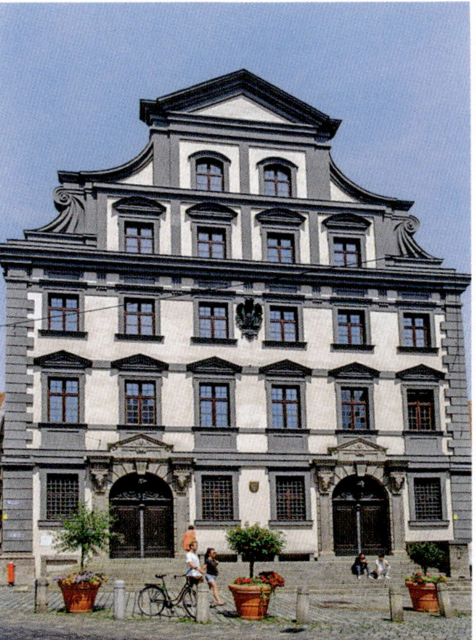

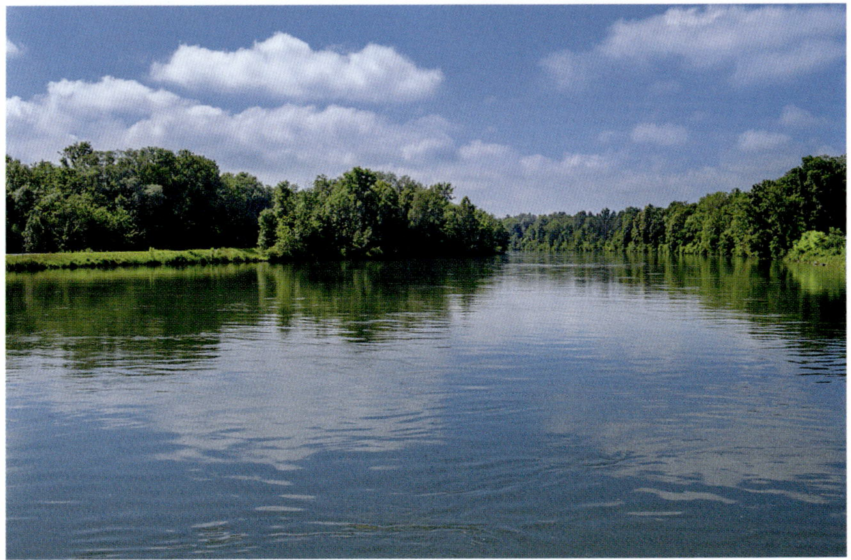

◄ Dem Gründer der Stadt, Kaiser Augustus, wurde mit dem Augustusbrunnen am Rathausplatz ein Denkmal gesetzt.
► Die Stadtmetzg, das ehemalige Schlachthaus, für dessen Kühlung ein unterirdischer Bach sorgte.
▼ Der aufgestaute Lech in Augsburg

Noch wichtig

Die Regio Augsburg Tourismus GmbH veranstaltet viele interessante Führungen zum Thema »Wasser«, u. a. entlang der Bäche und Kanäle und zu Augsburgs Brunnenkunst, aber auch Radtouren in den Stadtwald. Besonders interessant: die historischen Wassertürme am Roten Tor (begrenzte Teilnehmerzahl, rechtzeitig anmelden!).

Auch interessant

Tipp für Sparfüchse: Viele Museen der Stadt Augsburg, wie z. B. Schaetzlerpalais, Brechthaus, Römisches Museum und Leopold-Mozart-Haus, bieten sonntags freien Eintritt. Alle Junggebliebenen unter 27 Jahren haben übrigens immer freien Eintritt.

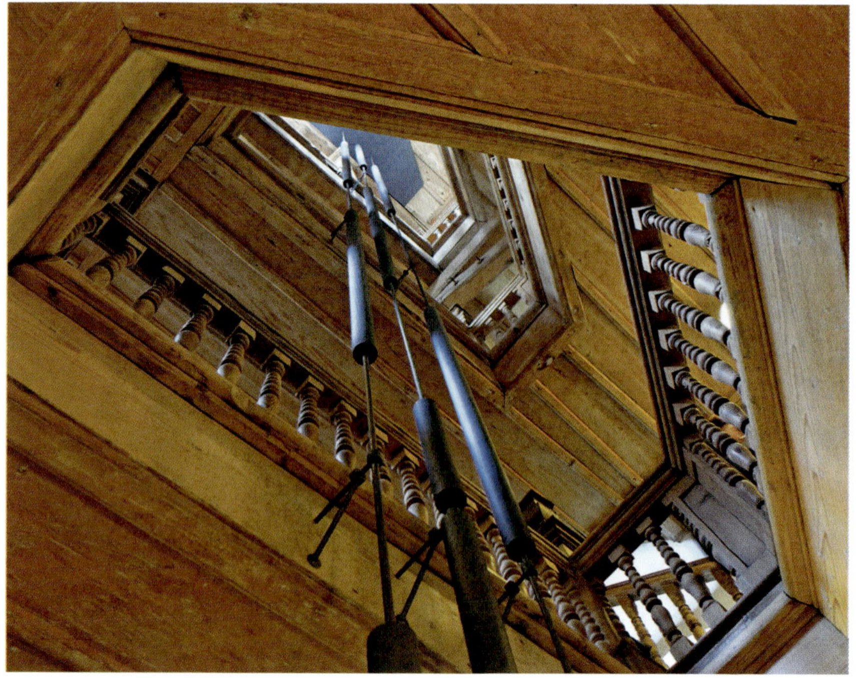

Die moderne Installation erklärt die Transportweise des Wassers im Wasserturm am Roten Tor.

Auf einen Blick

DAS AUGSBURGER WASSERSYSTEM

UNESCO-Welterbe seit 2019

AUSGANGSPUNKT

Welterbe-Info-Zentrum am Rathausplatz in Augsburg
GPS: 48.368572, 10.897824

ANFAHRT

ÖPNV: Vom Augsburger Hauptbahnhof fahren Busse bzw. die Tram in die Innenstadt zum Rathausplatz.
Auto: Augsburg erreicht man über die B 17 oder die A 8; Parkplätze und Parkhäuser gibt es in der Innenstadt.

GEHZEIT UND SCHWIERIGKEIT

Stadtspaziergang von knapp 6 km Länge, mit nur leichtem Auf und Ab und individueller Zeitplanung

ÖFFNUNGSZEITEN

Die Kanäle und Bäche sowie die Brunnen der Stadt sind jederzeit frei zugänglich, genauso wie der Hochablass (von außen) oder der Eiskanal, sofern keine Veranstaltung stattfindet. Das Wasserwerk am Hochablass und die Wassertürme von innen können nur im Rahmen einer Führung besichtigt werden. Das Lechmuseum (lechmuseum.de) im historischen Wasserkraftwerk Langweid hat jeden 1. Sonntag im Monat bei freiem Eintritt geöffnet.

EINKEHR

Zahlreiche Einkehrmöglichkeiten, z. B. Café im Alten Strandbad (wellness-cafe.info)

INFORMATION

wassersystem-augsburg.de

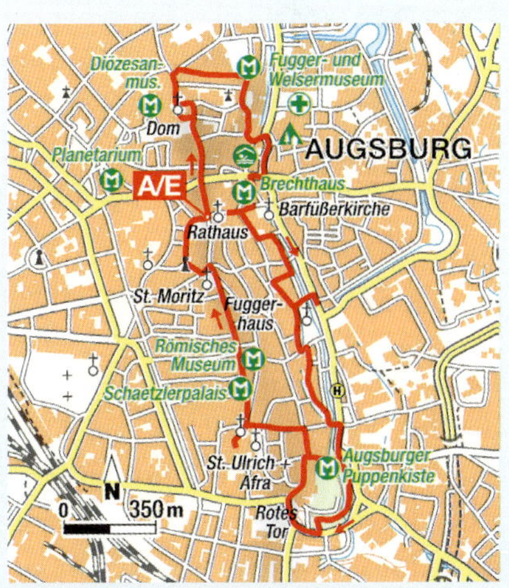

9

Bedeutendes Kurbad in Europa: Bad Kissingen

SOMMERFRISCHE VON KAISERN UND KÖNIGEN UND MUSTERBAD DER BELLE ÉPOQUE

Sieben Länder, elf Kurstädte – jede einzelne ein Juwel der europäischen Bädertradition und mittendrin das unterfränkische Städtchen Bad Kissingen: Zusammen tragen sie den Titel »Great Spa Towns of Europe«. Ihren Ruf als Weltbad hat die Stadt ihren Heil- und Mineralquellen zu verdanken.

Der Weg vom kleinen Bauernbad zum mondänen Kurort des europäischen Hochadels war lang und mitunter steinig. Bekannt war das gesunde Wasser bereits im 9. Jahrhundert, da wurde Kissingen noch als Kizicha bezeichnet. Während des Mittelalters war der Ort eher unbedeutend, aber schon 1520 soll es einen ersten Kurgast gegeben haben. Mehrere Faktoren spielten dabei eine bedeutende Rolle.

In Bad Kissingen gab es mineralhaltige Quellen, und bereits die Römer kannten ein größeres Salzvorkommen in Hausen nördlich der heutigen Stadt: Dort sprudelt mineralhaltiges Wasser mit einem zwar geringen Salzanteil aus der Erde, trotzdem lohnte es sich, Salinen zu errichten. Mit Salzsiedeanlagen wurde dort ab dem 16. Jahrhundert Salz gewonnen. Nach dem Dreißigjährigen Krieg folgte der Wiederaufbau, an dem im Übrigen der Würzburger Fürstbischof Johann Philipp von Schönborn (s. Kapitel 1) maßgeblich beteiligt war,

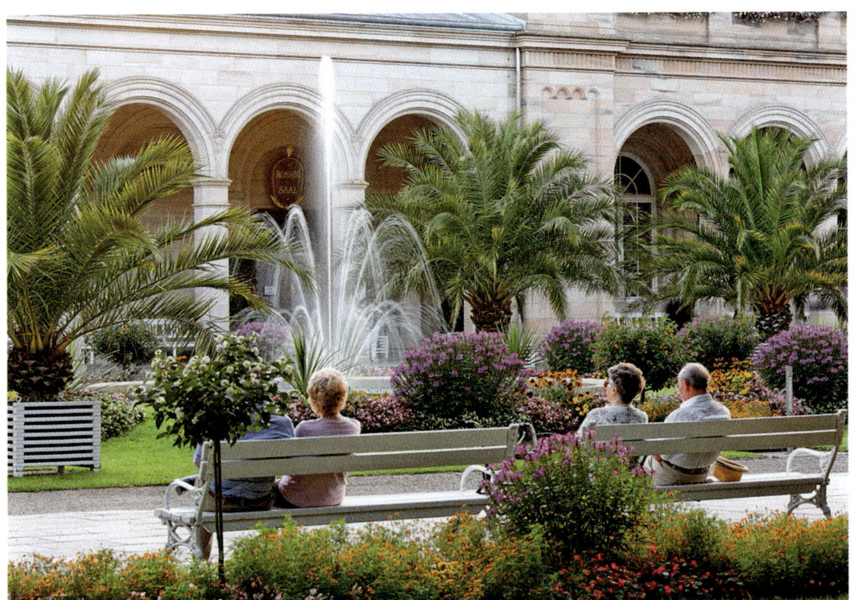

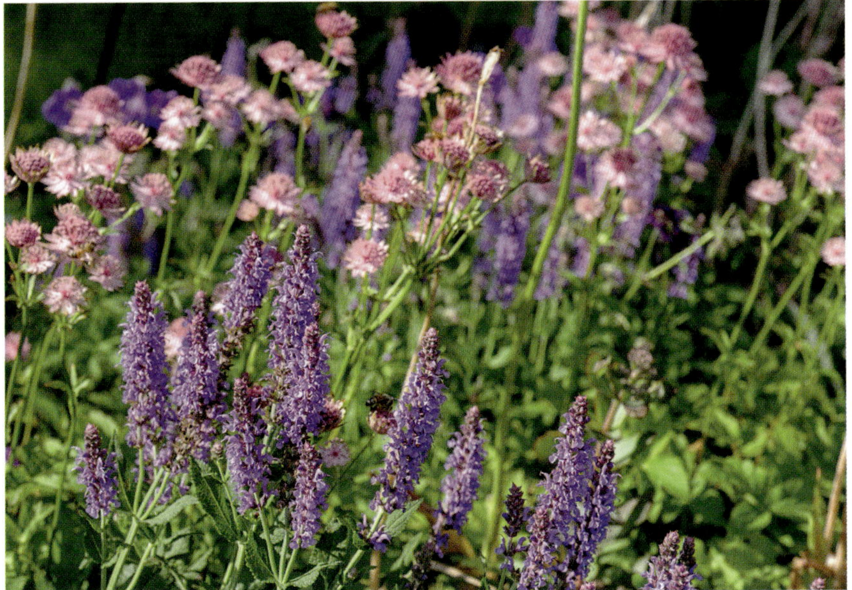

▲ Mit Palmenkübeln und Blumenrabatten ist der Kurpark in Bad Kissingen ausgestattet.
▼ Prachtvoll blühen im Sommer unendlich viele Blumen im Kurpark.

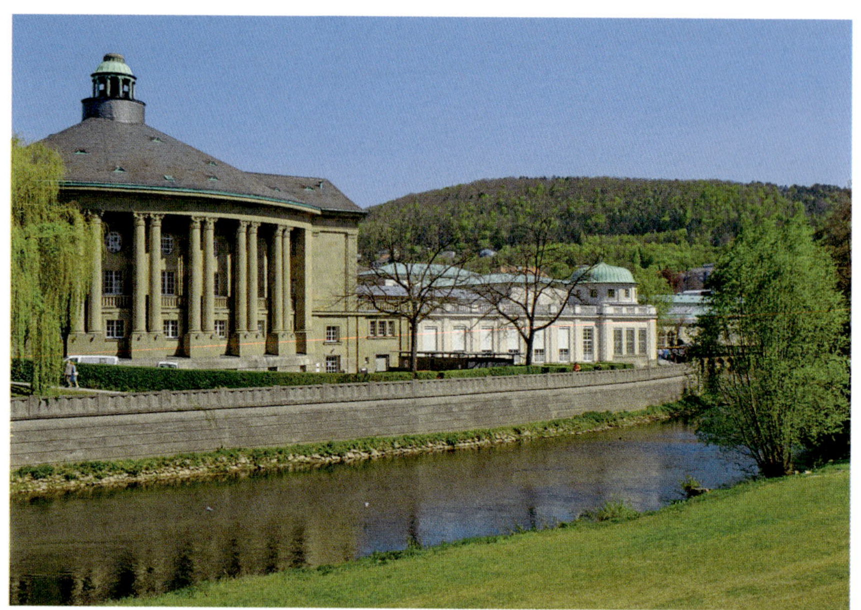

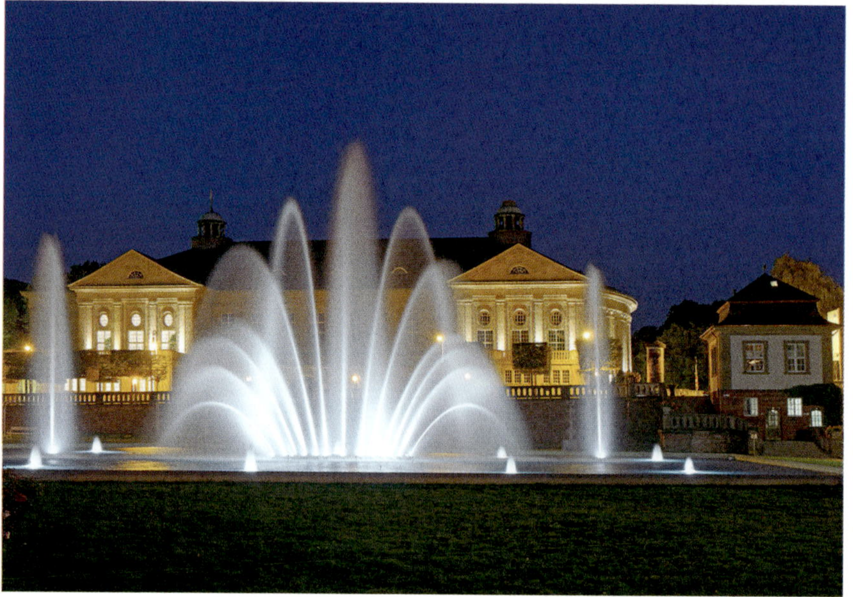

▲ Am Regentenbau in Bad Kissingen beginnt unsere Rundwanderung.
▼ Bei Nacht wirkt der Regentenbau wieder ganz anders.

und bald florierte der Salzabbau wieder. Zudem verbreitete sich in dieser Zeit innerhalb der Bevölkerung verstärkt das Wissen über das gesundheitsfördernde mineralhaltige Heilwasser, das zu den ältesten Naturheilmitteln der Welt zählt.

Langsam setzte in Kissingen der Kurbetrieb ein, den der spätere Nachfolger im fürstbischöflichen Amt, Friedrich Karl von Schönborn-Buchheim, ausweiten wollte. Als Bruder von Johann Philipp (siehe auch Residenz von Würzburg, Kapitel 1) war auch er geradezu bauwütig, und so beauftragte er den berühmten Baumeister Johann Balthasar Neumann mit der Planung eines Kurorts, der sich mit dem böhmischen Karlsbad messen konnte. Dafür wurde Kissingen völlig umgestaltet und im Zuge dessen sogar die Fränkische Saale nach Südwesten verlegt. Damit entdeckte man die Rakoczi- und die Pandur-Quelle neu bzw. wieder. Sie wurden gefasst und ihr Wasser nach einer Analyse durch den Apotheker Georg Anton Boxberger als Heilwasser erkannt – damit konnte es für Trinkkuren genutzt werden. In seinem Buch »Gründlich- und Richtigste Untersuchung Deren Kißinger Heyl- und Gesundheits-Brunnen, Welche aus Gnädigster Verordnung Des Hochwürdigsten ... Herrn Friderich Carl, Bischoffen zu Bamberg und Wirtzburg ... vorgenommen« schreibt Johann Bartholomäus Adam Beringer, Leibarzt des Fürstbischofs und Professor der Medizin in Würzburg, 1738: »Edler Brunn! Ein Zier der Francken, Seegen voller Lebens Safft, Ruh der Matten, Stärk der Krancken, dem Gott selbst die Heilung Krafft Durch ein Geistreich Himmlisch Weesen, Uns zur Labung hat erteilt – All umsonst durch ihn genesen! All er ohn Entgeltung heilt.«

Damit war für Kissingen der Grundstein als Kurort gelegt, doch noch einmal änderte sich in Kissingen vieles, als nach der Säkularisation 1803 die Stadt an das Königreich Bayern angeschlossen wurde. Unter König Ludwig I. stieg Kissingen dann letztlich zum Kurort von Weltrang auf. 1814 verzehnfachte sich die Zahl der Kurgäste auf 2200 im Jahr. An allen Ecken wurde geplant und gebaut – so entstanden unter dem bayerischen Hofarchitekten Friedrich von Gärtner der prachtvolle Arkadenbau mit dem Rossinisaal, das Brunnenhaus und ein Krugmagazin, eine frühe Abfüllanlage des Heilwassers für den Versand in Tonkrügen. Natürlich wurden auch großzügig Gärten und Parkanlagen angelegt, man versetzte Brücken und baute die mondäne Ludwigstraße. Prunkvolle Hotels, Kurheime und Sanatorien schossen geradezu aus dem Boden. Und spätestens mit dem Anschluss an das Eisenbahnnetz 1871 reisten Menschen aus aller Welt hierher.

Bad Kissingen darf auf eine illustre Gästeliste blicken, darunter viele gekrönte Häupter wie König Otto I. von Griechenland, Zar Alexander II., König Ludwig I. von Bayern und der Märchenkönig Ludwig II. Auch Kaiserin Elisabeth von Österreich kurte zwischen 1862 und 1898 mehrmals unter ihrem Decknamen Gräfin von Hohenems in der Stadt, das letzte Mal gemeinsam mit ihrem Ehemann Kaiser Franz Joseph. Zudem kamen bekannte Künstler, Maler, Musiker, Schriftsteller, Politiker, Firmenbesitzer sowie reiche Kaufleute aus aller Herren Länder. Zu den bekanntesten zählen Reichskanzler Fürst Otto von Bismarck, Theodor Heuss, Theodor Fontane, Leo Tolstoi, Richard Strauss, Max Liebermann, Adolph Menzel, Walter Gropius, Alfred Nobel und Graf Zeppelin.

Bad Kissingen lag bereits damals am Puls der Zeit und wurde immer wieder modernisiert. So wurde in der Stadt schon früh eine Kanalisation verlegt, und es entstand ein hochmodernes Schlachthaus, damit die zahlreichen Gäste versorgt werden konnten, und gewiss waren die Trinkanlagen mit ihrem Leitungssystem hygienisch immer auf dem neuesten Stand. Die hier Kurenden brachten der Stadt Wohlstand und Reichtum.

Aber wie es der Lauf der Geschichte so wollte, endete alles abrupt mit dem Ersten Weltkrieg. Danach folgte in den 1920er-Jahren zwar noch einmal ein gehöriger Aufschwung, und 1923 wurde hier sogar ein Flughafen eröffnet, doch auch dieses Goldene Zeitalter endete unter dem Nationalsozialismus und mit Beginn des Zweiten Weltkriegs, als internationale Gäste ausblieben. 1948 erlaubten die Amerikaner einen Neubeginn des Kurbetriebs, der sich nun aber stark verändert hatte: Krankenkassen ermöglichten jetzt die Kuren, und es gab zwar nach wie vor gutsituierte Gäste, doch der Geldadel wanderte nach Baden-Baden ab. Zum Glück wurden die neuen, eher praktisch orientierten Kurkliniken der Versicherungen aber nicht im Altstadtbereich errichtet, sondern in den Randlagen. Und auch den Rückgang der Gäste durch die Sparmaßnahmen im Zuge der Gesundheitsreform konnte Bad Kissingen gut mit der 2004 eröffneten KissSalis-Therme auffangen und überstehen.

Heute stehen neben dem Wellnesstourismus auch wieder Trink- und Bäderkuren im historischen Ambiente auf dem Reiseplan der Urlauber. Vor allem natürlich bei den Gästen, die historisches Feeling lieben, und das sind gar nicht wenige. Spätestens seit der Ernennung zum Welterbe darf sich Bad Kissingen wieder über steigende Gästezahlen freuen – die Stadt war und ist das bayerische Juwel in der europäischen Bädertradition.

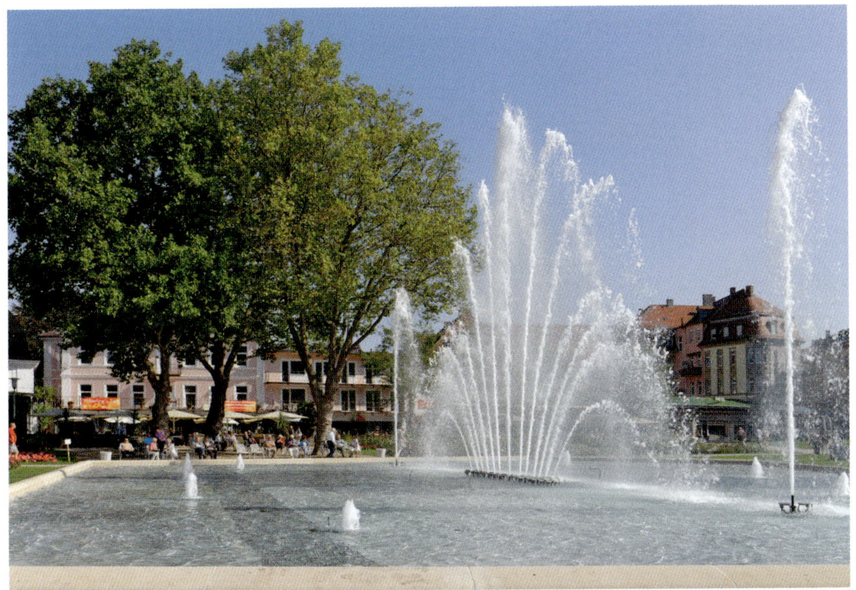

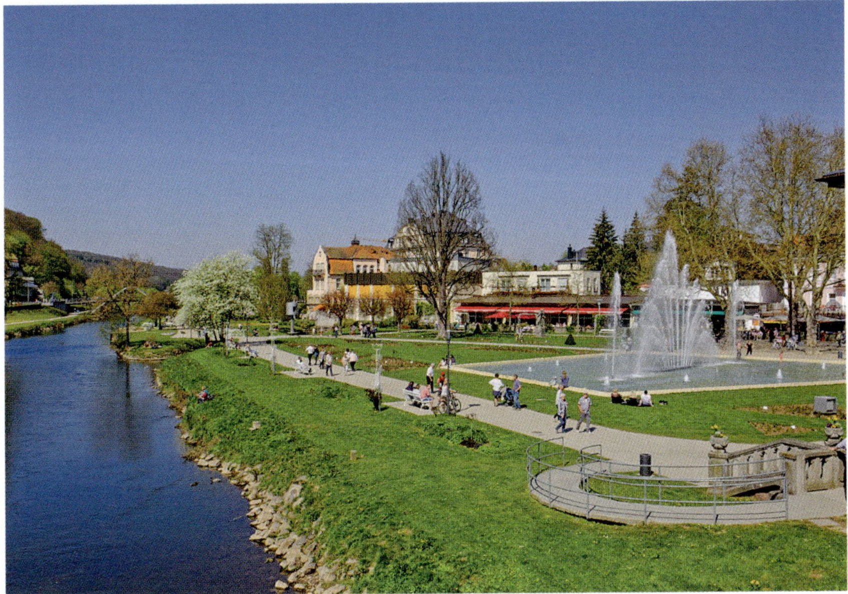

▲ Wasser ist das sprudelnde Element in Bad Kissingen.
▼ Durch den Rosengarten folgen wir der Fränkischen Saale nach Hausen.

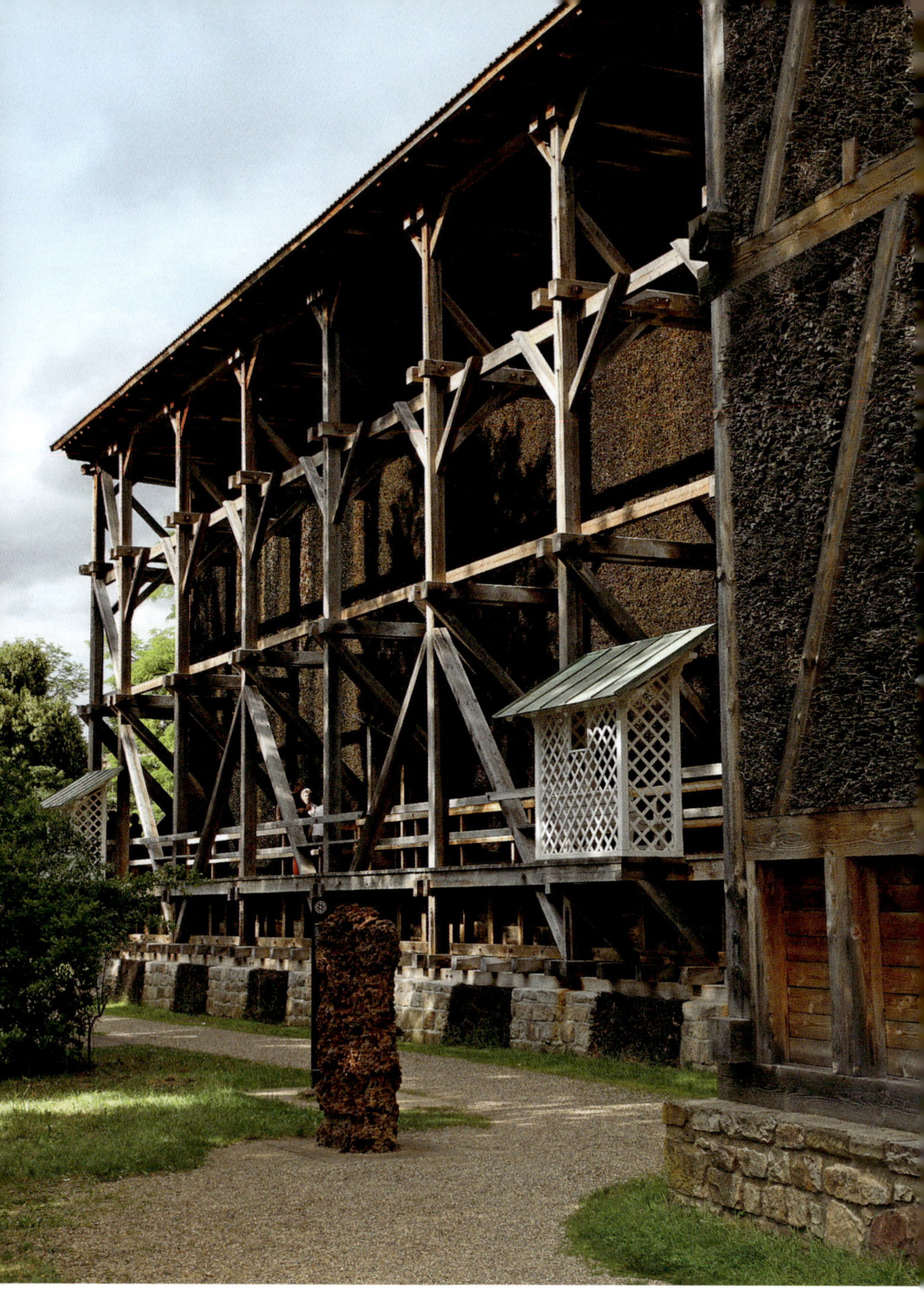

Gute Luft atmet man am Gradierwerk in Hausen.

Rundwanderung zum Gradierwerk bei Hausen

Bad Kissingen ist von weiten Mischwäldern umgeben, das verspricht eine wunderbar saubere Luft und die herrliche Natur am Rande der Rhön. Wir beginnen unsere Wanderung in Bad Kissingen am **Regentenbau** und überqueren die Ludwigstraße in den malerischen **Rosengarten**. Im Sommer blühen hier ca. 5800 Rosenstöcke mit über 150 Rosensorten und verwandeln die Anlage in eine wahre Rosenduftorgie. Wir folgen nun der **Salinenpromenade** entlang der Fränkischen Saale und streben Richtung Norden. Langsam wird es etwas schattiger, mächtige Bäume säumen unseren Weg. Wenn wir das **Bismarck-Denkmal** erreichen (Otto von Bismarck war mehrmals Kurgast in der Stadt, in der sogar ein Attentat auf ihn verübt wurde), haben wir es fast schon geschafft: Jetzt ist es nicht mehr weit, und kurz hinter dem Kneippareal mit dem Tretbecken stehen wir vor dem **Gradierwerk bei Hausen**. In diesem imposanten Bau rieselt mineralhaltiges Heilwasser über Reisigbündel und wird durch die Verrieselung salzhaltiger gemacht. Auch die Luft ist angereichert mit Salz und deshalb gesundheitsfördernd – ein guter Platz für ein längere Pause, denn erst nach einer Weile entfaltet sich die heilsame Wirkung so richtig. Zudem kann man den Runden Brunnen besuchen, wo uns mit dem »Weg des Wassers« die Tiefe des Brunnens verdeutlicht wird.

Das Gradierwerk stellt eigentlich den Wendepunkt unserer Wanderung dar. Wer möchte, kann jedoch noch etwas weiter der Saale nach Norden folgen, um dem **Museum Obere Saline** mit dem angeschlossenen **Bismarck-Museum** einen Besuch abzustatten. Dort gibt es auch ein kleines Museumscafé, in dem man sich erfrischen kann.

Ansonsten überqueren wir hinter dem **Runden Brunnen** die Saale und wandern am nördlichen Flugplatzende über die Felder zu einer Straße. Auch diese überqueren wir, dann geht es links haltend bergauf in den Wald hinein. Hier gäbe es viele weitere Wanderwege, wie etwa den Kaskadenweg oder den »Wald für die Seele«-Weg, aber alle lassen sich nicht miteinander kombinieren, und so kommen wir lieber an einem anderen Tag noch mal hierher.

Für uns geht es weiter in Wanderrichtung nach Süden. Bald queren wir den Aueller Weg, steigen ein letztes Mal leicht bergan, dann verlieren wir auch schon wieder an Höhe und erreichen die Stadt an der Straße In der Au. Wir queren sie zur Saale hin, bleiben aber auf der bisherigen Flussseite. Damit wandern wir unter dem Rad- und Fußsteg hindurch und sind im **Luitpoldpark**. Es lohnt sich auch noch, die Ludwigsbrücke zu unterqueren und erst kurz vor der Spielbank über den Arkadensteg die Uferseite zu wechseln. So stehen wir hinter dem Regentenbau und können noch zur Brunnen- und Wandelhalle oder durch den **Kurgarten** mit seinem Maxbrunnen flanieren. Über die Straße Am Kurgarten und geradeaus durch die Untere Marktstraße gelangen wir in die Altstadt, bevor wir auf der Ludwigstraße zum **Regentenbau**, unserem Ausgangspunkt, zurückkehren.

Noch wichtig

Wer zu Fuß zurückmarschieren will, kann ab dem Gradierwerk mit dem »Dampferle« zum Rosengarten in die Stadtmitte zurückkehren – die beiden kleinen Ausflugsschiffe sind von Ostern bis Oktober von Donnerstag bis Sonntag auf der fränkischen Saale unterwegs (saaleschiffahrtgmbh.de).

Auch interessant

Die anderen ausgezeichneten Kurstädte sind: das belgische Spa, das englische Bath sowie Baden-Baden und Bad Ems in Deutschland, Österreichs Baden bei Wien, Vichy in Frankreich, Montecatini Terme in Italien und Tschechiens Franzensbad, Marienbad und Karlsbad.

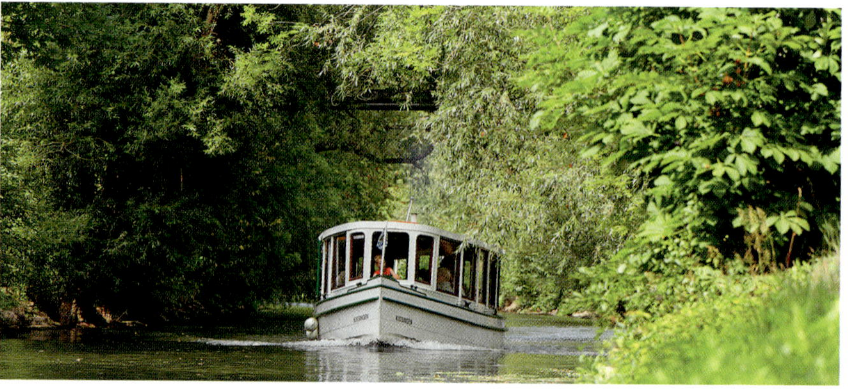

Mit dem Dampferle fährt man ganz bequem zurück in die Kurstadt.

Auf einen Blick

BAD KISSINGEN – BEDEUTENDE KURSTÄDTE EUROPAS

UNESCO-Welterbe seit 2021

AUSGANGSPUNKT

Regentenbau in der Ludwigstraße in Bad Kissingen
GPS: 50.198296, 10.074269

ANFAHRT

ÖPNV: Vom Kissinger Bahnhof fahren Busse in die Innenstadt.
Auto: Bad Kissingen erreicht man über die A 71 und die B 286; es gibt viele ausgewiesene Parkplätze in der Innenstadt.

GEHZEIT UND SCHWIERIGKEIT

Einfache Wanderung von ca. 6 km Länge (2 Std.). Im Verlauf der Strecke summieren sich etwas mehr als 50 Hm.

ÖFFNUNGSZEITEN

Museum Obere Saline: Mi–So 14–17 Uhr
Die historischen Gebäude und Kuranlagen kann man mit einer Führung oder auf eigene Faust besichtigen (immer gegen Gebühr!). Startpunkt ist der Regentenbau, geöffnet täglich 10–16 Uhr; Tickets gibt's an der dortigen Tourist-Info. Diese bietet im Übrigen noch einige weitere spannende Themenführungen an, darunter das interessante Heilwasser-Tasting mit einer der Brunnenfrauen.

EINKEHR

Unterwegs keine Einkehrmöglichkeiten, bitte genug zum Trinken mitnehmen

INFORMATION

badkissingen.de

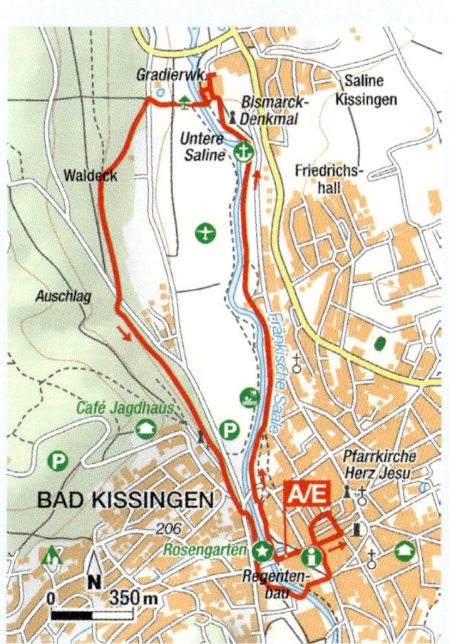

10

Nasse Grenze des Römischen Reiches: der Donaulimes

RÖMISCHE STÄTTEN ZWISCHEN BAD GÖGGING UND PASSAU ENTDECKEN

Der Donaulimes stellt die Verlängerung des Obergermanisch-Raetischen Limes nach Osten hin dar. Er steht als jüngster Neuzugang in Bayern unter dem Schutz des UNESCO-Weltkulturerbes. Sein Beginn wird in Eining an der Donau westlich von Regensburg definiert.

In diesem Fall ist die Aufnahme des Donaulimes in die Liste der Weltkulturerbe auf einen länderübergreifenden Vorschlag erfolgt, denn der Donaulimes setzt sich hinter der Grenze bei Passau durch Österreich und die Slowakei fort. Zurzeit beträgt der eingetragene Abschnitt des Donaulimes »nur« 600 Kilometer, aber es gibt schon lange Pläne, ihn über Ungarn und Rumänien hinweg auszuweiten.

Der Donaulimes hatte die gleiche Funktion wie der Obergermanisch-Raetische Limes: Er definierte die Grenze des Römischen Reichs im 1. und 2. Jahrhundert. Nördlich davon lag das Reich der Germanen, in das sich die Römer nach der Niederlage in der Varusschlacht nicht mehr weiter vorzudringen wagten, und südlich davon nannte man das Gebiet, das ungefähr dem heutigen Österreich entsprach, *Noricum*. Dazu gehörten zudem die Regionen rund um Passau, der Rupertiwinkel und das Chiemgau. Das *Noricum* war bereits lange vor den Römern von Kelten besiedelt, und der Anschluss an das

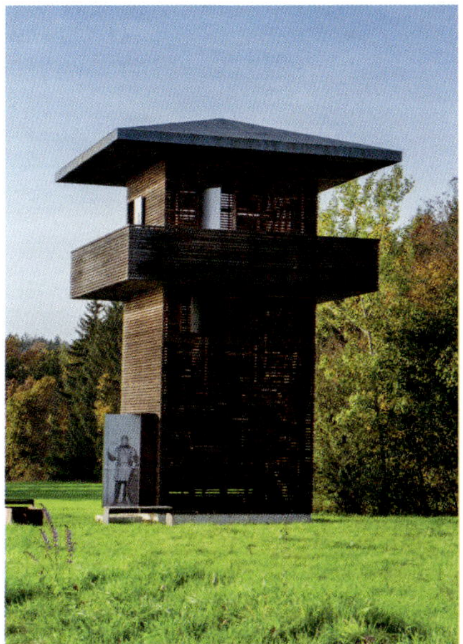

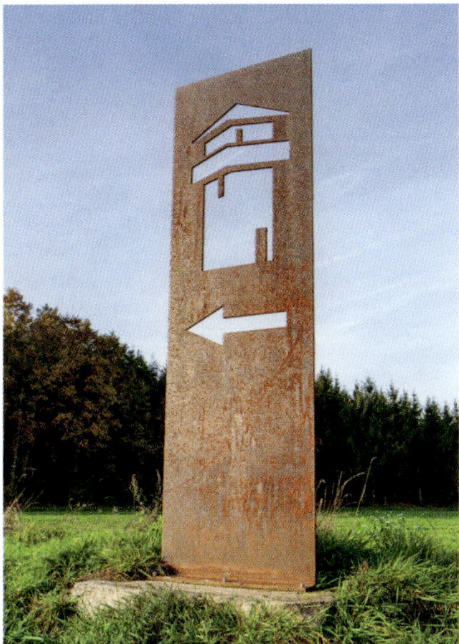

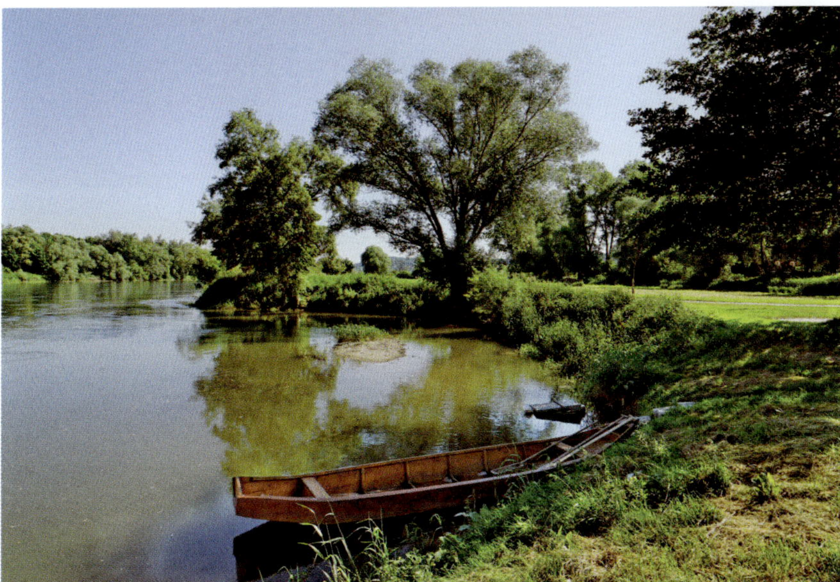

◀ Im Prinzip ähnelt der rekonstruierte Wachturm von Hienheim dem der Römer.
▶ Moderner Wegweiser am Limes in Hienheim
▼ Fischerboot an der Donau bei Eining

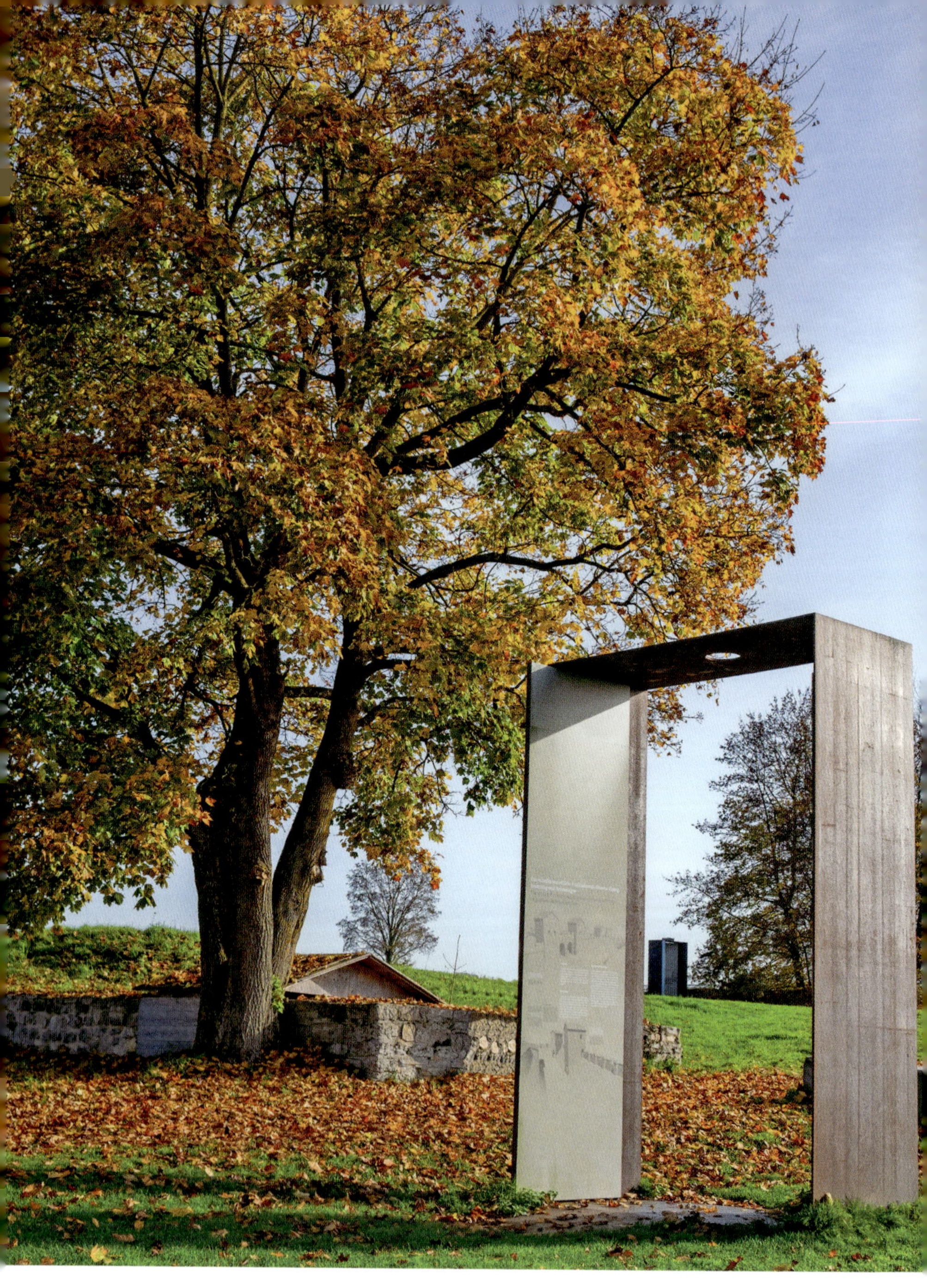

Tornachbildung am Römerkastell Albusina bei Eining

Römische Reich erfolgte ohne größere kriegerische Auseinandersetzungen, denn militärisch waren die Römer ihren potenziellen Gegnern weit überlegen – und wahrscheinlich waren die Kelten auch gar nicht abgeneigt, die römische Kultur und Ökonomie zu adaptieren.

Um die Grenzen dieses riesigen Reichs erfolgreich verteidigen zu können, bauten die Römer eine Reihe von Befestigungsanlagen entlang der Donau, die als Donaulimes bekannt wurden. Im Unterschied zum Obergermanisch-Raetischen Limes ist dabei die Donau selbst die Markierungslinie, weshalb man auch vom »nassen Limes« spricht. In diesem Fall mussten die Römer nicht ihre Landvermesser bemühen, quer durch das Land einen schnurgeraden Schutzwall zu errichten. Nichtsdestotrotz wurden im geeigneten Abstand zum Fluss viele Wachtürme, Lager und große militärische Basen, sogenannte Kastelle, errichtet. Von dort konnte man relativ rasch auch größere Truppeneinheiten zur Donau schicken, um im Notfall das römische Territorium zu verteidigen. Die Lager dienten aber auch zur Kontrolle und zum Schutz des Handels, denn schon die Römer verstanden sich darauf, einen Wegezoll zu erheben; Prokuratoren (Statthalter) beaufsichtigen diese Steuereinnahmen.

Und so findet man noch heute auf bayerischem Grund und Boden entlang der Donau einige teils gut erhaltene römische Relikte vor wie Kleinkastelle, Wachttürme, einen Brückenkopf, Marsch- und Legionslager, aber auch zivile Städte sowie viele Überreste kultureller Errungenschaften, die uns die Römer hinterlassen haben.

Der bayerische Abschnitt des Donaulimes beginnt im heutigen Bad Gögging. Schon die Römer wussten die Heilkraft des hiesigen Wassers zu schätzen, und so finden wir dort die Reste einer Badeanlage samt Badebecken, vier Badewannen und ein Schwitzbad, das den Legionären der *Legio III Italica* ihren Aufenthalt im Norden wohl versüßte. Etwas weiter flussabwärts liegt Eining, wo man auf dem Weinberg drei Gebäude eines Heiligtums ausgrub, aber auch die Reste eines zivilen Siedlungsplatzes, eines *Vicus*, sowie ein Militärlager. Im heutigen Weltenburg kannten schon die Römer die Tücken des Nadelöhrs am Donaudurchbruch – von einer Terrasse über dem Ortskern kontrollierte man mit einem Kleinkastell die Grenze.

Kurz vor Regensburg folgen das Kohortenkastell von Kumpfmühl mit einer Zivilsiedlung sowie ein kleines Hilfstruppenkastell samt Wachturm bei Großprüfening an der Naab-Mündung in die Donau. Regensburg (s. Kapitel 5) ist eine der Städte, die sich aus dem enorm großen römischen Legionslager *Castra Regina* entwickeln konnte. Das Haupttor, die Porta Praetoria, sowie Reste der sechs Meter hohen Lagermauer sind noch erhalten. Man geht davon aus, dass auch die Niedermünsterkirche auf den Fundamenten der einstigen Militärgebäude errichtet wurde.

Auch bei Straubing, bei dem die Römer den keltischen Vorgängernamen *Soriviodurum* beibehielten, standen mehrere Kastelle. Dort gab es einen Donauhafen mit einem *Vicus*, und 1950 entdeckte man bei Bauarbeiten einen bedeutenden Römerschatz, den man im Gäubodenmuseum von Straubing bewundern kann. Bei Künzing, zwischen Plattling und Vilshofen gehören die Teile eines hölzernen Amphitheaters und eine zivile Kastellsiedlung zum Welterbe; vieles davon ist im Künzinger Museum Quintana zu besichtigen (museum-quintana.de).

Schließlich folgt noch Passau mit seinen bedeutenden Kastellen, darunter das Kastell *Batavis* (*Castra Batava*), das auf dem heutigen Domberg lag, und das Kastell *Boiotro* am südlichen Innufer. Der Inn bildete im Übrigen die Grenze zwischen den Provinzen *Raetien* und *Noricum*. Das Römermuseum von Passau liegt direkt am einstigen Kastell *Boiotro* (museen-in-passau.de). Kurz hinter Passau fließt die Donau dann durch Österreich, wo noch weitere 68 römische Stätten zu finden sind, die alle zum UNESCO-Welterbe Donaulimes zählen.

Wanderung zum Kastell Abusina

Wir starten in **Eining** am **Parkplatz bei der Fähre**, wo es einen netten Biergarten gibt, den wir uns für das Ende der Tour vormerken wollen, duftet es doch gar verführerisch nach frisch gegrilltem Steckerlfisch. Statt einer Brücke verkehrt hier eine Seilfähre über die Donau, die während der Sommermonate vor allem Radfahrer über den Fluss bringt. Auch wenn wir gar nicht vorhaben überzusetzen, ist es doch spannend, das An- und Ablegen des kleinen Fährschiffs eine Weile zu beobachten. Für unsere Wanderung wählen wir dann am Parkplatz die kleine Straße, die parallel zum Flüsschen Abens nach Süden führt. Nach einer Rechtskurve teilt sich der Weg; wir überqueren die Abens und wählen dann links die zweite Abzweigung, also nicht den Weg, der direkt am Ufer der Abens verläuft. Sonnig wandern wir nun über die Felder der Donauauen, mal mit mehr, mal mit weniger Abstand zur Donau.

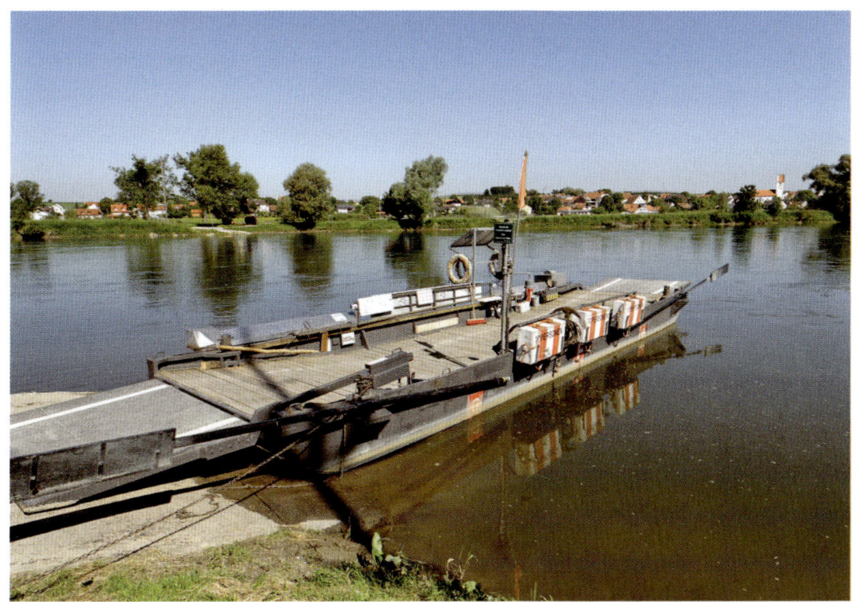

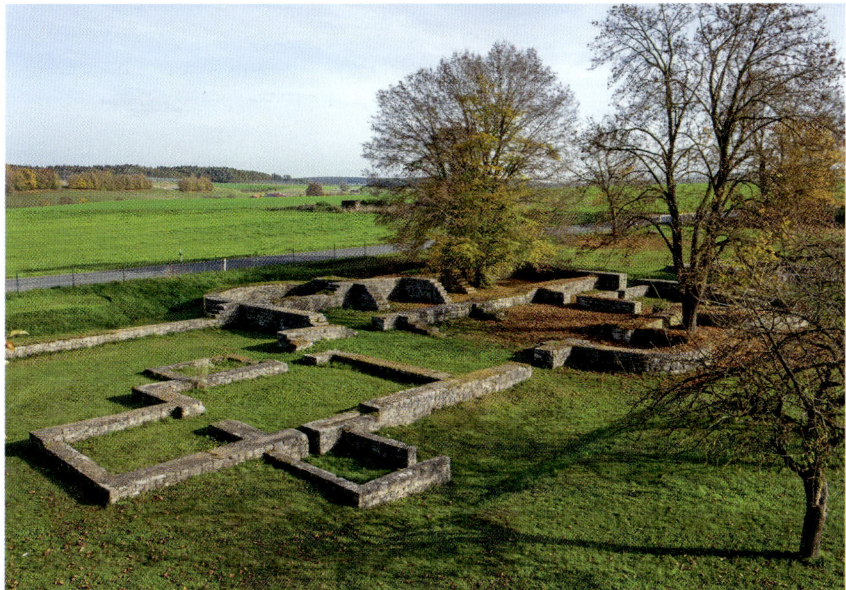

▲ Die Donaufähre bringt uns ans andere Ufer nach Hienheim.
▼ Nur die Grundmauern des Römerkastells Abusina haben die Zeiten überdauert.

Einige alte Weiden säumen unseren Weg, bis wir nach 2,5 Kilometern erneut die Abens queren. Alsdann wandern wir durch ein Wäldchen und machen uns links haltend wieder auf den Rückweg. Vorbei an Hopfenfeldern geht es nun zurück Richtung Norden. So erreichen wir das **Römerkastell** *Abusina* mit seinen freigelegten Mauern. Das Gelände ist das ganze Jahr über frei zugänglich, ein Turm verschafft uns einen guten Überblick.

Um nicht entlang der belebten Straße nach Eining zurückwandern zu müssen, können wir ungefähr in der Mitte des Areals die Bundesstraße in einen Feldweg queren. Er führt uns ebenfalls nach Eining, wo wir links an der Pfarrer-Krottenthaler-Straße noch die kleine **Pfarrkirche St. Sebastian** besuchen. Ihr Bau geht auf das 11. Jahrhundert zurück. 1932 wurde das Langhaus abgerissen und neu errichtet – dabei stellte sich heraus, dass man für den Vorgängerbau Steine des römischen Kastells verwendet hatte. Schon damals gab es also ein Recycling von Baustoffen!

Nach dem Besuch biegen wir rechts in die Abusinastraße, die Hauptstraße durch den Ort, ein und erreichen auf ihr und dann nach links durch die Straße Zur Überfuhr wieder unseren Ausgangspunkt am **Parkplatz bei der Fähre**.

Noch wichtig

In Hienheim gegenüber von Eining am anderen Ufer der Donau gibt es einen rekonstruierten Limes-Wachtturm (neustadt-donau.de). Dorthin kann man mit der Fähre zwischen April und Anfang Oktober ab 10 Uhr übersetzen (Mo Ruhetag, auch bei Sturm, Hoch- oder Niedrigwasser gibt es keine Fahrten!).

Auch interessant

Wer den Limes und seinen Verlauf noch besser kennenlernen möchte, begibt sich auf den Limeswanderweg: Über 115 km führt die Mehrtagestour von Gunzenhausen nach Bad Gögging und orientiert sich dabei – soweit möglich – am originalen Streckenverlauf des Limes (limesstrasse.de).

Auf einen Blick

DONAULIMES

UNESCO-Welterbe seit 2021

AUSGANGSPUNKT

Eining, Parkplatz an der Fähre
GPS: 48.856945, 11.770990

ANFAHRT

ÖPNV: Die nächsten Bahnhöfe befinden sich in Abensberg oder Neustadt an der Donau; von dort fahren Busse nach Eining.
Auto: Eining liegt nördlich von Bad Gögging an der Donau und ist von der B 16 über Abensberg oder der B 299 über Neustadt an der Donau erreichbar. Bequem parken kann man bei der Fähre.

GEHZEIT UND SCHWIERIGKEIT

Mit 6 km ohne nennenswerte Höhenmeter erwandert man die Runde des Römerwegs in knapp 1.30 Std.

ÖFFNUNGSZEITEN

Das Gelände der römischen Ausgrabung ist jederzeit frei zugänglich.

EINKEHR

Biergarten an der Fähre Eining
(biergarten-eining.de)

INFORMATION

donau-limes.de

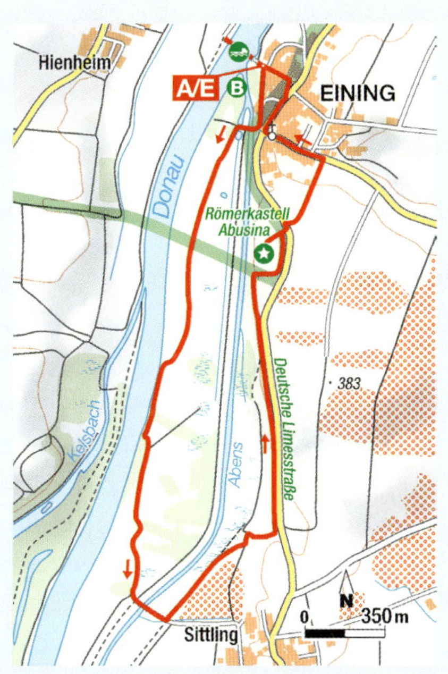

11

Biosphärenreservat Rhön

WANDERUNG AUF DEN KREUZBERG IN DER BAYERISCHEN RHÖN

Die Rhön ist ein Mittelgebirge vulkanischen Ursprungs, das bis auf knapp 1000 Meter Höhe ansteigt. Es liegt ziemlich genau in der Mitte Deutschlands und hat eine Besonderheit: Viele seiner Gipfel sind unbewaldet, was beim Wandern traumhafte Aussichten verspricht!

Im Zentrum des Gebirgszugs liegen der Naturpark Rhön und das Biosphärenreservat Rhön, das sich in viele weitere kleine Naturschutzgebiete unterteilt. Das Biosphärenreservat schützt eine Fläche von rund 2433 Quadratkilometern, die sich auf die drei Bundesländer Hessen, Thüringen und Bayern aufteilen. Wie in allen Biosphärenreservaten steht dabei nicht nur der Schutz der Landschaft im Vordergrund, sondern auch die nachhaltige Entwicklung und Erhaltung der Natur- und Kulturlandschaft durch den Menschen. Wichtig ist, dass der Mensch im Einklang mit der Natur lebt, deshalb hat man sich hier das Motto »mensch.natur.einklang« auf die Fahne geschrieben.

Das Biosphärenreservat Rhön ist in drei Zonen aufgeteilt, deren Kerngebiete am strengsten geschützt sind – hier darf sich die Natur unbeeinflusst vom Menschen entwickeln und somit als Rückzugsgebiet für seltene, bedrohte Tier und Pflanzenarten dienen. In der Kernzone herrscht auch ein Wegegebot, d. h., man muss zwingend auf den Wegen bleiben. In der Pflegezone hingegen darf sich ein naturschonender Tourismus weiterentwickeln: Land- und Forstwirtschaft werden dort extensiv betrieben, und die meisten Gebiete stehen unter Naturschutz. Fast Dreiviertel des Reservats fallen jedoch auf die

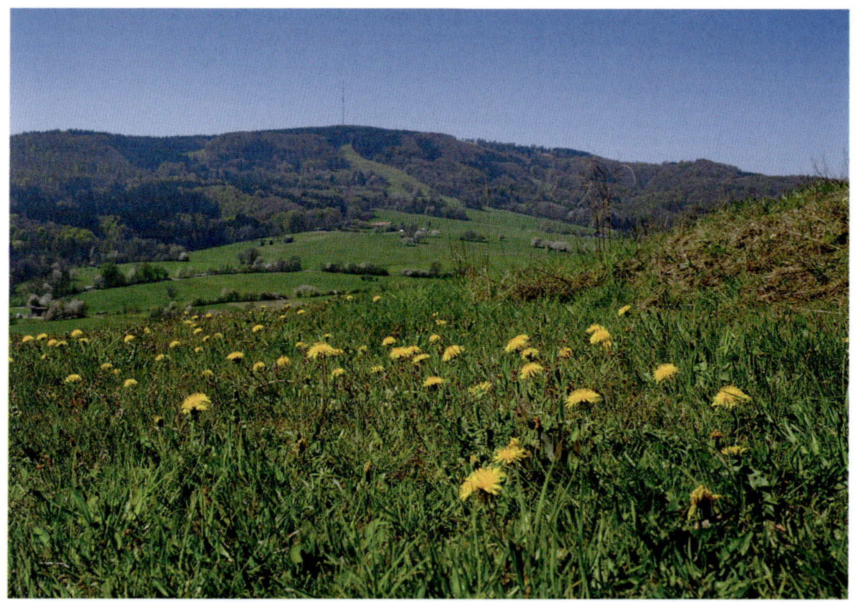

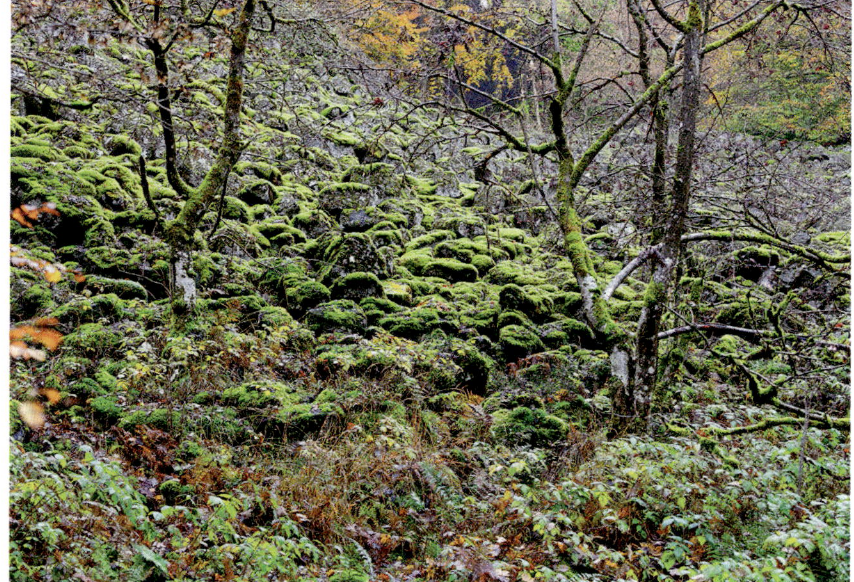

▲ Der Kreuzberg erhebt sich hinter den Löwenzahnwiesen.
▼ Das Blocksteinfeld ist neben den Wäldern typisch am Kreuzberg.

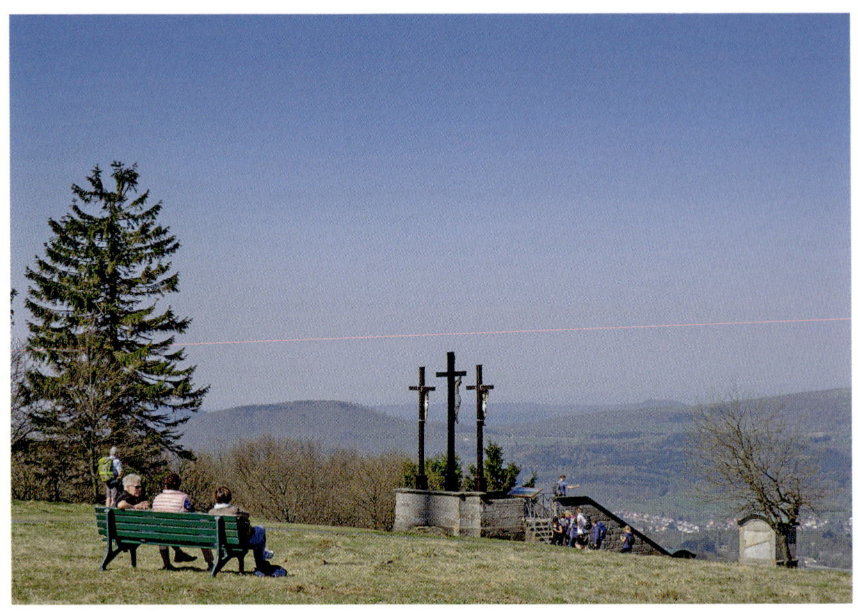

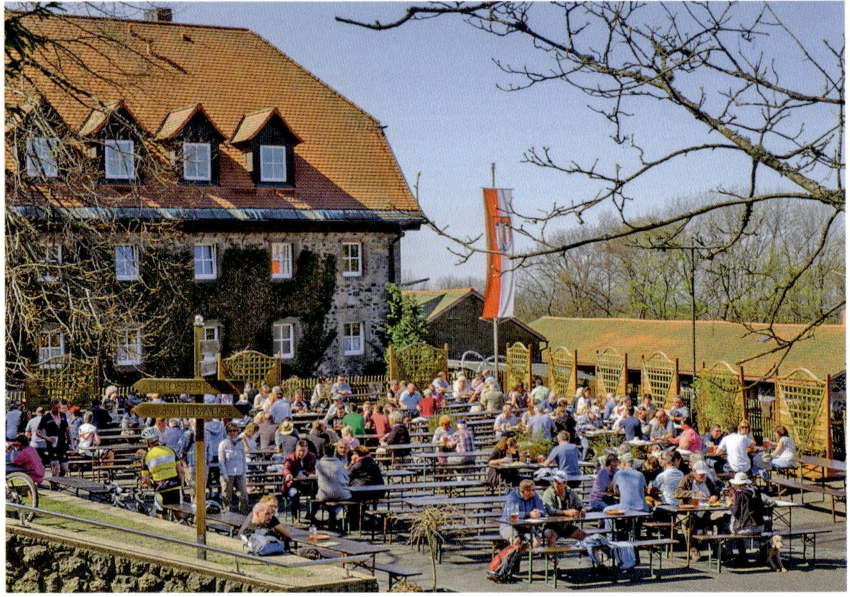

▲ Die drei Kreuze markieren den Gipfel.
▼ Biergarten der Klosterschänke

Entwicklungszone – hier finden sich neben den Siedlungen auch Gewerbe und Infrastruktur, aber auch Erholungszonen wie Skigebiete oder Freizeiteinrichtungen; trotzdem bemüht man sich um eine nachhaltige Entwicklung der Lebensräume.

In Bayern verteilt sich das Reservat auf die beiden Landkreise Bad Kissingen und Rhön-Grabfeld und ist durchzogen von Wander- und Radwegen – so kommen hier alle Besucher auf ihre Kosten. Es gibt kurze Wege, die so geschickt angelegt sind, dass sie jedem Spaziergänger die einzigartige Natur nahebringen. Halbtages- und Ganztagestouren erlauben ein noch intensiveres Erleben der Rhön, und wer ganz tief in das Biosphärenreservat eintauchen möchte, kann sich auf eine Mehrtagestour wagen: Dazu bietet sich der zertifizierte Hochrhöner Weg an, der mit einer Länge von 138 Kilometern als Streckenwanderung von Bad Salzungen nach Bad Kissingen führt.

Übrigens: Durch ihre geringe Besiedelung ist die Rhön auch als Sternenpark bekannt – kein Streulicht aus Städten stört den Blick in den nächtlichen sternenübersäten Himmel.

Wanderung im Naturpark Bayerische Rhön

Eine der schönsten Wanderungen im Naturpark Bayerische Rhön führt auf den **Kreuzberg**, den »Heiligen Berg der Franken«: Bekrönt von drei markanten Kreuzen und bestückt mit einer Wallfahrtskirche und einem nicht weniger berühmten Klosterbräu gilt er als Paradeaussichtsgipfel im Biosphärenreservat der Rhön. Auf der Tour erleben wir einzigartige Naturschätze in Hülle und Fülle, und obendrein kommen wir in den Genuss der fränkischen Braukunst und Küche.

Wir starten in der Ortsmitte von **Sandberg** an der Hauptstraße und gehen nach Norden. Am Ortsende bringt uns ein Rad- und Fußweg zu einer Straßengabelung, wo wir uns links halten und so den **Wanderparkplatz** erreichen, den die meisten Autofahrer nutzen werden. Direkt am Parkplatz teilt sich die Straße erneut, und noch einmal halten wir uns links, biegen jedoch schon nach wenigen Metern rechts in den Feldweg ein. Jetzt haben wir den Einstieg für die Wanderung auf den Kreuzberg erreicht und folgen nun stets der Markierung rotes K auf weißem Grund.

Anfangs geht es über Wiesen und durch Waldabschnitte, und langsam wird der Weg steiler. Die **Quellen am Josten- und am Bettlerbrunnen** würden unseren Durst stillen, aber in dem Wissen, das uns später ein goldgelber Schluck Kreuzbergbier wohl besser mundet, heben wir uns die Rast auf. Nach dem Bettlerbrunnen haben wir auch das ärgste Stück des Aufstiegs geschafft und erreichen kurz darauf das **Franziskanerkloster Kreuzberg**. Nicht versäumen sollten wir dort die klösterliche Einkehr in der gar nicht so streng klösterlichen Schänke am Gipfel – hier wird die jahrhundertealte Tradition »Glauben und genießen« wahrhaft gelebt, und das selbst gebraute Kreuzbergbier schmeckt ebenso gut wie die deftige fränkische Küche.

Nach der Besichtigung des Klosters wollen wir noch den Gipfel erklimmen, was nicht schwer ist: Direkt gegenüber der Tourist-Info im Bruder-Klaus-Haus beginnt der Treppenaufstieg, und die letzten Meter bis zum **Kreuzberggipfel** sind überschaubar. Wenige Minuten später ist es geschafft, und wir stehen an den berühmten drei Kreuzen, die der Fürstbischof Julius Echter im Rahmen der Gegenreformation aufstellen ließ.

Für den Abstieg bleiben wir noch ein kleines Stück in östlicher Wanderrichtung, dann schwenkt unser Weg nach links gen Norden, und wir wandern mit schöner Aussicht über einen Wiesenrücken. Im Frühjahr blühen die Magerwiesen hier oben besonders prächtig. Von der **Bergstation des Dreitannenlifts** kann man dann noch einen Abstecher hinunter zur Gemündener Hütte machen – eine gute Möglichkeit zur Einkehr, die noch dazu mit der weiten Sicht über Bischofsheim, Arnsberg, Himmeldunk und bis zur Wasserkuppe punktet.

Der direkte, mit dem roten K markierte Weg wendet sich jedoch vorher nach rechts – alle, die zur gemütlichen Hütte absteigen, können aber dann ebenfalls von dort nach rechts den weiteren Weg bis zur nächsten Einkehr, dem **Neustädter Haus**, fortsetzen. Von dort folgen wir der Zufahrtsstraße bzw. dem parallel dazu verlaufenden Wanderweg vorbei am Kletterpark abwärts zum **Wanderparkplatz Irenkreuz**, wo wir ein irisch anmutendes Steinkreuz vorfinden, das an die Christianisierung Frankens durch irische Mönche erinnert. Kurz davor führt der Wanderweg im spitzen Winkel oberhalb der Kreisstraße nach Süden bis **Kilianshof**. Den kleinen Weiler erreichen wir schließlich auf seiner Zufahrtsstraße und freuen uns über die idyllische Lage. Hinter Kilianshof wendet sich der Weg nach rechts, und schon bald haben wir wieder **Sandberg**, unseren Ausgangsort, erreicht.

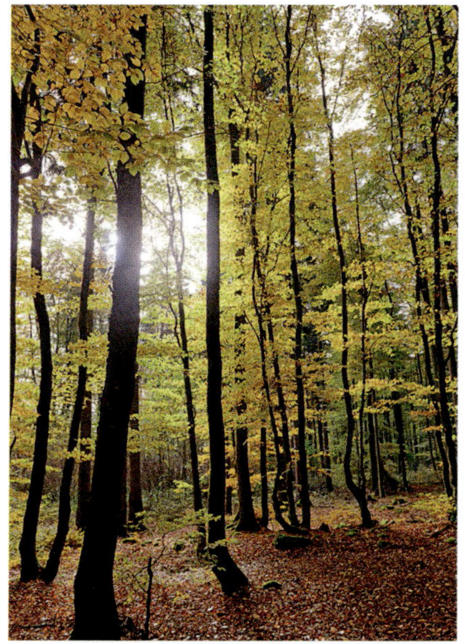

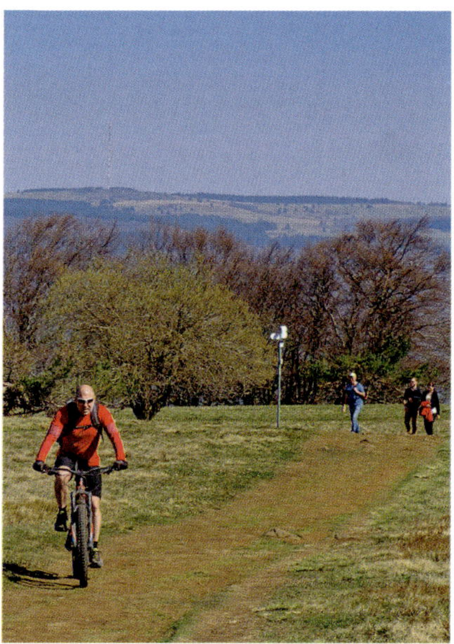

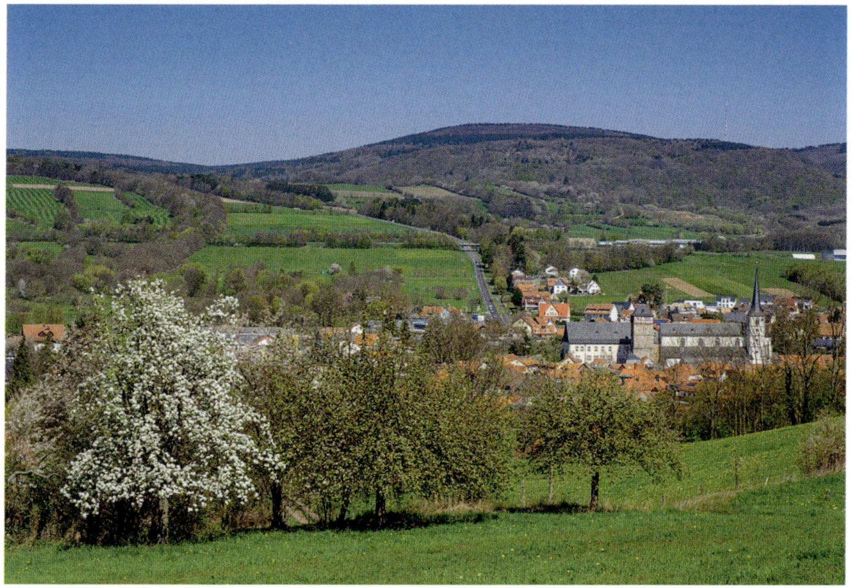

◀ Auf unserer Wanderung durchstreifen wir herrliche Wälder.
▶ Wanderer und Mountainbiker erobern den Heiligen Berg.
▼ Bischofsheim eignet sich ebenfalls als Ausgangsort für die Wanderung zum Kreuzberg.

Noch wichtig

Wem die Wanderung zu weit ist, der kann sich in den Sommermonaten mit dem Kreuzbergbus 8012 von Sandberg auf den Kreuzberg fahren lassen, um dann zu Fuß abzusteigen (oder anders herum). Es gibt einen Fahrplan, aber der Bus fährt auch nach Anmeldung auf Bedarf (freizeitbuslinien.de/kreuzbergbus).

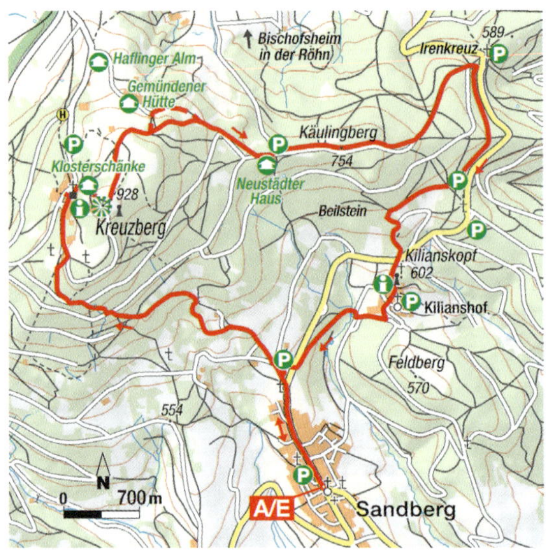

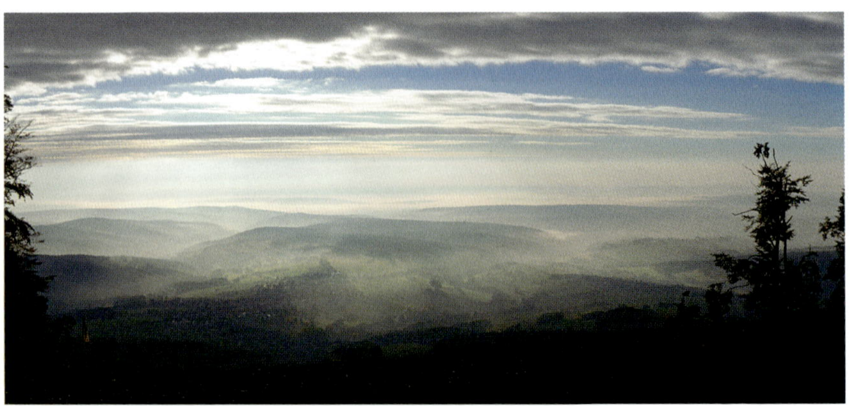

Herbststimmung: Blick vom Kreuzberg nach Süden auf Sandberg und das Tal der Fränkischen Saale

Auf einen Blick

BIOSPHÄRENRESERVAT RHÖN

UNESCO-Welterbe seit 1991

AUSGANGSPUNKT

Sandberg
GPS: 50.347508, 10.009062

ANFAHRT

ÖPNV: Mit der Bahn nach Neustadt an der Saale und weiter mit dem Bus
Auto: A 7 bis Ausfahrt Bad Kissingen/Oberthulba, über Oberthulba links nach Hassenbach und über Burkardroth nach Sandberg, durch den Ort fahren und am nördlichen Ende links haltend zum Wanderparkplatz (dann verkürzt sich die Wanderung um 2 km), alternativ im Ort einen Parkplatz suchen

GEHZEIT UND SCHWIERIGKEIT

Eine mit fast 16 km längere Wanderung mit im Aufstieg teils steileren Wegen und gut 500 Hm (4.30 Std.), bestens ausgeschildert. Für die Rundtour gibt es alternative Startplätze, Sandberg liegt am tiefsten Punkt der Wanderung. Es ist einfacher, die Höhenmeter am Anfang der Tour zu bewältigen, denn nach der Einkehr am Kreuzberg geht es nur noch bergab.

ÖFFNUNGSZEITEN

Die Klosterkirche ist April–Okt. von 8–20 Uhr und Nov.–März von 8–18 Uhr geöffnet. Jeden ersten Montag im Monat findet um 14 Uhr eine Klosterführung statt (Anmeldung erwünscht, kloster-kreuzberg.de).

AUCH INTERESSANT

Der Legende nach soll schon 686 am Kreuzberg der Hl. Kilian gepredigt haben. Wahrscheinlich gab es schon in vorchristlicher Zeit eine Kultstätte auf dem Berg. Seit dem 17. Jh. leben Franziskaner in ihrem Kloster hier, die Brauerei gehörte über Jahrhunderte hinweg dazu. Die Kirche am Kloster war immer ein Wallfahrtsort, noch heute pilgern Gläubige auf den Berg.

EINKEHR

Klostergaststätte (kloster-kreuzberg.de), Neustädter Haus (neustaedter-haus.com), Gemündener Hütte (gemuendener-huette.de)

INFORMATION

rhoen.info

12

Wandern im Biosphärenreservat Rhön

ÜBER DEN HEIDELSTEIN
DURCH DAS NATURSCHUTZGEBIET
LANGE RHÖN

Schwabenhimmel, Heidelstein und das schaurig schöne Rote Moor: Auf dieser Wanderung erlebt man die Rhön in ihrem Facettenreichtum mit bunt blühenden Magerwiesen, weiten Fernblicken und einem herrlichen Feuchtbiotop mit Aussichtsturm und dunklem Moorwasser.

Wir beginnen unseren Weg auf dem Hochplateau der Langen Rhön am **Wanderparkplatz Schornhecke** und queren in südliche Richtung geradeaus die Franzosenstraße – dort beginnt der Weg zum Heidelstein. Um nicht auf der Straße gehen zu müssen, wählen wir links davon den Wanderweg. Eine wunderschöne weite und mit einzelnen Bäumen bewachsene Landschaft breitet sich vor uns aus. Wir flanieren geradezu über diese karg wirkende Hochebene, wo doch so vieles blüht. Die Gegend ist als **Schwabenhimmel** in den Landkarten eingetragen, vielleicht ist das eine Erklärung dazu?

So erreichen wir die **Gedenkstätte des Rhönklubs** für seine verstorbenen Mitglieder und steuern als Nächstes den 923 Meter hohen Heidelstein an, der durch den rot-weißen Sendemast auf seinem Gipfel bereits von Weitem gut zu sehen ist. Dafür wandern wir das letzte Stück wieder auf einer kleinen Zufahrtsstraße weiter, bis sich gleich hinter dem abgezäunten Gebiet der Blick über die weite Landschaft öffnet – von der waldfreien Fläche am **Heidelsteingipfel**

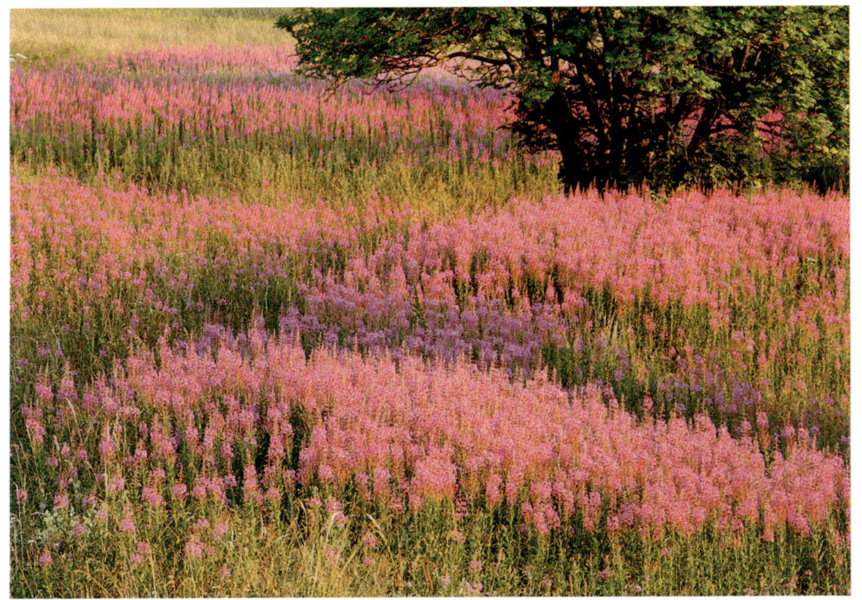

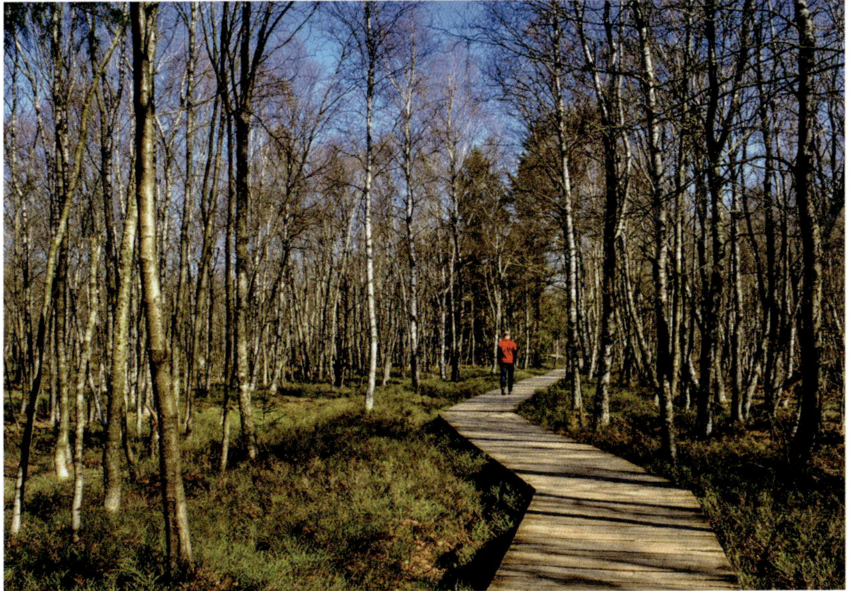

▲ Schmalblättrige Weidenröschen erobern im Sommer die Wiesen des Schwabenhimmels.
▼ Der Bohlensteg durchs Rote Moor ist einer der Höhepunkte der Wanderung.

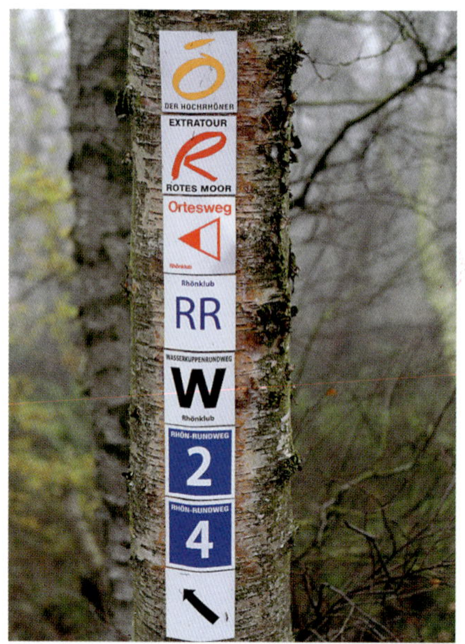

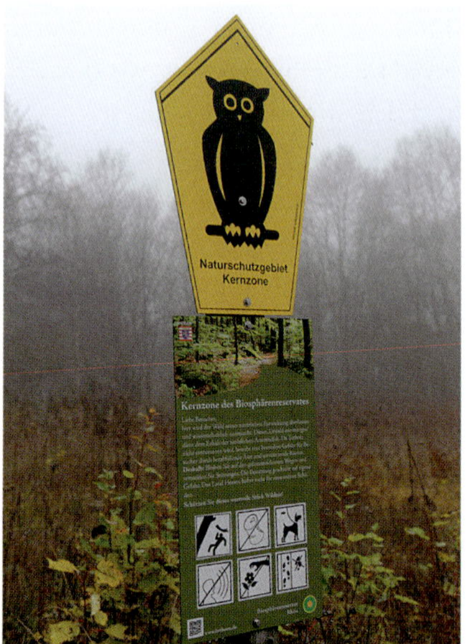

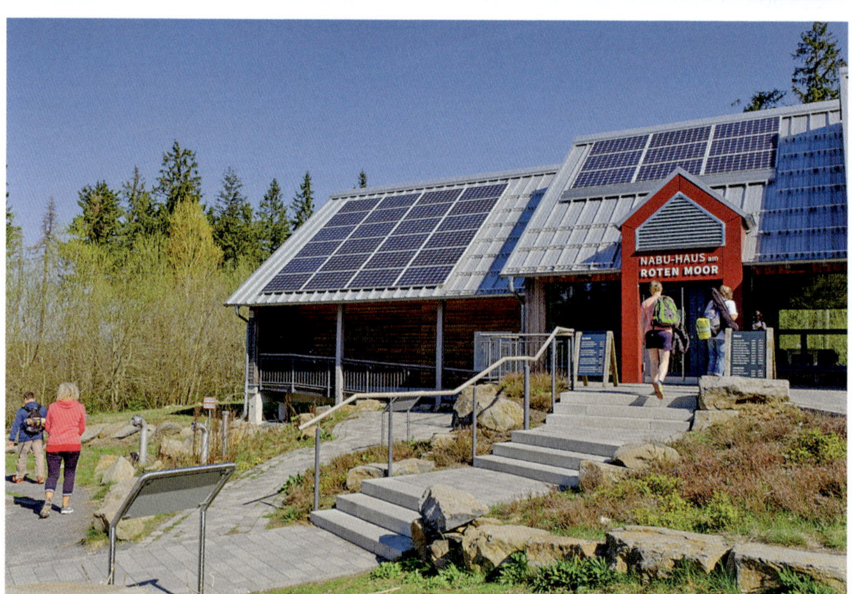

◀ Zahlreiche weitere Wanderwege führen durch das Biosphärenreservat Rhön.
▶ Wir befinden uns nun in der Kernzone des Naturschutzgebiets Rotes Moor.
▼ Am NABU-Haus sind wir im Gebiet der Hessischen Rhön angekommen.

dürfen wir hier in der Rhön ein wunderbares Gebirgspanorama genießen, und bei klarer Sicht erblicken wir den Kreuzberg (s. Kapitel 11), die Wasserkuppe und den Großen Feldberg.

Nach der Schaurast steigen wir fast schnurgerade nach Westen über die Wiesen ab. Im Sommer begleiten uns links und rechts die zahlreichen Weideröschen, die sich im späten Herbst in eine Vielzahl silbriger Flocken verwandeln. Schnell haben wir den Waldrand erreicht und dabei völlig unbemerkt die Grenze nach Bayern überschritten. Weiter abwärts treffen wir auf das **Naturschutzhaus am Roten Moor** mit einem weiteren Wanderparkplatz und können uns hier über den Lebensraum im Roten Moor informieren.

Anschließend queren wir die Straße und wandern geradeaus zum **Moorweiher**. Kurz danach beginnt rechts der wunderschöne **Bohlenweg** durch das Moor. Es geht durch einen lichten Wald aus Karpatenbirken, die als Pionierbäume bestens auf dem oft durchnässten und sauren Moorboden gedeihen. Schautafeln am Wegesrand informieren über die hiesigen Zusammenhänge im Moor, von Leben und Sterben, von Überflutung und Austrocknung, von Sommerhitze und bitterer Winterkälte.

Am Ende des Wegs erreichen wir einen **Aussichtsturm**, von dem wir nicht nur das Moor gut überblicken, sondern auch den Heidelstein sehen können. Vom Aussichtsturm folgen wir weiter dem Weg und halten uns dann an der T-Kreuzung links. Nun geht es ein gutes Stück durch den Wald zurück. An der folgenden Wegkreuzung halten wir uns erneut links und erreichen so wieder den **Moorsee** und dahinter das **NABU-Haus**.

Nun geht es auf demselben Weg zurück zum **Heidelstein**, diesmal wieder mit neuen Aussichten. Für das letzte Stück zurück zum **Wanderparkplatz Schornhecke** können wir ab der Sendeanlage auch alternativ auf der Zufahrtstraße bleiben – wir finden den Schwabenhimmel aber so schön, dass man natürlich auch den Rückweg über die Gedenkstätte in Betracht ziehen kann.

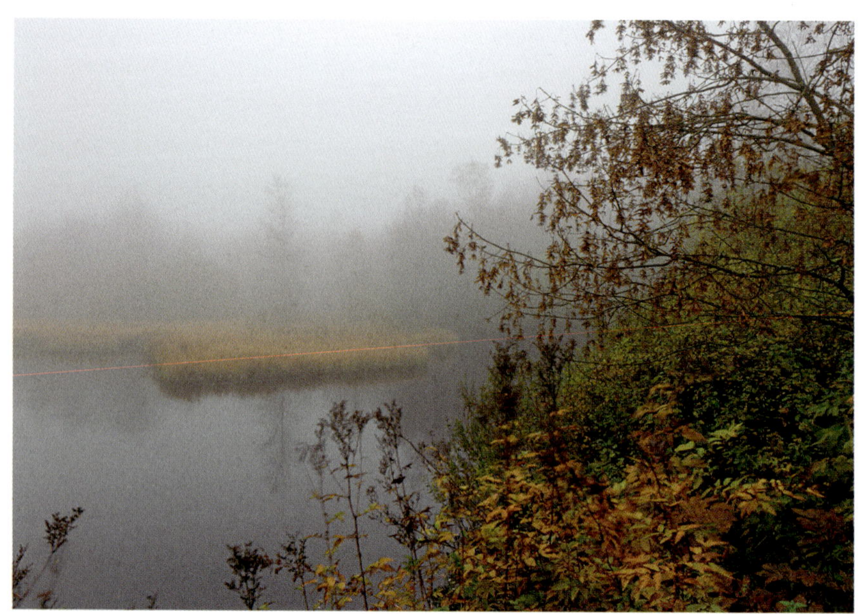

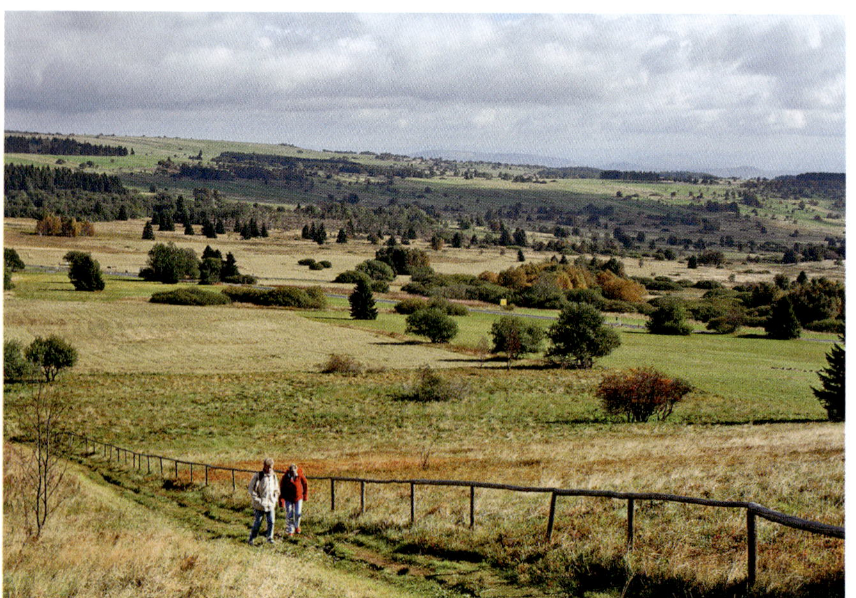

▲ Nebelschwaden ziehen über das Rote Moor.
▼ Am Aufstieg zum Heidelstein

Auf einen Blick

BIOSPHÄRENRESERVAT RHÖN

UNESCO-Welterbe seit 1991

AUSGANGSPUNKT

Wanderparkplatz Schornhecke an der L 3395
GPS: 50.469044, 10.024344

ANFAHRT

ÖPNV: Mit öffentlichen Verkehrsmitteln kann man den Wanderparkplatz mit dem Hochrhönbus ab Oberelsbach oder Bischofsheim erreichen.
Auto: Über die Hochrhönstraße oder den Franzosenweg ab Oberelsbach zum Wanderparkplatz im Naturschutzgebiet Lange Rhön

GEHZEIT UND SCHWIERIGKEIT

11 km und gut 300 Hm (3.30 Std.) sind auf der Tour zu bewältigen. Abkürzungen sind möglich, wenn man z. B. nur zum Heidelstein wandert.

ÖFFNUNGSZEITEN

NABU-Haus am Roten Moor: Mi–So 11–18 Uhr

AUCH INTERESSANT

Vom Aussichtsturm im Roten Moor blickt man auch auf die Brachfläche, von der durch maschinellen Abbau der Torf bis auf den lehmigen Untergrund entfernt worden ist. Sehr langsam verwachsen sich die Spuren des Abbaus wieder; eine Faustregel besagt, dass in einem Jahr nur etwa 1 mm Torf entsteht.

EINKEHR

Im NABU-Haus am Roten Moor (nabuhausamrotenmoor.de)

INFORMATION

rhoen.info

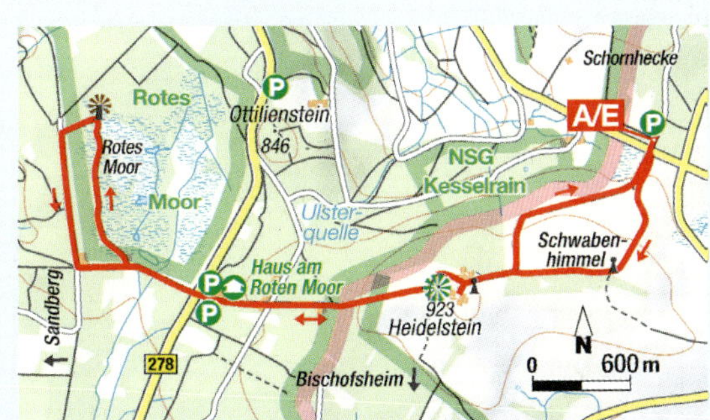

13

Alpiner Schatz: Biosphärenregion Berchtesgadener Land

VON DEN SCHNEEBEDECKTEN GIPFELN INS GRÜNE VORALPENLAND

Hohe Gipfel, blaue Seen, grüne Hügel: Das Berchtesgadener Land im südöstlichsten Zipfel Bayerns ist nicht nur mit seinem Nationalpark eine der schönsten Regionen Deutschlands. Die Biosphärenregion erstreckt sich über den gesamten Landkreis bis ins Voralpengebiet mit seinen Mooren.

Nun kommt eine neue Region ins Spiel: die Biosphärenregion. Damit geht der Landkreis Berchtesgaden keine völlig anderen Wege, die Zielsetzung ist, wie bei allen von der UNESCO ausgezeichneten Biosphären, die gleiche: Der Mensch soll sich um die einzigartige und artenreiche Landschaft kümmern, damit dieses natürliche und kulturelle Erbe für die nachfolgenden Generationen erhalten bleibt. Nur mit dem Begriff Reservat konnte man sich in Berchtesgaden nicht anfreunden – übrigens nicht der einzige Ort in Europa, der sich an dieser Namensgebung stört, denn das klingt in deutschen Ohren nach abgeschottet, separiert und isoliert, und genau das möchte Berchtesgaden nicht sein.

Bereits 1990 wurde der südliche Landkreis, die Region um den Markt Berchtesgaden, als Biosphärenregion von der UNESCO unter Schutz gestellt, 2010 kam dann der restliche Landkreis hinzu. Dazu gehört also nun neben

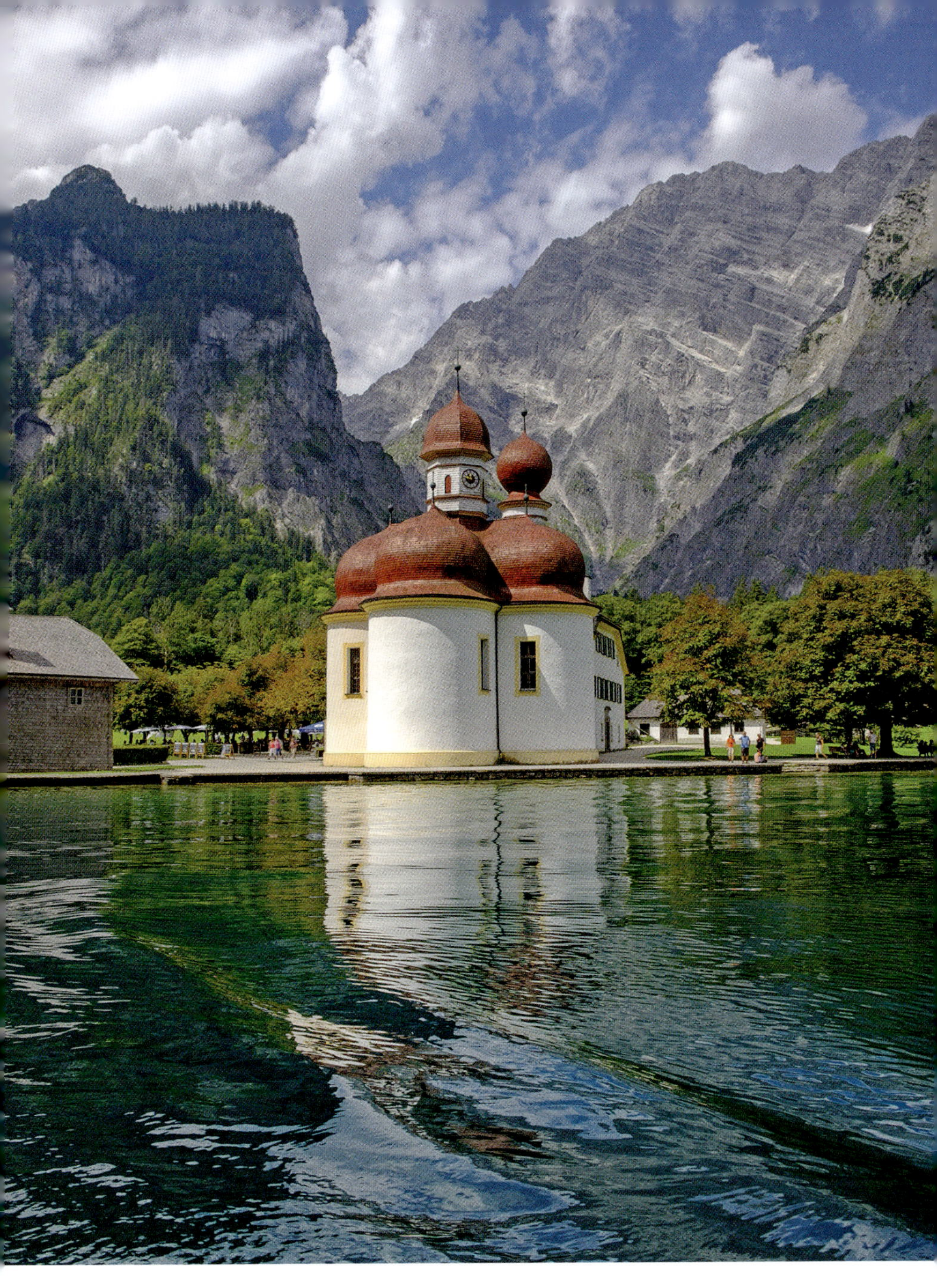

So kennt man den Königssee in aller Welt: die Wallfahrtskirche St. Bartholomä vor der Watzmann-Nordwand

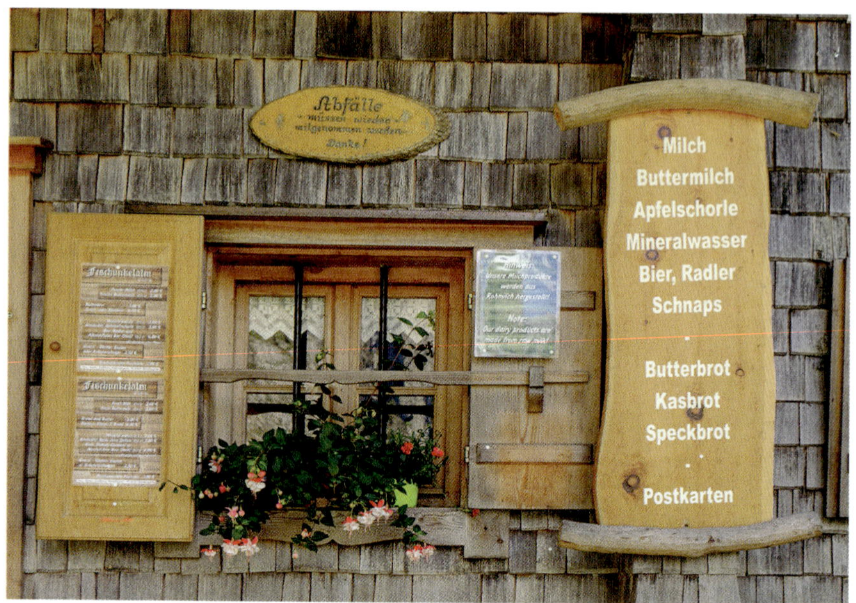

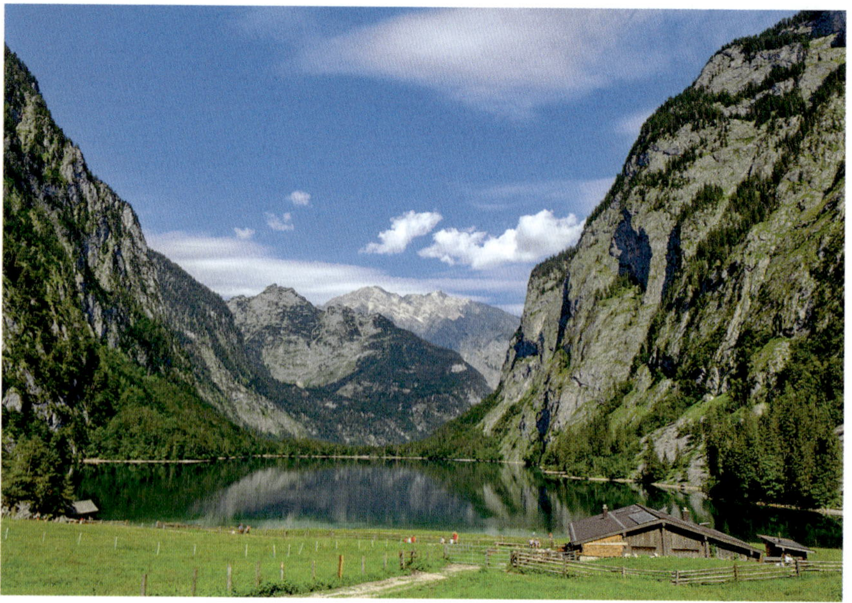

▲ Nur im Sommer bewirtschaftet: die Fischunkelalm
▼ Idyllisch liegt der Obersee im südlichsten Winkel des Berchtesgadener Lands.

der alpinen Region auch das sanfte hügelige Voralpenland mit seinen Mooren, Flüssen und Seen. Heute umfasst das Gebiet 840 Quadratkilometer und ist wie alle Biosphärenreservate in eine Kern-, eine Pflege- und eine Entwicklungszone untergliedert. Die Kernzone liegt vollständig im Nationalpark Berchtesgaden, der vor allem die Hochgebirgsregionen im Süden bis zur österreichischen Grenze umfasst. Die Pflegezone befindet sich ebenfalls im Nationalpark, dazu kommen die zwei Naturschutzgebiete Aschau und Chiemgauer Alpen. Die Entwicklungszone umfasst den übrigen Landkreis und nimmt damit den größten Flächenanteil der Biosphärenregion ein.

Bis auf den Nationalpark Berchtesgaden, der in einer ganz eigenen Liga spielt, ist der Übergang zwischen den anderen Zonen geradezu fließend, denn über weite Strecken hinweg präsentiert sich das Berchtesgadener Land als eine Urlandschaft, und das in einem eigentlich dicht besiedelten Bayern.

Neben all der wunderbar vielfältigen Natur freuen sich Einheimische und Gäste auch über die gute Infrastruktur in Form von zahlreichen Wanderwegen. Dominierend und als zentrales Motiv in der Landschaft steht der Watzmann als König der hiesigen Gipfel – wobei ihm alle nebenstehenden Berge die Show zu stehlen versuchen. Man darf sich also u. a. auf gigantische Gebirgslandschaften in dieser Region freuen!

Zur Fischunkelalm am Obersee

Ein Besuch des berühmten Königssees darf nicht fehlen, denn fast jeder wird schon einmal zumindest Fotos von diesem fjordartigen See mit der kleinen Kirche St. Bartholomä und der mächtigen Watzmann-Nordwand dahinter gesehen und bewundert haben. Wobei das Ziel der Wanderung diesmal nicht Bartholomä ist, sondern die Fischunkelalm am hinteren Ende des Königssees, am Obersee. Leider ist auch dieser kein Geheimtipp mehr, aber dennoch um einiges ruhiger und einsamer als St. Bartholomä. Dabei lohnt es sich, früh aufzustehen und an einem Wochentag unterwegs zu sein – nur dann wird man die Ruhe und die Magie der Landschaft so richtig genießen können.

Und so tuckern wir, sobald wir die Tickets gelöst haben, mit einem kleinen Elektroboot von der Abfahrtsstelle in **Schönau** über den morgendlichen **Königssee**. Unterwegs wird kurz gestoppt, um das Trompetenspiel des Kapitäns an der **Echowand** auszutesten, dann legt das Schiff an der berühmten

Wallfahrtskirche St. Bartolomä an, wo uns zumindest der schöne Blick sicher sein wird. Der große Teil der Besucher steigt hier aus, wir aber bleiben sitzen. Auf der Weiterfahrt geht es zur südlichsten Haltestelle des Königssees, der **Salet**, dort verlassen wir dann das Schiff und gehen zu Fuß weiter.

Wir folgen zunächst noch dem Uferweg entlang des Königssees, bis sich beim **Gasthof Saletalm** der Weg nach Osten wendet. Über ein feuchtes Wiesengebiet mit dem **Mittersee**, der sich mehr als Weiher entpuppt, geht es nun leicht ansteigend hinauf zum **Obersee**, wo uns ein echter Wow-Effekt erwartet: Die Morgensonne leuchtet gerade hinter der Landtalwand hervor und erhellt mit ihren Strahlen das einsame Bootshaus. Aber das Schönste ist das Wasser selbst: eine Explosion von Farben und ein tiefer Griff in die Schatzkiste der Natur – wirklich bezaubernd breitet sich der See unter den steilen Felswänden aus und zeigt uns ein wunderbares Ensemble in dieser Berglandschaft.

Am gegenüberliegenden Ufer können wir die Fischunkelalm bereits ausmachen, und wir machen uns nach rechts zu ihr auf den Weg. Zum Glück folgen wir nun immer dem Seeufer und müssen uns so nicht von dem wechselnden Farbenspiel des Wassers losreißen. Auf halber Strecke zur Alm steigen wir dann an der abfallenden **Walchhüttenwand** (geländergesichert) ein paar Höhenmeter hinauf, dann geht es wieder abwärts und die letzten Meter zur **Fischunkelalm** ganz eben über eine Almwiese. Hoffentlich hat die Sennerin so früh am Morgen schon ihren Ausschank geöffnet, dann können wir neben der wunderschönen Landschaft ringsum auch noch die Kulinarik genießen. Ein Abstecher zum **Röthbach-Wasserfall** am Talende steht alsdann auch noch auf dem Programm – er ist Deutschlands höchster Wasserfall und gerade nach der Schneeschmelze oder nach einer Regenperiode sehr imposant.

Der Rückweg ist denkbar einfach: Er verläuft auf dem Hinweg. Am Bootssteg legt in der Hochsaison fast alle halbe Stunde ein Boot an, und wer Lust hat, kann auf der Rückfahrt natürlich noch einen Stopp in **St. Bartolomä** einlegen. Jedoch sollten wir dabei die Zeit nicht aus dem Auge verlieren, um noch das letzte Boot zu erwischen, das uns nach **Schönau** zurückbringt – zu Fuß ist der Rückweg nämlich nicht möglich.

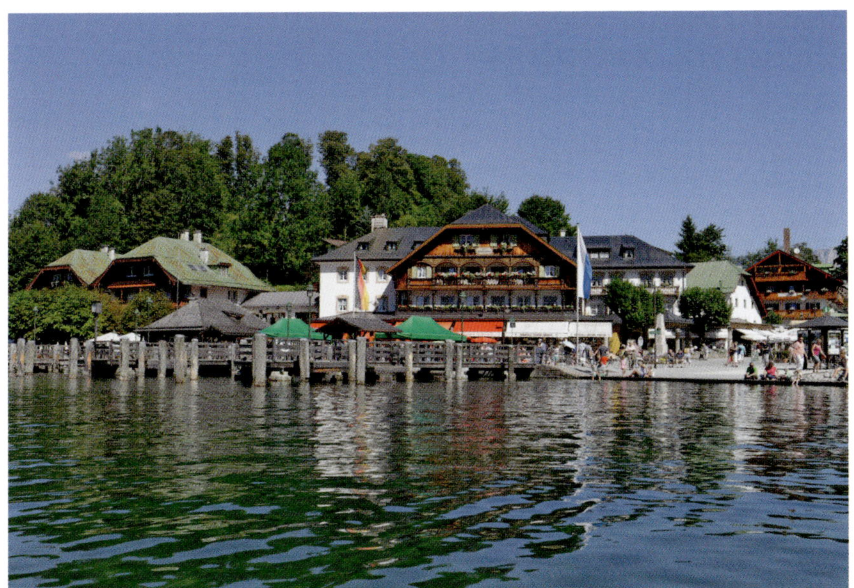

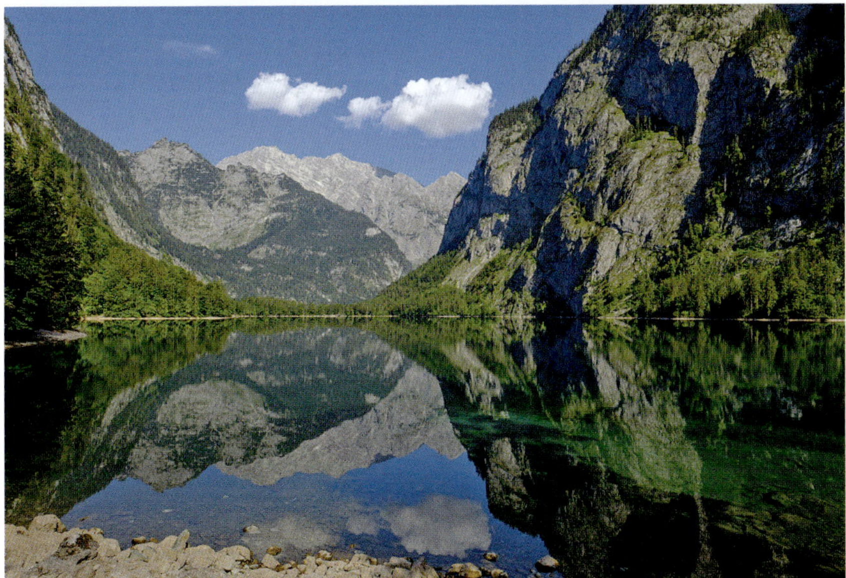

▲ In Schönau starten die Schifffahrten über den See.
▼ Am südlichen Ende des Königssees wird es dann ruhig, und die Bergszenerie übernimmt die Regie.

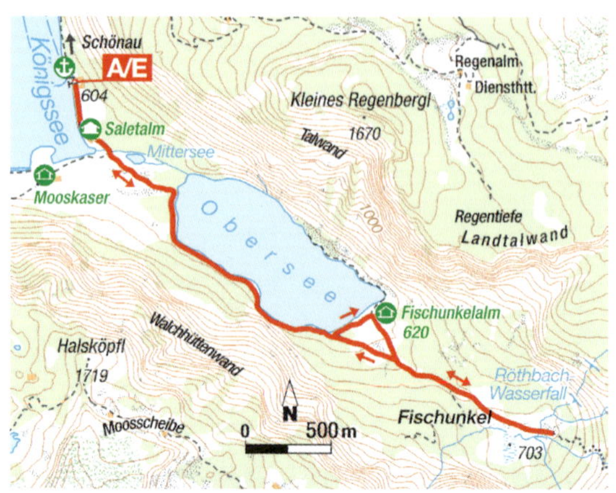

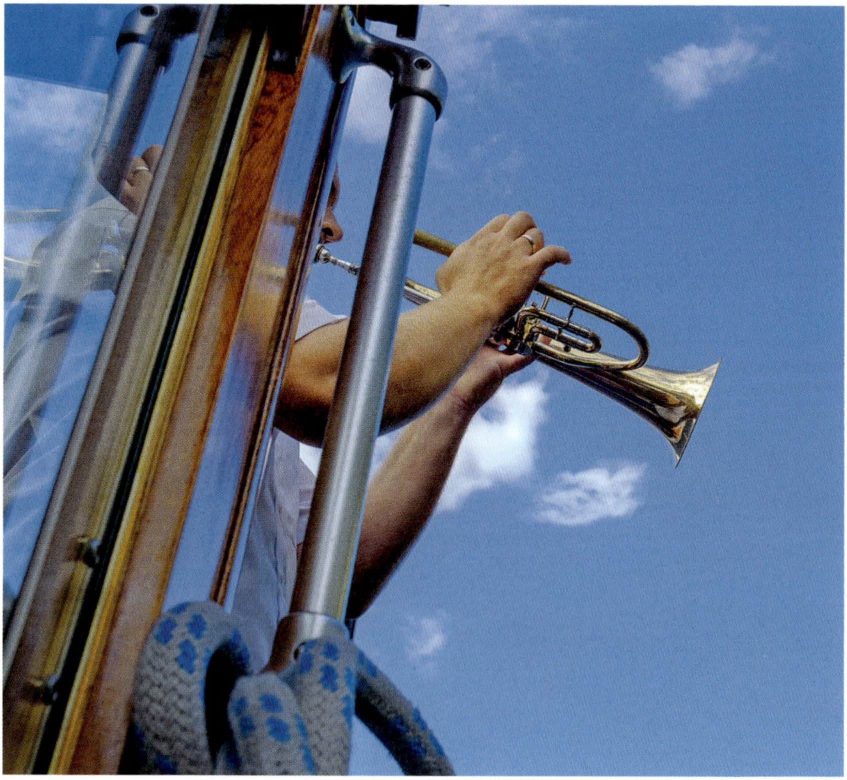

Das Trompetensolo gibt es gratis bei der Überfahrt, aber ein Trinkgeld ist immer willkommen.

Auf einen Blick

BIOSPHÄRENREGION BERCHTESGADENER LAND

UNESCO-Welterbe seit 2010

AUSGANGSPUNKT

Bootsanlegestelle Schönau am Königssee
GPS: 47.588243, 12.989217

ANFAHRT

ÖPNV: Mit dem Zug zum Bahnhof Berchtesgaden und von dort mit Bus 842 zum Königssee
Auto: A 8 bis Ausfahrt Bad Reichenhall und weiter über Berchtesgaden nach Schönau am Königssee. Großer Parkplatz vor dem Ort, von dort zu Fuß in 10 Min. zur Anlegestelle

GEHZEIT UND SCHWIERIGKEIT

Knapp 8 km und 200 Hm sind zu erwandern (2.30 Std.). Feste Schuhe sind sehr zu empfehlen - auf halber Strecke gibt es einen kleinen An- und Abstieg z. T. über Stufen entlang einer Felswand (geländergesichert). Lässt man den Wasserfall aus, spart man sich 2 km. Für die Überfahrt benötigt man ein Ticket der Königsseeschifffahrt.

ÖFFNUNGSZEITEN

Königsseeschifffahrt: Ende April bis Mitte Okt. (seenschifffahrt.de/de/koenigssee)

AUCH INTERESSANT

In Berchtesgaden gibt es das Nationalparkzentrum Haus der Berge mit einer sehr informativen, kurzweiligen Ausstellung, die alles Wissenswerte über den Nationalpark und die Biosphärenregion erklärt (geöffnet täglich 9–17 Uhr, nationalpark-berchtesgaden.bayern.de). Die Infostelle der Biosphärenregion befindet sich in Freilassing (Sägewerkstr. 3).

EINKEHR

Am Mittersee kann man in der Saletalm (saletalm.de) einkehren. Mooskaser- und Fischunkelalm am Obersee sind nur in den Sommermonaten geöffnet, wenn sie bestoßen werden.

INFORMATION

brbgl.de

14

Wandern in der Biosphärenregion Berchtesgadener Land

VON ANGER ZUM EHEMALIGEN KLOSTER HÖGLWÖRTH

Lang ist diese Wanderung nicht, eher ein ausgedehnter Spaziergang. Aber so lässt sich auch der nördliche Teil der Biosphärenregion Berchtesgadener Land auf genussvollen Wegen erschnuppern – was sich vor allem im Sommer anbietet, mit Badespaß und Biergarten-Genuss.

Unsere Tour beginnt am großen **Dorfplatz von Anger**, der wie das Dorf ebenfalls Anger genannt wird. So große Plätze, mit einer Zufahrt auf der einen und der Kirche als Abschluss auf der anderen Seite, sind aus den oberbayerischen Dörfern heute leider fast verschwunden, doch dieser außergewöhnlich große und freie Dorfplatz in Anger blieb bestehen – und er beeindruckte schon den bayerischen König Ludwig I.: Sein Ausspruch »Anger ist das schönste Dorf Bayerns« wird noch heute als Werbung für den Ort verwendet.

Wir gehen an der Nordseite des Dorfplatzes zu den Parkplätzen, wo zwischen den Häusern ein Fußweg beginnt, dem wir folgen. Wir überqueren die Zufahrtsstraße zum Dorfplatz und nehmen gegenüber die Holzhauser Straße, die an schön geschmückten Häusern vorbei aus dem Dorf führt. An der Abzweigung der Haslauer Straße fällt uns ein ungewöhnliches **Wegkreuz** ins Auge: Unter dem eigentlichen Kreuz mit Christus, Maria und Johannes stehen sechs Bretter, die einen aus Holz geschnittenen Stahlhelm tragen – sogenannte Totenbretter, mit denen die Vorbeigehenden dazu aufgefordert

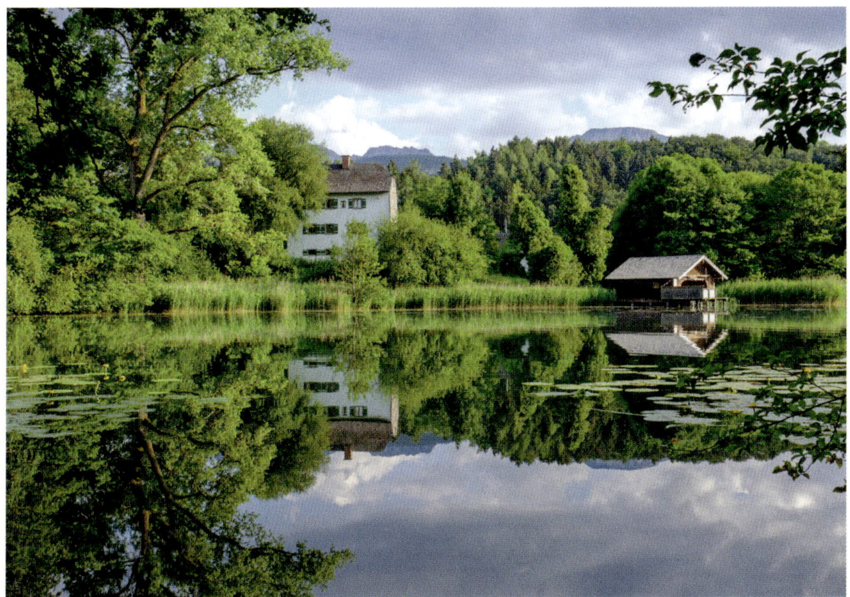

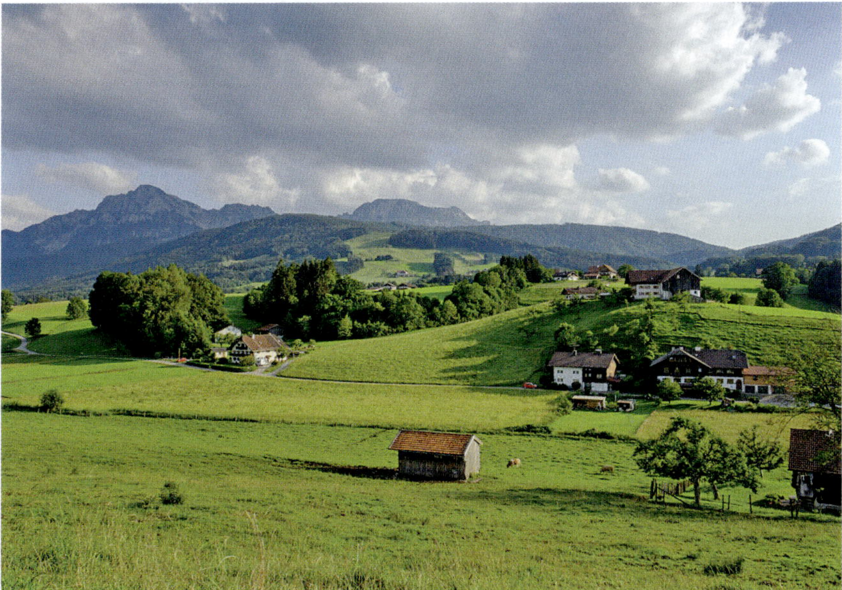

▲ Sommerabend am Höglwörther See
▼ Wir wandern durch das hügelige Alpenvorland von Anger zum ehemaligen Kloster Höglwörth.

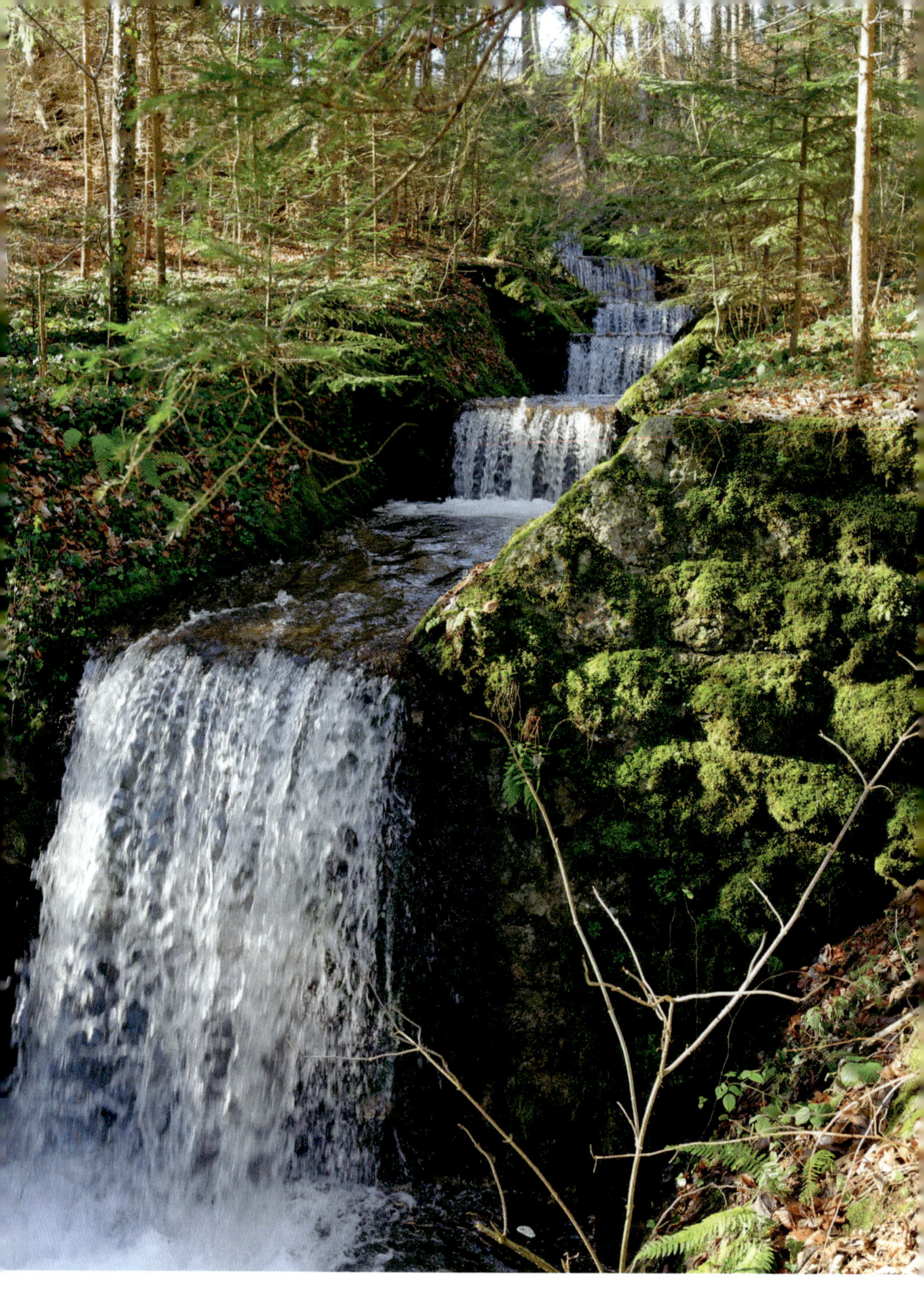

Der Schronbach fällt in Kaskaden in den Höglwörther See.

werden sollen, für die Toten zu beten. Dieser Brauch wird heute eigentlich eher mit dem Bayerischen Wald verbunden, aber auch hier im Rupertigau wird er noch gepflegt.

Wir folgen der Straße weiter zur **Gassl-Ranch**, einem auffälligen Stallgebäude, vor dem wir rechts abbiegen. Im Weiler **Stockham** verzweigt sich die Straße, und wir wandern rechts zwischen den Häusern hindurch und erreichen die Hangkante beim **Höglwörther See**. Das Bankerl hier verleitet zu einer ersten Schaurast: Unter uns liegt der See mit dem ehrwürdigen Kloster, und deutlich sieht man die Verlandungsflächen, durch die die Halbinsel entstanden ist.

Rasch erreichen wir den Uferweg und wandern nach links um den See. Gleich zu Beginn gibt es einen kleinen, frei zugänglichen Badeplatz. Danach führt der Weg mehr oder weniger nah am Ufer entlang. Mächtige Bäume ragen mit ihren Ästen weit auf das Wasser hinaus, in dem sich die Türme des Klosters spiegeln. Bald überqueren wir den Schornbach. Ehe er in den See mündet, springt er in Kaskaden über auffällige Stufen, die sich in den Wald hinein fortsetzen – das sind die Grundmauern der **ehemaligen Bäckermühle**, in der man einst Getreide für das Kloster und für die Bauern der Umgebung mahlte. Als sie baufällig wurde, trug man sie 1922 ab.

Langsam wendet sich der Weg nach rechts, und wir haben das Nordende des Sees erreicht. Wir passieren das **Höglwörther Freibad**, wo während der Badesaison ein Kiosk geöffnet hat, der neben Getränken auch kleine warme Gerichte anbietet. Dann überqueren wir den Ausläufer des Sees auf einem Holzsteg und stehen vor dem **Kloster Höglwörth**. Die Kirche ist tagsüber geöffnet, ebenso ist der Klosterhof für Besucher zugänglich, aber der Rest ist in privater Hand und bleibt uns verschlossen. Jetzt wollen wir natürlich auch noch das Bier des Klosterbesitzers probieren, und dafür kommt uns der urgemütliche **Klosterwirt** mit seinem schönen Biergarten gerade recht – auch die Küche lässt nichts zu wünschen übrig, denn nicht umsonst ist der Klosterwirt eine echte Institution im Rupertigau.

Dann machen wir uns gestärkt und mit vollem Bauch auf den zum Glück nur noch kurzen Rückweg. Wir folgen dem Klosterweg, passieren die Stelle, an der wir hergekommen sind, und bleiben hier geradeaus. Über Felder erreichen wir noch eine **Naturkneippanlage**, die einen genussvollen Spaß zum Schluss der Wanderung bietet, dann geht es vorbei an einer Kapelle direkt zum **Dorfplatz von Anger** zurück.

Rokoko-Juwel

Das Kloster Höglwörth wurde vor ca. 1000 Jahren von den Benediktinern aus Salzburg gegründet. Sie wollten damit das Land westlich der Salzach kolonisieren, und der kleine See mit seiner Insel, die erst viel später durch Verlandung zur Halbinsel wurde, bot sich als sicherer Standort an. Das Kloster hatte mit viel Auf und Ab bis 1817 Bestand, dann war es vor allem durch die Belastungen während der Napoleonischen Kriege so abgewirtschaftet, dass der letzte Probst Gilbert Graf selbst die Auflösung beantragte. Glück im Unglück: Das lange leerstehende Kloster wurde von Philipp Wieninger, einem lokalen Brauereibesitzer, erworben, der nach umfangreichen Renovierungen dort einziehen konnte. Damit blieben die Baulichkeiten erhalten und bieten noch heute das geschlossene Bild eines Kleinklosters von einst.

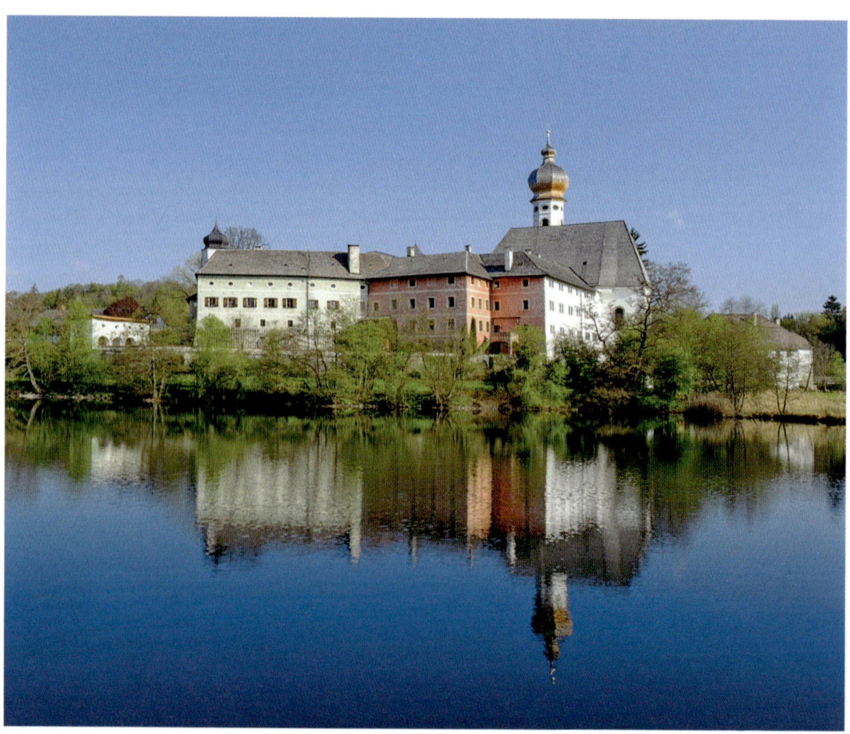

Das Kloster Höglwörth auf seiner Halbinsel spiegelt sich im Wasser.

Auf einen Blick

BIOSPHÄRENREGION BERCHTESGADENER LAND

UNESCO-Welterbe seit 2010

AUSGANGSPUNKT

Dorfplatz in Anger
GPS: 47.803902, 12.855775

ANFAHRT

ÖPNV: Mit der Bahn nach Teisendorf oder Piding, dann weiter mit Bus 829 nach Anger
Auto: A 8 bis Anger – Achtung, Ausfahrt ist nicht ausgebaut (alternativ Ausfahrt Freilassing) –, dann links nach Anger; dort gibt es zwei große kostenlose Parkplätze unterhalb des Dorfs.

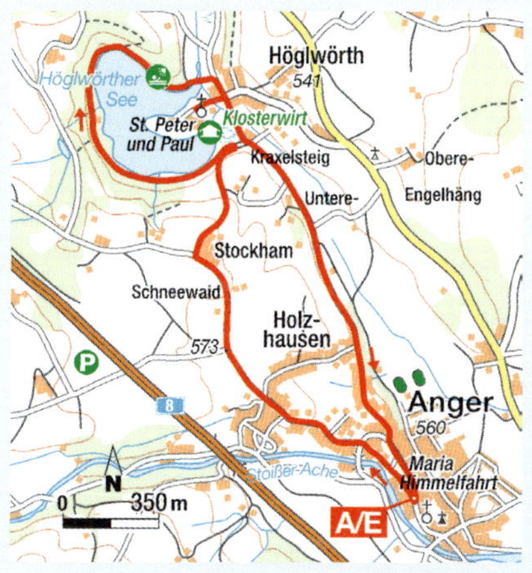

GEHZEIT UND SCHWIERIGKEIT

Einfache Wanderung von ca. 5,5 km Länge auf gut ausgebauten Wegen (1.45 Std, 50 Hm). Ganzjährig auch mit Kinderwagen zu begehen. Im Sommer Badesachen mitnehmen, Mückenschutz nicht vergessen!

AUCH INTERESSANT

Der Höglwörther See gehört zu den landschaftlichen Höhepunkten des Rupertigaus. Er ist auf drei Seiten von Wald umgeben und hat als Zufluss den Schornbach und als Abfluss den Ramsauer Bach, der ihn nach Teisendorf hin entwässert. Vom Holzsteg am Abfluss sehen wir deutlich an den großen Schilfflächen, dass der See langsam, aber unaufhaltsam verlandet.

EINKEHR

Klosterwirt am Höglwörther See (gasthof-berchtesgadener-land.com), Gaststätte Goberg (goberg.de) in Anger

INFORMATION

anger.de

15

Europas Mega-Meteoritenkrater: Geopark Ries

VOR 60 JAHREN ENTSCHLÜSSELT – DIE ENTSTEHUNGSGESCHICHTE DES NÖRDLINGER RIESES

Ein Impakt, wie ihn kein Hollywoodfilm besser zeigen könnte, erschütterte vor 14,5 Millionen Jahren Schwaben: Das nahezu kreisförmige Ries entstand durch einen gewaltigen Meteoriteneinschlag. Im Geopark Ries kann man heute weit in die spannende Erdgeschichte zurückblicken.

Es war die Zeit des Miozäns, die vor rund 23 Millionen Jahren begann und vor rund fünf Millionen Jahren endete. Damals herrschte ein extrem mildes Klima, und es entstanden neben unserer heutigen Braunkohle auch Erdöle und Erdgase. Während dieser Zeit, vor ca. 14,5 Millionen Jahren, ereignete sich eine Katastrophe phänomenalen Ausmaßes: Ein Meteorit mit einem Durchmesser von etwa 1,5 Kilometern raste auf die Erde zu und schlug mit voller Wucht etwa dort ein, wo heute die Stadt Nördlingen steht. Der Aufprall war so groß, dass der Meteorit das Deckgebirge durchstieß und etwa vier Kilometer tief in den Untergrund eindrang. Dabei wurde das Gestein um den Einschlagspunkt herum aufgeschmolzen und ausgesprengt, und es entstanden in wenigen Augenblicken eine geschlossene Auswurfdecke mit einem Durchmesser von rund 40 Kilometern sowie ein Krater mit etwa 24 Kilometern Durchmesser. Noch in 100 Kilometern Entfernung hatte der aus dem Krater aufsteigende Feuerball

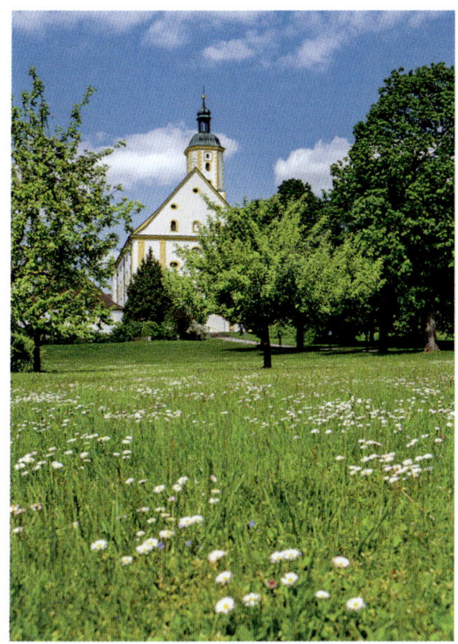

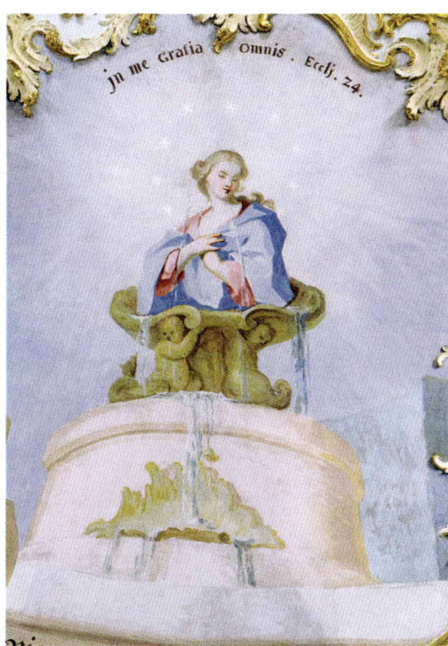

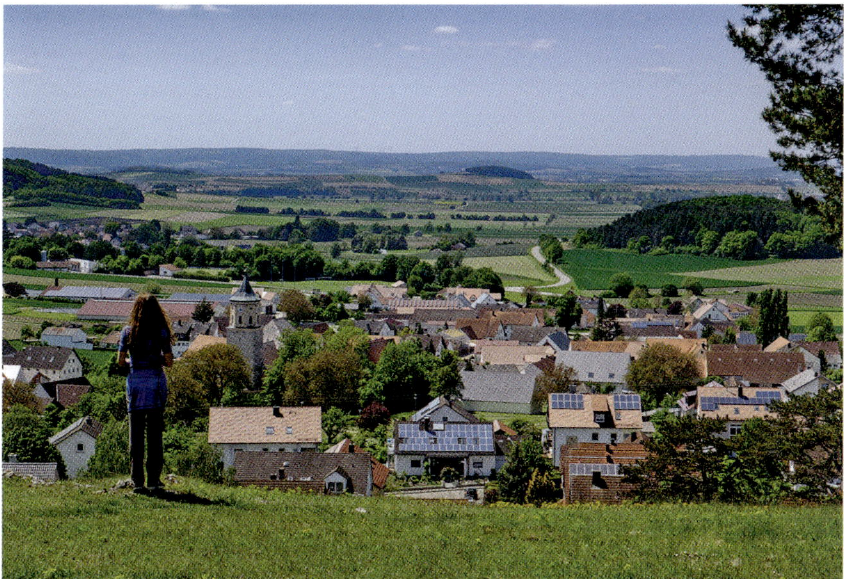

◀ Etwas außerhalb von Wemding liegt die wunderbare Wallfahrtskirche Maria Brünnlein.
▶ Fresken mit dem Gnadenbild
▼ Am Rand des Nördlinger Rieses blicken wir über Gosheim auf den Krater.

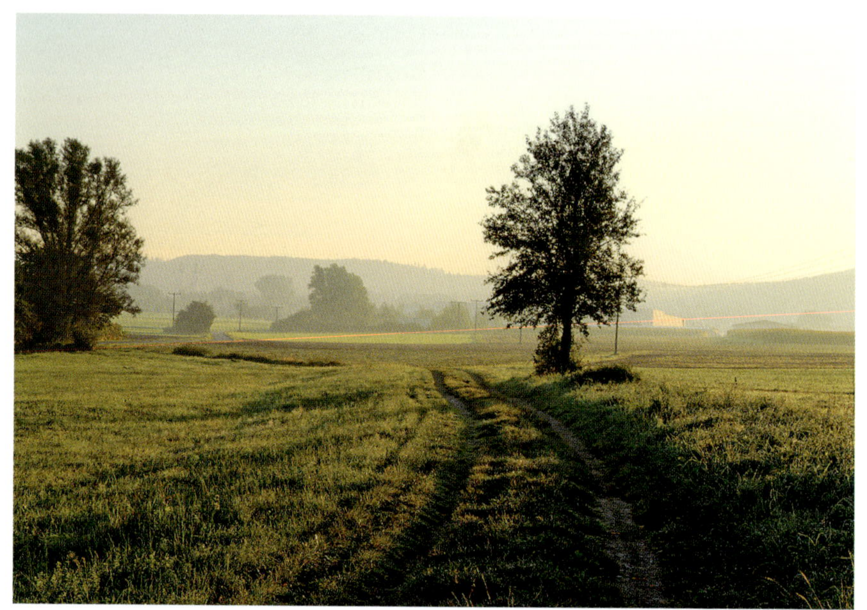

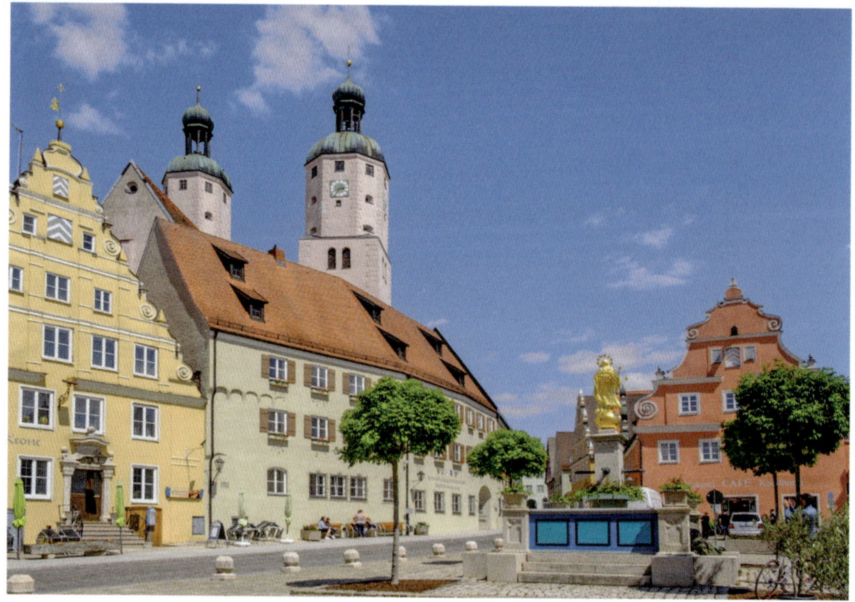

▲ Wer morgens zeitig aufbricht, genießt eine besondere Ruhe bei der Wanderung.
▼ Marktplatz von Wemding mit dem Marienbrunnen

die Kraft, alles sofort in Brand zu setzen. Jegliches Leben wurde durch den Einschlag und die folgende Feuerwalze innerhalb von Sekunden ausgelöscht. Die Druckwelle lief mit Schallgeschwindigkeit rund um den Erdball und war am Antipodenpunkt noch deutlich hörbar.

In den Jahrtausenden nach dem Einschlag füllte sich der Krater mit Wasser und verlandete in den folgenden zwei Millionen Jahren wieder. Während der eiszeitlichen Kälteperioden wurde der Rieskessel durch Erosion dann wieder freigespült und gleichzeitig Löss abgelagert, die Ursache für den heute enorm fruchtbaren Boden im Rieskessel.

Lange nahm man an, dass das Nördlinger Ries durch Vulkanismus entstanden sei. Erst 1960 konnten die beiden amerikanischen Geologen Eugene Shoemaker und Edward C. T. Chao aufzeigen, dass nur die Energie eines Meteors ausreichte, um Suevitgestein entstehen zu lassen. Und dieses findet man überall in und um den Ries-Krater herum. Besonders im Süden und im Osten sind sowohl der Kraterrand als auch die aus dem Krater ausgeworfenen Gesteine noch relativ gut erhalten, doch findet man eigentlich überall in der Region Spuren der einstigen kosmischen Katastrophe. Deshalb lohnt sich auch ein Besuch in einem der Informationszentren des Geoparks Ries, wo man noch viel mehr über die Erd- und Besiedelungsgeschichte dieser Region erfährt.

Über den Ries-Panoramaweg

Eine der schönsten Wanderungen, um nicht nur den Geopark Ries, sondern auch jede Menge Kultur zu erleben, ist der Jakobswegabschnitt zwischen Wemding und Harburg, der auch als Ries-Panoramaweg bezeichnet ist. Die abwechslungsreiche Strecke führt durch kleine Wälder und über Felder am Rand des Kraters entlang; Höhepunkte sind dabei neben Wemding der Blick ins Erdinnere bei Huisheim und das malerische Harburg mit seiner gut erhaltenen Burg hoch über der Wörnitz.

Ausgangspunkt dieser Streckenwanderung ist der **Marktplatz von Wemding** mit seiner Mariensäule. Wir wählen die Pfarrhof- und dann die Huggasse, die uns zum Sandbichlring bringt, dem Verlauf der einstigen Stadtbefestigung. Kurz geht es links zu einem Durchschlupf in der Stadtmauer, und dahinter spazieren wir nach rechts durch den kleinen **Park im Stadtgraben**. So erreichen wir die Straße Kapuzinergraben, die wir an der Ampel geradeaus in die Harbuger Straße queren. An der Gärtnerei halten wir uns links in den Lommersheimer Weg, dem wir zum Ortsende folgen. Dort führt uns nun der **Jakobsweg** links in den Wald hinein.

Der anfangs noch breite Weg vollführt eine lange Rechtskurve; es geht bergab, und wir wechseln rechts auf einen Pfad, der uns an einen Feldrand bringt. Hier halten wir uns links und queren die Straße, dann geht es bergauf und im weiteren Verlauf an der oberen Abbaukante des **Wemdinger Steinbruchs** entlang. Dahinter wendet sich der Weg nach Süden, und wir wandern weiter angenehm schattig durch den Wald und queren dabei eine Autostraße und das Bächlein Schwalb.

Immer weiter in südlicher Richtung wandernd, manchmal kurz im Zick und Zack abbiegend, lichtet sich der Baumbestand langsam, und an einigen Feldern entlang erreichen wir **Gosheim**, einen Ortsteil von Huisheim. Hier sollten wir unbedingt unseren Weg kurz unterbrechen und direkt am Wanderparkplatz geradeaus den **historischen Steinbruch** besuchen (jederzeit frei zugänglich) sowie mit einem Abstecher nach links-rechts auf den **Kalvarienberg** steigen – oben hat man von der **Herz-Jesu-Kapelle** einen wunderschönen Blick über das Ries.

Zurück in Gosheim geht es durch den Ort am Kirchenhügel vorbei, dann verlassen wir das Dorf auf der Badgasse Richtung Süden. An der T-Kreuzung wenden wir uns kurz nach rechts und am Holzlagerplatz nach links und laufen nun wieder schnurgerade, aber leicht ansteigend über die Felder. Jetzt gibt es keinen Schatten mehr, nur ab und an wandern wir am Rand kleiner Wäldchen entlang. Wir passieren mit Abstand Huisheim, und der Weg schlängelt sich geschickt mal ein wenig nach links, dann wieder nach rechts durch das Gelände, führt aber immer nach Süden.

Nach einem kurzen Waldstück queren wir eine Autostraße leicht nach links, halten uns am Waldrand rechts und wandern nun für ca. 800 Meter leicht aufwärts. Dann biegen wir links in einen Feldweg ein. Noch immer geht es leicht bergauf, und kaum kommen wir in den folgenden Waldabschnitt, halten wir uns links und haben nicht weit von einem Mobilfunkmasten auch schon den **höchsten Punkt** unserer Wanderung überschritten.

Am Funkmast geht es nach rechts, und nun verlieren wir stetig an Höhe. Kurz vor Erreichen der Bundesstraße biegen wir links ein und marschieren weiter durch den Wald. Wo wir diesen verlassen, sehen wir vor uns **Ronheim**.

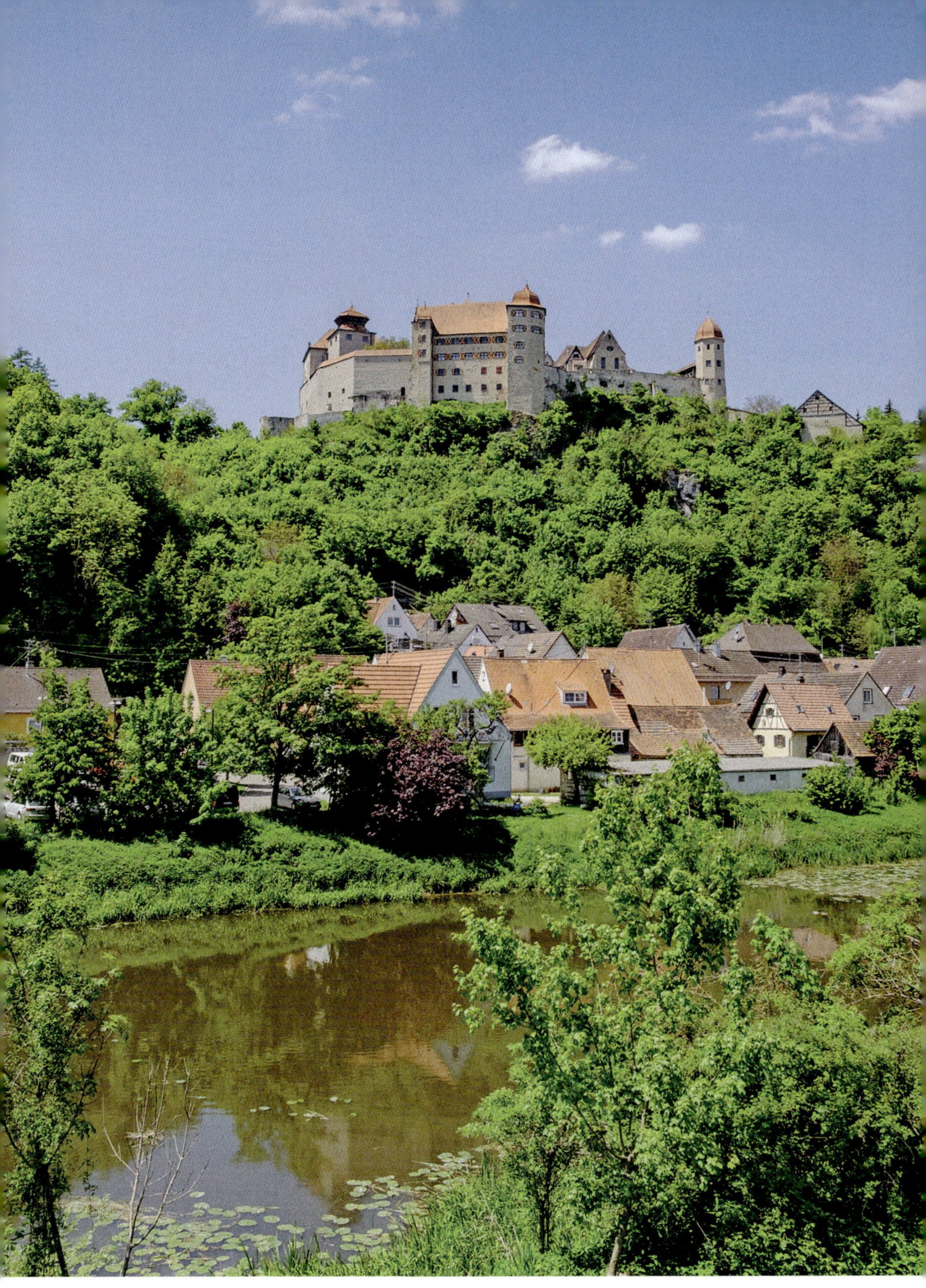

Das Städtchen Harburg mit der gleichnamigen Burg ist das Ziel unserer Wanderung.

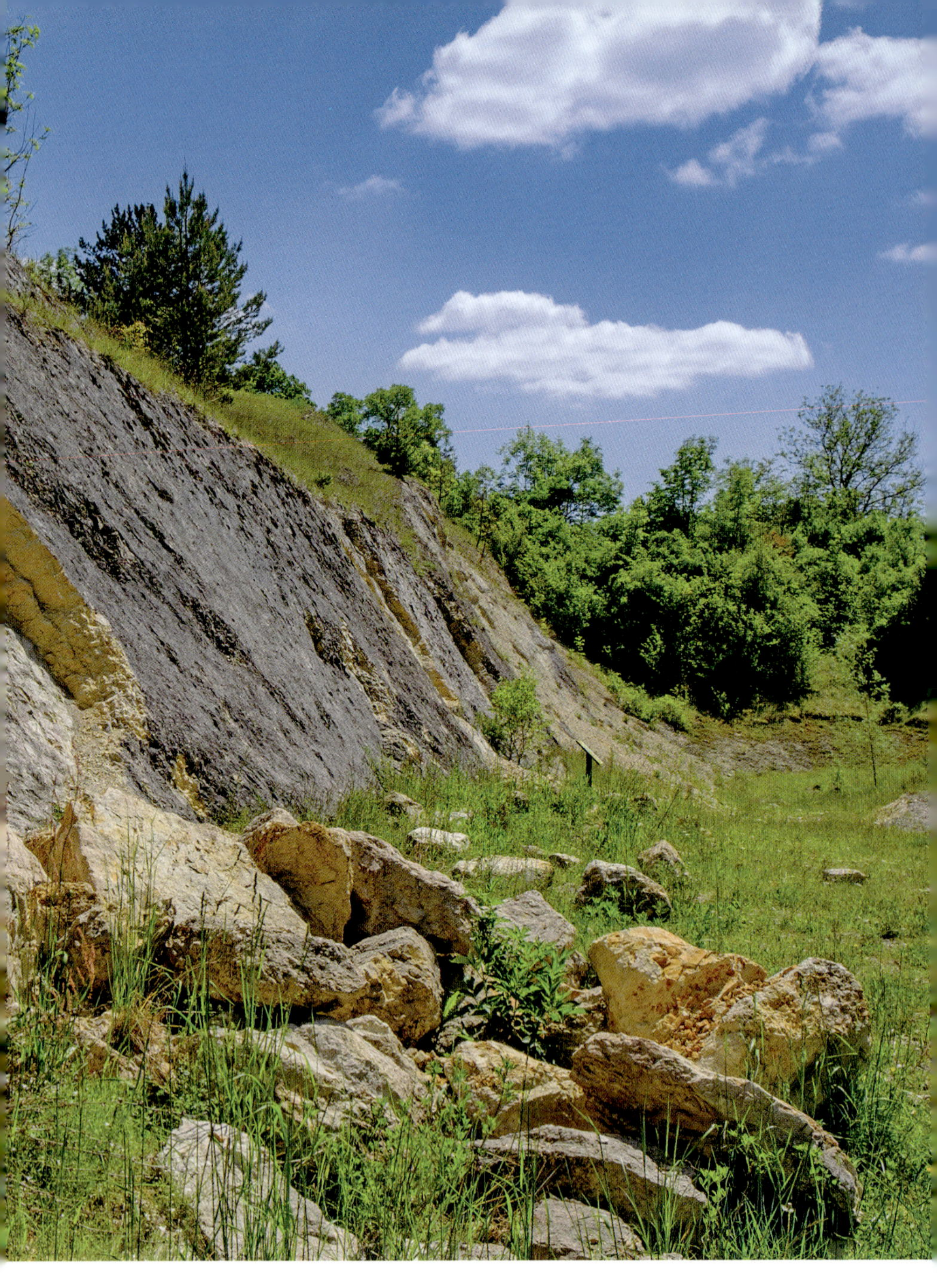

Am Kalvarienberg von Gosheim kann man sich in einem Geotop den Kraterrand ganz genau ansehen.

Eine Fußgängerbrücke führt uns über die Wörnitz, und nach einem weiteren Waldstück kommen wir an den Ortsrand von **Harburg**. Die Nördlinger Straße queren wir in den Kirchenberg und erreichen so die malerische Altstadt. Dort kommen wir vom Marktplatz zur hübschen Borgenbrücke; am anderen Ufer befindet sich in der Grasstraße die Haltestelle für den Bus, mit dem wir nach **Wemding** zurückfahren können. Zuvor lohnt sich aber noch der Besuch der Geopark-Infostelle, die sich in der Donauwörter Straße auf der »Burgseite« der Stadt befindet.

Noch wichtig

In Wemding kann man die berühmte Wallfahrtskirche Maria Brünnlein besuchen, und in Harburg lohnt sich die Besichtigung der gut erhaltenen Burganlage. In Nördlingen vermittelt das RiesKraterMuseum interessante Einblicke in die Entstehungsgeschichte des Nördlinger Rieses. RiesKraterMuseum Nördlingen: Di–So 10–16.30 Uhr, im Winter über die Mittagszeit geschlossen (rieskrater-museum.de)

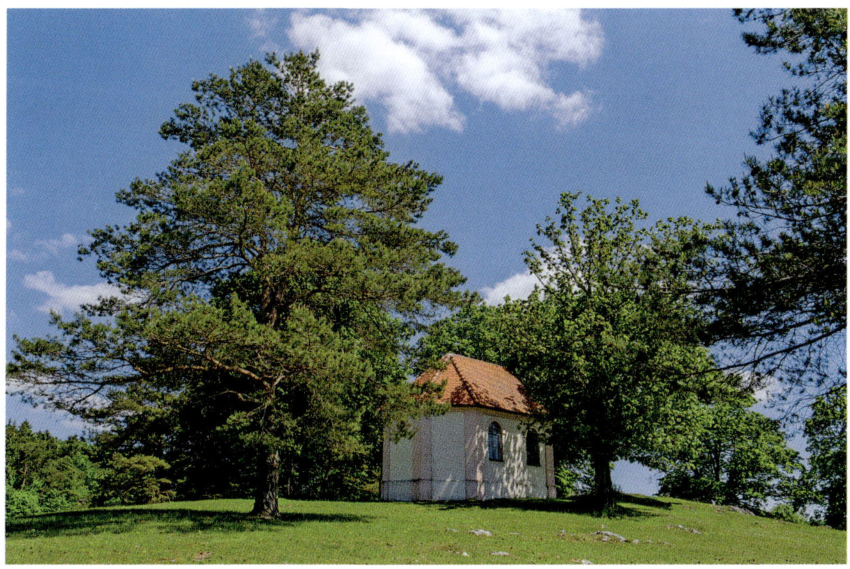

Auf dem Kalvarienberg gibt es eine Kapelle und einen Rastplatz.

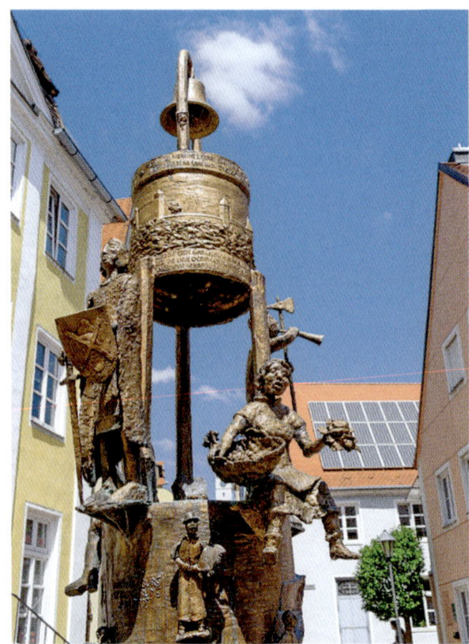

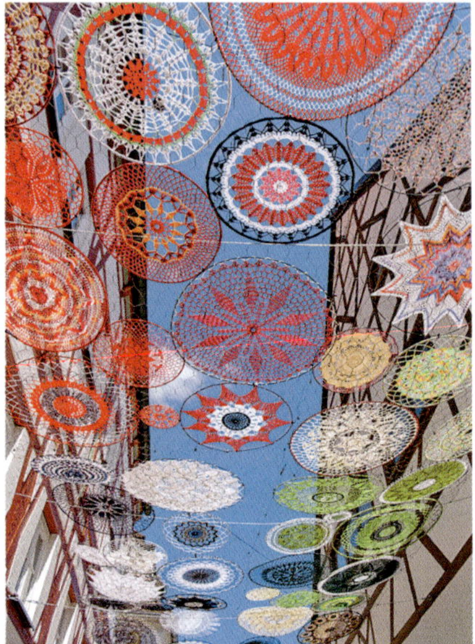

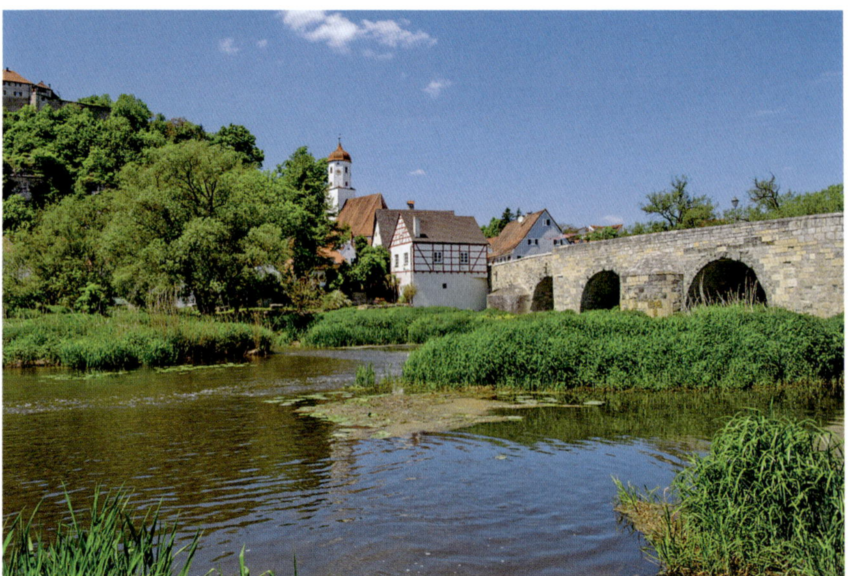

◄ Marktplatzbrunnen in Harburg
► Einige Städte haben Gießkannen oder Lampions, Harburg hat gehäkelte Rondelle als sommerliche Attraktion.
▼ Die historische Steinbrücke über die Wörnitz ist eines der Wahrzeichen von Harburg.

Auf einen Blick

GEOPARK RIES

UNESCO-Welterbe seit 2022

AUSGANGS-/ENDPUNKT

Marktplatz in Wemding
GPS: 48.874585, 10.723893

Harburg, Ostseite Steinerne Brücke
GPS: 48.786456, 10.691717

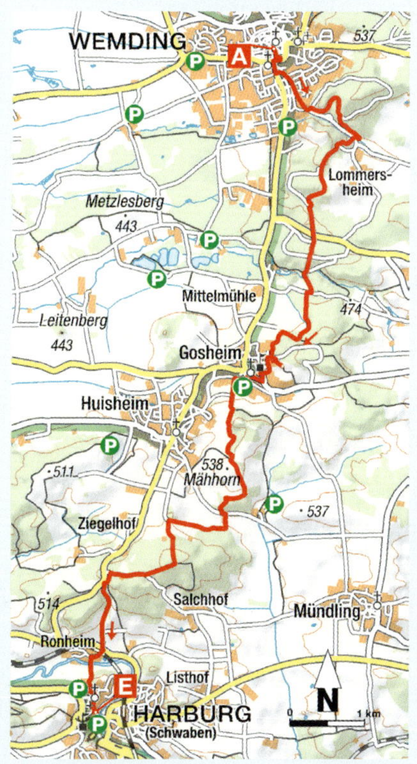

ANFAHRT

ÖPNV: Der nächstgelegene Bahnhof ist Nördlingen, von dort mit Bus 504 nach Wemding (diese Linie fährt auch von Harburg nach Wemding und Nördlingen zurück)
Auto: A 8 bis Ausfahrt Augsburg-West und weiter auf der B 2 über Donauwörth und Harburg nach Wemding; großer Parkplatz am Johannisweiher

GEHZEIT UND SCHWIERIGKEIT

16,5 km lange Streckenwanderung mit ca. 300 Hm (4.45 Std.). Die Rückfahrt erfolgt mit dem Bus.

ÖFFNUNGSZEITEN

Die Wallfahrtskirche Maria Brünnlein/Wemding ist tagsüber (sofern keine Messe ist) frei zugänglich.
Burg Harburg: Mitte März bis Anfang Nov. täglich 10–17 Uhr; stündlich gibt es Schlossführungen, der Burghof ist auch ohne Führung gegen Eintritt zu besichtigen.

INFORMATION

geopark-ries.de

Register

Impressum

Verantwortlich: Lea Niesler
Redaktion: Anette Späth
Layout: Eva-Maria Klaffenböck
Kartografie: Bruckmann Kartografie, Heidi Schmalfuß
Repro: LUDWIG:media
Herstellung: Bettina Schippel
Printed in Poland by CGS Printing sp.O.o.

Sind Sie mit diesem Titel zufrieden? Dann würden wir uns über ihre Weiterempfehlung freuen. Erzählen Sie es im Freundeskreis, berichten Sie Ihrem Buchhändler, oder bewerten Sie bei Onlinekauf. Und wenn Sie Kritik, Korrekturen, Aktualisierungen haben, freuen wir uns über Ihre Nachricht an Süddeutsche Zeitung Edition, c/o Bruckmann Verlag GmbH, Postfach 40 02 09, D-80702 München oder per E-Mail an lektorat@verlagshaus.de

Unser komplettes Programm finden Sie unter verlagshaus24.de

Alle Angaben dieses Werkes wurden vom Autor sorgfältig recherchiert und auf den neuesten Stand gebracht sowie vom Verlag geprüft. Für die Richtigkeit der Angaben kann jedoch keine Haftung übernommen werden, weshalb die Nutzung auf eigene Gefahr erfolgt. Insbesondere bei GPS-Daten können Abweichungen nicht ausgeschlossen werden. Sollte dieses Werk Links auf Webseiten Dritter enthalten, so machen wir uns die Inhalte nicht zu eigen und übernehmen für die Inhalte keine Haftung.

In diesem Buch wird aus Gründen der besseren Lesbarkeit das generische Maskulinum verwendet. Weibliche und anderweitige Geschlechteridentitäten werden dabei ausdrücklich mitgemeint, soweit es für die Aussage erforderlich ist.

Bildnachweis
Alle Bilder im Innenteil und auf der Umschlagrückseite stammen von den Autoren, außer: Martin Siepmann: S. 18u., 37u., 45u., 73u., 103o., 108, 110.

Umschlagvorderseite: Bamberg und sein Altes Rathaus über der Regnitz (© schulzfoto/Adobestock, Tour 3)
Umschlagrückseite: Höglwörth in der Biosphärenregion Berchtesgadener Land (Tour 14)

Die Deutsche Nationalbibliothek verzeichnet diese Publikation in der Deutschen Nationalbibliografie; detaillierte bibliografische Daten sind im Internet über http://dnb.d-nb.de abrufbar.

Infanteriestraße 11a
80797 München

ISBN 978-3-7343-2849-7